中国教科书发展史丛书

丛书主编 石鸥
丛书副主编 张增田 刘丽群

百年中国乡土教材研究

◎李新 著

知识产权出版社

图书在版编目（CIP）数据

百年中国乡土教材研究/李新著．—北京：知识产权出版社，2015.6
（中国教科书发展史丛书/石鸥主编）
ISBN 978-7-5130-3660-3

Ⅰ.①百… Ⅱ.①李… Ⅲ.①乡土教材—研究—中国—现代 Ⅳ.①G423.3

中国版本图书馆CIP数据核字（2015）第161014号

责任编辑：汤腊冬　　　　　　　　责任校对：董志英
文字编辑：申立超　　　　　　　　责任出版：刘译文

中国教科书发展史丛书
百年中国乡土教材研究

李　新　著

出版发行：知识产权出版社有限责任公司	网　　址：http://www.ipph.cn
社　　址：北京市海淀区马甸南村1号	邮　　编：100088
责编电话：010-82000860转8108	责编邮箱：tangladong@cnipr.com
发行电话：010-82000860转8101/8102	发行传真：010-82000893/82005070/82000270
印　　刷：北京科信印刷有限公司	经　　销：各大网上书店、新华书店及相关专业书店
开　　本：720mm×1000mm　1/16	印　　张：17
版　　次：2015年6月第1版	印　　次：2015年6月第1次印刷
字　　数：262千字	定　　价：58.00元
ISBN 978-7-5130-3660-3	

出版权专有　侵权必究
如有印装质量问题，本社负责调换。

① 《安徽乡土·地理教科书》，刘师培，国学保存会，1906

② 《江苏乡土·历史教科书》，刘师培，国学保存会，1906

③ 《直隶乡土·地理教科书》，陈去病，国学保存会，1907

④ 《蒙学·松江地理教科书》，沈镜贤，1906

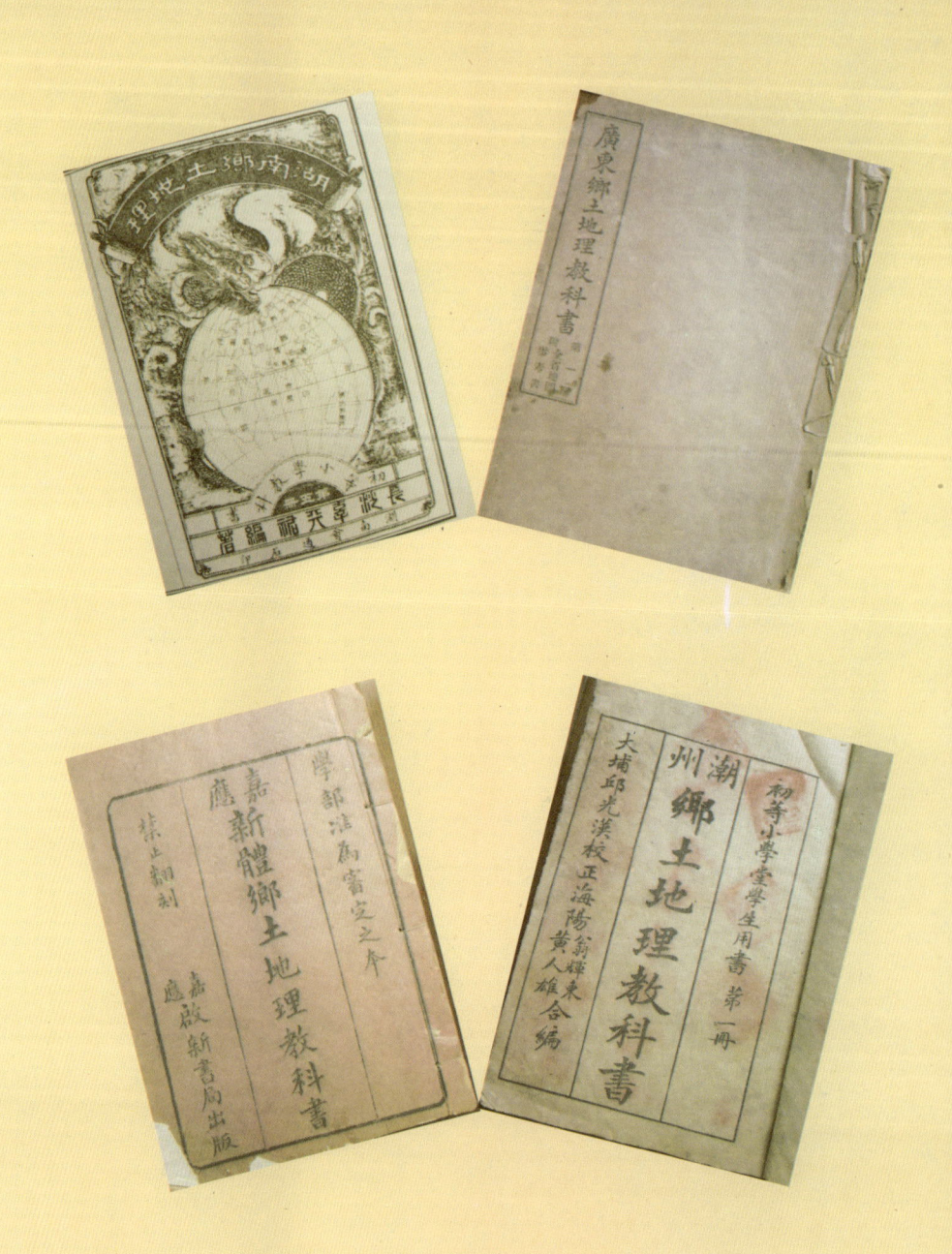

① 《湖南乡土地理》，辜天佑，长沙会通学社，1910

② 《广东乡土地理教科书》，黄节，国学保存会，1907

③ 《嘉应·新体乡土地理教科书》，嘉应启新书局，1910

④ 《潮州·乡土地理教科书》，翁辉东，黄人雄，晓钟报社，1909

① 《无锡乡土新教材》，正中书局，1936

② 《滁县乡土志》，滁县教育会，1917

③ 《修订·昆明县小学乡土教材》，昆明实验县教育局，1937

④ 《四川历史》乡土教材，南京钟山书局，1940

① 《福建乡土史地》，福建省政府教育厅，1941

② 《邵阳县乡土教材》，邵阳县政府，1947

③ 《语文乡土教材》，招远县教育局，1958

④ 语文补充教材《乡土识字课本》，莒南县高家柳沟大队编写组，1969

① 《上海的自然条件》，上海科学技术出版社，1959

② 蒙自县初级中学《语文》，蒙自县革委会政工组教育革命办公室，1969

③ 乡土教材《语文》，海南行政区新华书店，1970

④ 平度县小学乡土试用教材《劳动课本》，平度县教育局，1986

① 《长沙县简史》，长沙县教研室，1988

② 肇庆市中学乡土教材《肇庆历史》，广东教育出版社，1990

③ 九年义务教育云南省小学乡土教材《自然》，晨光出版社，1996

④ 《爱我绍兴·语文》，国际文化出版社公司，1997

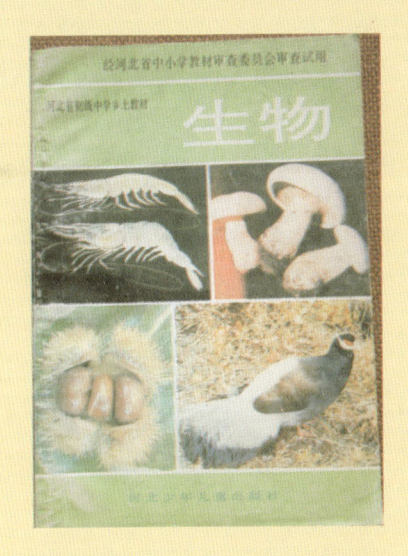

① 河北省初级中学乡土教材《生物》，河北少年儿童出版社，1998

② 中学生乡土教材《赣南地理》，江西高校出版社，2000

③《东陵区乡土历史》，辽宁人民出版社，2001

④ 北京市九年义务教育全日制小学乡土教材（试用）《社会》，知识出版社，2006

① 天下溪乡土教材系列《美丽的湘西我的家》，中国工人出版社，2008

② 广州市九年义务教育乡土美术教材《乡土美术》，广东人民出版社，2010

③ 西藏自治区初中乡土课本《思想政治》，西藏人民出版社，1999

④ 凤城满族自治县中学乡土教材《凤城历史》，凤城满族自治县，1991

总　序

"我们是由教科书决定的"

人们习惯于指责权力的介入，没错，权力是极端重要的，但权力的介入有时候却是次要的，因为它往往被有些人警觉地关注着，有人要把权力"锁进笼子"里。民间的认识习惯才是主要的，甚至关键的。有时候，真相无法起到真相的作用，长久以来形成的符合人们认识的一些非真相及其演绎出来的故事更重要。比如教科书中的岳飞、三皇五帝，比如学界对蔡锷与小凤仙的定论，还有许多类似的例子。现在的问题或困惑是，不管有没有找到真相，人们似乎已经不需要真相了，社会似乎也已经不需要真相了。人们宁愿相信自己熟识的那套即便是非真相的东西。"符合需要"比"符合真相"更重要。

即便如此，我们还是要堂吉诃德式地去努力挖掘真相。真相帮我们回忆和反思，帮我们认识我们的先辈，其实这也是帮我们认识自己，更是帮我们认识未来；真相能够让我们更聪慧，避免或少犯曾经犯过的错误。我们这套"中国教科书发展史丛书"的出发点之一，就是揭示与展示教科书发展历史中的真相或事实。老课本虽不足以涵盖一个国家的发展命运，但老课本是我国近现代文化中最细小、最有魅力的碎片，有了它们，才能勾勒出魅力文化或真实文化的全貌。

我们这套书的选题有着多方面考虑。

我们认为，关于我国近现代教科书发展历程的研究，是一个研究基础薄弱、学术开拓空间相当广阔的领域。说研究基础薄弱，主要是史料建设工作严重滞后，关于教科书及相关文献史料的整理和开发还未被提上议事日程，大量相关文献史料尚尘封在历史角落里，没有进入研究和阅读的视野，文献资源的封闭、散佚和流失现象严重，学界对此重视不够，研究力量相对薄弱，长时间没有引起足够重视。说学术开拓的空间广阔，主要是因为教科书涉及各学科领域，早期教科书中蕴含着学术转型、整合、成型的要素，体现了我国西式学科的起源与发展历程。尤为重要的是，早期教科书对当时的政治、经济、文化教育有多方位的、特定形式的反映和描述，它们是研究该时期社会思潮、认识与行为、语言形态、乡风民俗、价值观、人生观等领域的鲜活而宝贵的历史材料。教科书是一支最朴素的力量，推动着传统文化和社会价值的变革。一本本教科书反映出一段段近代中国教育、甚至中国社会变革与发展的历史，透过清末民初教科书，我们可以探寻到中国近代教育开启、演绎、转轨的足迹，可以感受到那个时代变革的风雨交加、电闪雷鸣。正因为这些因素，对近现代教科书发展历程的进一步梳理就显得格外重要，也格外艰难。《简明中国教科书史》就是力求借助我们团队以及日益增多的教科书研究者的最新研究成果，对教科书发展历程作更清晰的脉络化工作。尽管仍然远远不够清晰。

张爱玲曾说："我们这一代人是幸运的，到底还能读懂《红楼梦》。"仔细想来，他们之所以如此幸运，竟然是他们幸运地诵读过那时的教科书。我们很看重教科书的价值。派纳说，"我们是由课程决定的"。而课程最重要的载体是课本，即教科书。所以可以把他的话改一下："我们是由教科书决定的。"教科书的作用具有隐蔽性、柔性的特点，很难让一个人说出自己在哪些方面确实受到了教科书影响。教科书的影响可以潜移默化地深入到主体的内心，成为主体的知识结构和心智世界之一部分。

教科书在哪里读响，启蒙就跟进到哪里。在有教科书读响的地方，文明出现了，生长了，新社会也形成了。这才是我们需要的真正的教科书。我们看重这样的教科书，我们怀想它们，思忆它们，要还它们本来面貌。清末民初的教科书，因其在开启民智民德中的作用，为大量中国知识分子利用。所以，百年来既有显赫如张之洞、严复、张百熙等人编创的课本，又有一些地位普通的知识人编纂的课本，他们找到了一种自己的发声系统——编写课本，这是边缘者的武器。边缘者不像革命者，不总是用不合作、起义、暗杀等方式，他们借助课本催生新生活、新社会。《百年中国教科书忆》就是对这些有代表性的课本进行追忆式的挖掘。当传统经典从高高的殿堂步向现实的课堂，当救亡图存与重塑国民精神的时代呼声转化为孩童们诵读的浅白课文,当新思想、新知识经过小课本的反复传播被国人认同为公理和常识,小小的课本就为中国大大的启蒙做出了不可替代的贡献。一个世纪后,当我们诵读这些略显粗糙的课文,体会着我们的先辈那忧国忧民也不无褊狭的爱国情怀,内心依然充满感动。

我们觉得,任何教科书都有其特定的意义与价值,即便是遭到世人唾弃的教科书。比如文革时期的教科书。尽管社会彻底否定了"文革",历史似乎已把"文革"遗忘,但"文革"还是犹如现实的影子,伴随现实而行。确实,"文革"时期的教材浅显、充满说教,但有一条大体上可以认同,在"文革"的教材和教学下,孩子们既有童年,也有学习。孩子们在"文革"的课本中,心比天高又嘻嘻哈哈地一路学来,没有压力,没有痛苦,只有不自量力的崇高与责任。这一点恐怕是今日学生所永远难以企及的。"文革"课本不论多么肤浅,我们总不能自欺欺人地认为它不存在。它存在了十年,实实在在的三千六百五十天,实实在在影响甚至形塑了一代人,乃至几代人(因为并非所有的人都是完整接受十年"文革"教育的)。《新中国"红色"课本研究》就是要唤醒它们,由唤醒"文革"课本到唤醒今天的人们去关注"文革"、警觉"文革"的阴影。

如果说十年"文革"是短暂的,那么百年的乡土教材发展历程够长了吧。乡土教材几乎与现代意义的教科书同步产生和发展。是的,乡土教材历经百年,它们从激发爱乡之情到晕染出爱国之情,它们在保护乡土文化,构建和谐乡村;它们在唤醒学子知乡、爱乡、建设乡村;它们在培育乡里乡亲和谐的邻里关系上起了不可替代又亟待研究发掘的作用。今天的人们,为乡村的失落而忧虑,为乡里乡亲的完全陌生化而伤感,为乡村文化的碎裂毁灭而奔走呼号。可他们是否想过,这一切难道与乡土教材的失落没有关系吗?这种失落既表现在对乡土教材的不重视上(乡土教材离消失已经不远了),也表现在乡土教材本身的"弱智"上,看一下百年前的乡土教材,比较一下今天的乡土教材,便能够引起我们的许多思索。希望《百年中国乡土教材研究》成为一次振兴乡土教材的呼号与呐喊。

清末民初,在南方一所西式女学堂,一群女孩在教室读书。她们中有陈衡哲,有秋瑾,有冰心,有丁玲,有萧红……"只须案摊书本,手捏柔毫,坐于绿窗翠箔之下,便是一幅画图。"她们是当时真正独特的风景,她们是社会的异数,她们更是未来。构建未来的不是刺刀,不是监狱,而是学堂中的女孩子们,她们青春焕发。也许还饥肠辘辘地在与家庭和自己的命运抗争,但她们充满希望,正从课本中汲取智慧和力量。女子教科书与女子学堂一样,在中国历史上存在的时间不长。但女子教科书的演变历程如何?它们在中国传统文化的传承与新文明的引进中发挥了什么作用?它们在女性成长中究竟扮演了什么角色?《清末民初女子教科书的文化特性》一书,力求给我们某种答案,某种启迪。

在经历长征等重大挫折之后,中国共产党何以能够迅速扩大其实力,并动员广大农民积极参加抗战?的确,日本侵略中国为党的战略策略调整和党在新的斗争环境下的生存、发展、壮大带来了一定的契机,但若无潜在的力量和正确的举措,契机也会失去。众所周知,1935年红军长征到达陕北时,只剩约两万五千人。以如此微弱的力量,如何能在短期内成功地动员千百万农民投身共产党,投身抗战?共产党在乡村地区组织和动员的工具是什么?谁架起了共产党革命理想与农民现实主义之间的桥梁?共产党通过什么将散漫的小农组织改造成为全心全意支持共产党的力量?在大革命失败后艰苦卓绝的岁月中,共产主义奋斗目标何以在革命根据地被广大穷人内化为内心深处的信仰和信念?弱小的共产党何以在纷繁复杂的矛盾变化及艰难困苦的岁月中获得广大民众持续的认可和拥护?……这些问题并没有得到满意的解答。我们注意到,以往对中国共产党发展的研究多集中于意识形态、政治冲突、权力斗争、阶级对立、军事行动等。这种研究受历史研究中专注于宏大叙事的影响,倾向重大事件和上层精英,极少注意到西北农村学校及其教科书在其中的意义与价值。即便某些研究注意到了学校与革命的关系,也只是聚焦于学生运动或少数革命精英学生,忽视了教科书在其中的作用。而一旦翻阅根据地的《共产儿童读本》《初级新课本》《战时新课本》《国语课本》,我们就会发现,作为拥有最多读者的根据地宣传载体,教科书在宣传共产党的政策、在共产党领导合法化过程中的作用远未被挖掘出来。教科书把共产党的政策与农民的切身利益结合起来,它们传播现代基础文明,灌输无产阶级的话语系统,用崭新的政治意识和行为规范指导民众;它们既充满强烈的政治意识和民族精神,又具有广泛的亲农倾向,是沟通知识精英和农民大众的天然桥梁。根据地小课本所起到的大宣传，在中国革命史上写下了浓墨重彩的一笔。这正是《中国革命根据地教科书研究》想要梳理与表达的。

……

当下，教室正在失去学堂的味道，教科书越来越令学生产生将之从窗口扔出去甚至撕毁的冲动。此刻，面对百年前，或半个世纪前的泛黄的老课本，突然，一种感觉袭来，我们都将逝去，我们正在逝去，而它们还存在着。它们让人反省，让人产生敬畏。

本套书系全国教育科学规划国家社科课题"百年中国教科书在文化传承与创新中的基础作用研究"（BAA120011）的部分研究成果，是我们"教科书团队"的研究成果。这是一个正在成长的团队，也是一个生机勃勃的团队。这个研究团队由我本人领衔，以首都师范大学为基地，辐射全国，主要研究力量有赵长林、吴小鸥、张增田、王昌善、方成智、李祖祥、刘丽群等教授，有段发明、李水平、刘学利、廖巍、刘斌、吴驰、石玉、赵志明、李新、刘景超、崔柯琰等博士，他们在自己擅长的领域对教科书研究进行拓展研究，为团队所取得的研究成果以及本套书的完成做出了自己的贡献。还有我的已毕业或尚未毕业的所有研究生，他们前赴后继，从教科书的整理、归类、资料的查询、书稿的校对等多方面为我们的教科书研究做出了不可或缺的努力。他们在我脑海中留下了大量美好的身影与姿态，但我可爱的同学们，你们知道吗？在我心中，烙下深深印记的，你们最优美的身影与姿态，是你们读书的倩影，是你们整理书的倩影！教科书是你们的T型台。

总体上说，这套书之所以能够比较顺利地面世，要感谢首都师范大学教育学院，感谢孟繁华教授，感谢蔡春、张增田等教授。我们还要感谢知识产权出版社的汤腊冬女士。感谢我的研究团队，感谢我的学生，我的研究同伴。如果没有他们，很难想象这套书会顺利完成。这都不是客套话。

由于本套书的每个作者都有自己的研究思路与表达风格，我只对形式方面作了一些统一规整，对一些大的结构调整提出了建议，同时提供了所有的教科书照片，没有对其他作者的书稿内容进行全面考校，希望读者能够理解。

首都师范大学　石　鸥
2014年教师节改定于学堂书斋

第一章
乡土教材及其基本属性

第一节　乡土教材释义　002
一、乡土与乡土教育　002
二、乡土教材　006

第二节　乡土教材的基本属性　008
一、乡土性：乡土教材应凸显地方特色　008
二、时代性：乡土教材应引领时代潮流　009
三、文化性：乡土教材应促进文化传承　010
四、思想性：乡土教材应弘扬乡邦之爱　011
五、教学性：乡土教材应适合教学需要　012

第三节　乡土教材与地方教材、校本教材之关系　013
一、乡土教材与地方教材之关系　013
二、乡土教材与校本教材之关系　014

第二章
传入与成型——清末的乡土教材（1898~1911）

第一节　清末乡土教材的发轫　018
一、清末乡土教材产生的历史背景　018
二、早期乡土志与乡土教材之关系　025
三、关于首部乡土教材的争议　027

第二节　部颁《乡土志例目》与乡土教材的短暂兴盛　030
一、黄绍箕与部颁《乡土志例目》　030
二、清末乡土教材的短暂兴盛　037
三、乡土志——《韩城县乡土志》　047
四、最早的"乡土教科书"——国学保存会的系列乡土教材　055

第三章
探索与定型——民国时期的乡土教材（1912~1948）

第一节　民初乡土教材的沿袭与过渡（1912~1927）　066
一、民初乡土教材沿袭与过渡的背景　066
二、新学制颁布后乡土教材逐步发展　070
三、过渡期乡土教材的典型　073
四、"新学制"规定下的"新"乡土教材　077

第二节　民国乡土教材的鼎盛时期（1928~1936）　085
一、"第一次全国教育会议"与乡土教材的倡议　086
二、《小学课程暂行标准》中乡土内容的规定　088
三、"第二次全国教育会议"与乡土教材的政策支持　091
四、乡土教材的转折　101
五、乡土教材的定型　107

第三节　民国乡土教材渐趋多样（1937~1948）　110
一、抗战时期的乡土教材政策　110
二、民国乡土教材的最后历程　122
三、抗战时期的乡土教材　124
四、民国最后的乡土教材　128

第四章
发展与转型——新中国成立后的乡土教材（1949至今）

第一节　从过渡到规范：新中国成立十七年乡土教材的发展（1949~1965）　134
一、乡土教材的缓慢过渡　134
二、乡土教材编写的制度化　135
三、乡土教材的具体编撰情况　137

第二节 "教材要有地方性"："文革"时期最高指示下的乡土教材
　　（1966~1976） 143
一、"教材要有地方性"的最高指示 143
二、各地自编乡土教材遍地开花 144
三、"文革"时期乡土教材的特点 148

第三节 多样化发展：改革开放以来乡土教材逐步转型
　　（1977至今） 156
一、乡土教材的恢复与提高（1977~1985） 156
二、教育改革政策推动下乡土教材的发展（1986~1998） 159
三、新课程改革以来乡土教材的转型（1999至今） 163

第五章
百年乡土教材发展的反思

第一节 百年乡土教材的变化特征 172
一、目标定位从突出"由乡及国"到强调适应地区差异 172
二、内容范围从史地格致向各科延伸 179
三、形式体例从多种体例并存逐渐向教科书体集中 180
四、编撰群体从多方面参与到以地方教育行政部门为主 181
五、适用对象从初级小学向整个基础教育扩展 182

第二节 百年乡土教材发展的主要成就 184
一、保存并传播了乡土文化 184
二、提供了乡土知识 186
三、促进了乡土认同 187
四、推动了学生发展 188
五、为乡土教材的编撰提供了范例 189

第三节 百年乡土教材发展的不足之处 190
一、乡土教材理想与现实间的反差 190

二、乡土教材的编撰质量有待提高　193
三、乡土教材的师资缺乏　199
四、乡土教材的评价体系缺失　200

第六章
未来乡土教材发展的路径构想

第一节　未来乡土教材发展需处理好的几对关系　204
一、乡土教材的一元化与多元化关系　204
二、乡土教材的地方化与国家化关系　208
三、乡土教材的本土化与国际化关系　210

第二节　未来乡土教材的发展之路　213
一、重新为乡土教材发展定位　213
二、注重乡土教材内容的选择　217
三、优化乡土教材的组织形式　221
四、整合乡土教材的编撰队伍　226
五、确保乡土教材的有效实施　228

结语：夹缝中求生——中国乡土教材跌宕的百年
参考文献
后记

第一章 乡土教材及其基本属性

第一节　乡土教材释义

一、乡土与乡土教育

（一）乡土

"乡土"是一个大家耳熟能详的名词，但是细细追究起来，"乡土"二字却意蕴颇深。明确"乡土"所指，是开展乡土教材研究的前提。

我国最早出现"乡土"二字的文献是《列子·天瑞》，即"有人去乡土、离六亲"[1]，这句话被认为是我国最早关于"乡土"的记载。由此可见，最初的"乡土"就具有家乡之意，《辞海》中对"乡土"二字的定义则是"本乡本土；故乡"，"亦泛指地方"[2]。其实关于"乡土"二字，前人早有多种释义，且看"细释'乡'的意义，可分三点，第一是诞生成长的那一个地方；第二是同居共处，交往接触的亲朋旧故，认识与不认识的那一群人；第三是浸润熏染于其中的那一股风气习俗、见解思想"[3]，从这个层面来理解，"乡"就不仅仅只是一个地理上的所指，它还内含着历史、社会、精神等方面的意义。"假使'乡'字偏于历史的、社会的、精神的意义，那么，'土'字确是偏于地理的、物质的方面"[4]。"乡""土"是共生的，"土"是社会和文化的基本条件，乡离开土，就变成虚幻、空洞的；反之，土若没有了乡，则成为一方枯竭荒凉的存在。合起来的"乡土"才表达的是一幅社会图景，这个社会是动态的，这个动态的社会，"它的地域或大或小，人口或繁或稀，人的生活或复杂丰富或简单平淡，总之是一个独特的单位"[5]。这是前人对"乡土"的一种理解，即"乡土"是一种特定大小与形态的社会。

"'乡土'是一个外来名词，既经传入我国，便也习用无意。它和

---

[1] 列子. 列子·天瑞 [M].
[2] 辞海 [Z]. 上海：上海辞书出版社，1975.
[3] 吴志尧. 小学乡土教学 [M]. 上海：商务印书馆，1948：2.
[4] 吴志尧. 小学乡土教学 [M]. 上海：商务印书馆，1948：2.
[5] 吴志尧. 小学乡土教学 [M]. 上海：商务印书馆，1948：3.

'乡里'二字的意义颇为相仿，但'乡土'实在比'乡里'的含义格外周延……乡土二字，简单说来就是属于吾人所居住之本乡本地的一切自然和人为的环境而已"❶。"乡土的范围可大可小，要视我们所处的境地，需要自别于外界的区域的广狭。对于一般居民，影响最直接，关系最密切，又最便于观察和研究，当初的割分也比较合理的，莫如一县的固有区域。所以乡土的范围，在空间性上，实应以一县为单位，较切实际"❷。这是前人对"乡土"的另种理解，即"乡土"是指所居之地，以县为范围。

民国学者祁伯文指出，"据《康熙字典》，万二千五百户为乡，又据《辞源》，乡为区域之通称，又据《汉书·食货志》有云，'五家为邻，五邻为里，五里为族，五族为党，五党为乡'；依清制则以人口五万以下之地为乡，是乡乃指某一区域而言"❸，沿袭以上古人吴于乡的概念，结合德国关于乡土的界定，他提出"所谓乡土，是在幼年或少年时代，对于个人之生长个性之形成，发生密切的关系之地方，是自然和文化综合的生活环境，可以体验此地方之自然及文化的价值，给吾人以强烈的情感，强烈的印象，自我的谋其历史的、社会的建设和发展"❹。由此观之，乡土被理解为一种与个体生长、发展密切相关的生活环境。

至于"乡土"二字何时具有如今之意义，民国学者早已作出说明，曹风南指出："'乡土'是德文 Heimat 的译名（普通解作故乡）。这个字是从 Heim 一字而来的。最初是指'家中的寝床'或'休息室'，后来转变为'家'的意思。以后再扩大，便含有'家的周围临近'的意思。所以，'乡土'的语源，是指自身最接近的小范围而言；后来因为自己的活动范围渐次扩大，而又因交通发达、人文开阔等种种关系，所以这个名词的含义也渐次扩大了。"❺ 这个定义代表了一种从地域视角对乡土的内涵进行界定的观点。

---

❶ 王伯昂. 乡土教材研究 [M]. 上海：商务印书馆，1948：2.
❷ 王伯昂. 乡土教材研究 [M]. 上海：商务印书馆，1948：2-3.
❸ 祁伯文. 乡土教材研究 [J]. 陕西教育月刊，1935（1）：11.
❹ 祁伯文. 乡土教材研究 [J]. 陕西教育月刊，1935（1）：11.
❺ 曹风南. 小学乡土教育的理论与实践 [M]. 上海：中华书局，1935：1.

除此之外，关于"乡土"的各种界定还有很多，如民国学者王镶在《乡土教育研究》一书中从 10 个不同视角对"乡土"进行了界定，得出 10 种"乡土"的含义。❶ 民国学者袁哲认为："所谓乡土者，乃是与生活有密切相关之自然社会及文化之全体的总称也"❷；当代学者李素梅提出："'乡土'是人们生长、居住或是与个人发生强烈情感与认同之地。"❸ 班红娟认为，"'乡土'是一个人生长、居住或是与个人极具密切关系、发生情感认同之地。"❹ 禹建湘认为，"乡土"是指："人们现在或曾经出生、生长、居住并付诸于情感经验和文化认同的一个特定的地理空间和一个象征性的内在文化表征的结合体。其包括一个地理、生态空间区域里的文化传统、生活方式、风俗习惯、历史变迁、宗教信仰和其他特质的混合体和聚合体，是一个族群的精神寄托之地和族群体认的象征物。"❺ 我国台湾学者夏黎明、蔡志展、陈艳红、陈正详、陈宪明、张桂芳等都对"乡土"一词提出了自己的认识，尤其是台湾学者夏黎明，他在《台东师院学报·创刊号》中所撰《乡土定义与分析》❻ 一文搜集了 43 个关于"乡土"的界定，他通过语意分析发掘出组成"乡土"概念的各成分与内容，对该定义的具体内容进行比较分析并总结出三个层面：乡土的结构、乡土的经验和乡土的存在，然后从这些不同层面对"乡土"这一具体概念进行进一步分析。

综合以上各家观点，我们认为"乡土"指的是个体或其族群生长、居住于这个地方，并在这个地方的地理和生态空间区域里形成共同的文化传统、风俗习惯、生活方式、宗教信仰和其他特质的聚合体。"乡土"的地域范围其实是无法用行政区划来界定的，因为行政区划多数考虑的是地理的、政治的因素，而并非乡土本身的内涵，但是由于人们的习惯（习惯于认同我是某地人），以及便于研究者考察和研究，我们习

---

❶ 王镶. 乡土教育研究 [M]. 上海：新亚出版社，1935. 1-3.
❷ 袁哲. 乡土教育的理论与实施 [J]. 教与学，1937，(3)：4.
❸ 李素梅. 中国乡土教材的百年嬗变及其文化功能考察 [D]. 中央民族大学博士论文，2008.
❹ 班红娟. 国家意识与地域文化——文化变迁中的河南乡土教材研究 [D]. 中央民族大学博士学位论文，2010.
❺ 禹建湘. 现代性症候的乡土想象 [D]. 华中师范大学博士学位论文，2007.
❻ 夏黎明. 乡土的定义与分析 [J]. 台东师院学报，1988，(1).

惯于把乡土划归到县与省之间的范围进行讨论，其中地域之小莫过于一县，地域之大莫过于一省，这样更具考察、研究之价值。此外，从百年来所编撰的乡土教材之实际来看，"乡土"的范围也在这个区间之内，因此我们研究的"乡土"之范围亦取这一区间。

（二）乡土教育

由于时代的不同，人们赋予了乡土教育以不同的内涵、目的、内容与形式。近现代乡土教育的核心，或者说乡土教育的中心思想是把乡土教育作为一种教育思潮，"不仅视乡土为教育方法的原理，更进一步，承认乡土为教育主义或教育目的"[1]，因此，"实施乡土教育，……由乡土爱，推及于爱护国家，这才是乡土教育的真义"[2]，其实简单说来，乡土教育就是要通过乡土内容的体验与学习，实现从"乡土爱"到"国家爱"的转变。这一点在清末民国时期就表现得尤为突出，先贤曾号召将乡土教育与国家富强、民族复兴紧密地结合起来，以乡土教育为民族复兴提供精神动力。民国时期的教育家们对乡土教育抱有极大热情，寄予很高期望："复兴吾国民族精神所应改变之途径为何？曰'提倡乡土教育！实施乡土教育！'吾以为唯有努力提倡和切实实施乡土教育，才是恢复吾国民族精神的正经。"[3] 除了探讨乡土教育的意义之外，学者也对乡土教育的含义作了诸多研究，例如有学者从乡土教育的方法层面和目的层面对乡土教育作出了界定，认为："就教育方法而言，所谓乡土教育，乃是一种使儿童直观认识及体验与生活有密切相关之自然社会及文化之教育也；就教育目的而言，所谓乡土教育，乃是以自我的所在为中心，而亲近乡土，爱惜乡土，保护乡土，籍此以促进人格价值之向上与完成的手段。"[4]

当代学者对乡土教育也有自己的理解，欧用生认为："乡土教育是指受教者经由教育的过程，认识其本乡的地形、河流、气象、天文、民

---

[1] 曹风南. 小学乡土教育的理论与实际 [M]. 上海：中华书局，1936：2.
[2] 曹风南. 小学乡土教育的理论与实际 [M]. 上海：中华书局，1936：3.
[3] 蔡衡溪. 复兴民族精神必先提倡乡土教育 [J]. 河南教育月刊，1934，5（2）.
[4] 袁哲. 乡土教育的理论与实施 [J]. 教与学，1937，3（4）.

情、风俗习惯……以培养其爱乡、爱国之热诚的一种教学。"❶ 卢绍稠认为："乡土教育是以养成乡土之爱为起点，而渐次启发爱国心的教育。"❷ 黄玉冠认为："乡土教育是给与学生生活之乡土环境认知之教育。其内涵包括认知、技能与情意方面。"❸。毛连温认为："乡土教育是运用乡土教材，使学生对本地区产生一种新的认识、态度与新的作法的教育。"❹

学者们对乡土教育的关注点集中在以下方面：从方法层面来看，乡土教育主要是以学生周遭的事物为学习起点，以直观教学为主要手段，以便于学生接受和理解新知识。从目的层面来看，乡土教育主要是使学生了解、认识其所居住地方的人、事、环境、历史人物、自然景观等，引导他们以爱乡为起点进而爱国，以建乡为起点进而建国。本研究认为：乡土教育意指学生能在了解与认识自己生长或长期居住家乡的基础上，通过认识与学习其所居住地方的周遭事物，达到认识乡土环境、培养乡土感情、参加乡土活动、改进乡土社会的目的。

二、乡土教材

关于乡土教材的内涵界定，人们历来就存在一定的争议。民国有学者认为，乡土教材与地方教材同义："所谓乡土教材就是地方性教材。其含义有三：一是乡土教学中所引用的材料；二是某地所特有、所需要、所适用的教材；三是足以引起学生对于本地事物发生行为改变的教材。"❺ 也有学者通过将乡土教材的具体形式与效果结合起来对乡土教材进行界定，认为"乡土教材是依照儿童生理与心理的原则，个人与社

---

❶ 欧用生. 乡土教育的理念与设计［A］//黄政杰，李隆盛. 乡土教育. 台北：汉文书店，1995：10.
❷ 林瑞荣. 国民小学乡土教育的理论与实践［M］. 台北：师大书苑有限公司，1998：4.
❸ 黄玉冠. 乡土教材发展与实施之分析研究——以宜兰县为例［J］. 台湾师范大学教育研究所，1994.
❹ 毛连温，陈燕鹤，等. 台北市国民小学乡土教学活动之意见调查［G］//蔡孟育. 一所国民小学乡土教学活动课程发展实施与评鉴之研究. 台湾台北师范学院，2000.
❺ 江苏省立无锡师范学校. 国民教育辅导业书之一——国民教育之研究［M］. 北京：新中国出版社，1947：45.

会的需要,选择一种关于乡土研究的学习物,达到教育上比较经济的、有价值的效果"❶。还有一种观点认为:乡土教材是一种"社会资料","社会单位的区划和儿童经验的范围不可偏废。从儿童的观点,去找求社会的资料,以施教学……认取社会资料以为乡土教材,可以有三方面的工作:(1)对于社会事实作系统的认识,以为选择教材的凭籍;(2)排比所认识的社会事实,以与课程相联络;(3)学校行政上的措施,使教师能随时应用各项社会资料"❷。

如今关于乡土教材的界定有更多观点,有认为乡土教材是补充教材的,如《中国教育百科全书》认为"乡土教材是以学生所在地区的地理、历史、生物等知识为内容的补充教材"❸,《中国文化大百科全书(教育卷)》认为"乡土教材是以学校所在社区的地理、历史生物等知识为内容,以教学大纲为范围而编写的补充教材"❹。《教育大辞典》认为:"乡土教材是在学科课程标准(或教学大纲)的范围内,结合学校所在地方的实际和特点而编写的教材。"❺ 还有人认为"乡土教材是以本地方的地理、历史、政治、经济、文化和民族状况等为内容的教材"❻,也有人认为乡土教材是"以学校所在的地方的地理环境、文物史料、物产交通、文化设施、经济发展等为内容的教材"❼,乡土教材是"以学校所在地区的地理、历史、政治、经济、文化、民俗为内容而编写的教材"❽ 等。

综合以上关于乡土教材的种种论述,我们认为,乡土教材可以从内容和范围两个维度进行界定。从内容上看,乡土教材是在国家相关教育制度与政策范围内,结合当地的实际特点而编写的、反映本乡本土实际

---

❶ 祁伯文. 乡土教材研究 [J]. 陕西教育月刊, 1935, 1 (11).

❷ 吴志尧. 小学乡土教学 [M]. 上海:商务印书馆, 1948:3-4.

❸ 中国教育百科全书编委会. 中国教育百科全书 [Z]. 北京:海洋出版社, 1991. 66.

❹ 朱自强, 高占祥, 等. 中国文化大百科全书(教育卷)[Z]. 长春:长春出版社, 1994:210.

❺ 教育大辞典编纂委员会. 教育大辞典(第一卷)教育学、课程和各科教学、中小学 [Z]. 上海:上海教育出版社, 1990:284.

❻ 中国大百科全书出版社编辑部. 中国大百科全书(教育卷)[Z]. 北京:中国大百科全书出版社, 1985:411.

❼ 袁运开. 简明中小学教育词典 [Z]. 上海:华东师范大学出版社, 2000:271.

❽ 朱仇美. 现代中小学教学辞典 [Z]. 北京:中国科学技术大学出版社, 1993:23.

的用于教学的材料，包括乡土历史、乡土地理、乡土美术、乡土音乐以及用于教学的乡土志书等；从范围上看，乡土教材的范围以县市为主，最广者莫过于省。为何以县为主？一方面是与"乡土"内涵的对接，另一方面是出于对实际的考虑，也就是说现今留存的乡土教材的选编范围基本涵盖在此。

第二节 乡土教材的基本属性

在厘清乡土教材的内涵后，我们有必要对乡土教材的基本属性作出进一步的澄清。所谓乡土教材的基本属性指的是乡土教材作为整个教材体系中的一员，它有什么样的特质，有什么价值，应该起到什么样的作用。乡土教材是一种用于教学乡土内容的教科书，具有教科书所具有的共同属性，而"教科书具有教诲性、阅读的特殊性、文本结构的整体性和文本实现的非连续性、读者的两极性及文本构建的标准性等特征。"[1]，其作为教科书的共性在此我们不再深入讨论，另一方面，乡土教材作为教科书体系中的一员，也有其独有的特性，我们从乡土教材本身的特点出发，将乡土教材的基本属性描述为乡土性、时代性、文化性、思想性和教学性五个方面。

一、乡土性：乡土教材应凸显地方特色

乡土教材最重、要也是最显著的特点在于其具有浓郁的地方色彩，"乡土性"是乡土教材的本质属性。而"乡土性"的内涵则表现在反映本乡本土之特色，因为从内容上看，乡土教材反映的是"本乡本土实际"，而从范围上看，乡土教材的选材小到县域大到省域，这一特点使得它区别于以往的国家课程教材或者统编教材，而成为乡土教材的独特之处。但是，古往今来属于地方性乡土材料实在过于庞杂，乡土教材容量的限制和课时的制约，使得并非所有地方性的内容都能成为乡土教材的学习材料，因此，乡土教材所选择的内容应该是最能代表当地特色的

---

[1] 石鸥，石玉. 论教科书的基本特征[J]. 教育研究，2012 (4).

内容，是此地区别于彼地所特有的内容，是让生长于这方乡土的人们值得世代自豪和永世传承的内容。这些凸显地方特色的内容自清末至今官方都有相应的指导，即选材的范围和标准，只是各个时期各有侧重罢了。今天我们认为，最能凸显地方特色的内容至少应该包括诸如当地独有的自然风光、地理环境、历史文化传统、当地的风俗民情、心理特征、自我意识等。这些内容虽然统整在中华民族大一统的整体之内，但在不同地域、不同民族，却表现出不同的特质，正是由于这些特质的存在，才使得中华民族大家庭呈现出丰富多彩的面貌。因此，我们认为乡土教材的基本属性，首先表现在其鲜明的地方特色上，乡土性则是乡土教材予以为继的根本。

二、时代性：乡土教材应引领时代潮流

乡土教材除了凸显乡土性之外，还应反映时代特征，这同样是乡土教材的基本属性。反映时代特征的乡土教材主要体现在以下两个方面：首先，乡土教材的内容应适应时代发展的需要。不同历史时期的社会需要有所不同，乡土教材作为反映一方特色的学习材料，同样需要适应当时时代的需要。每个时代都有它的时代特色，教科书是时代的见证者和记录者，本身也是时代的一部分，各个时代将教科书烙上了不同的印记，"清末民初教科书主要是图存求强、普及西学的启蒙书；20世纪30~40年代，教科书主要是抗日救国、民族解放的宣传册；20世纪50~70年代，教科书则成为'革命文化'的红色传单；20世纪80~90年代，教科书充斥着对未来、对世界、对现代化的憧憬；21世纪以来，教科书日益成为孩子们的实践操作指导书"[1]。由此可见，教科书无法逃脱时代的枷锁，它成为当时时代的号角，成为传播时代声音的最有利的工具。因此，应运而生的乡土教材，我们也需要它适应时代发展的需要，反映当时时代的要求。其次，乡土教材的基本属性还不仅仅只是跟随时代的步伐，反映时代发展的需要，乡土教材更应该引领时代的潮流，这是乡土教材应有的使命。由于乡土教材的内容大多集中在历史、

---

[1] 石鸥，吴小鸥．中国近现代教科书史［M］．长沙：湖南教育出版社，2012：序．

地理、风俗习惯等人文领域，容易导致乡土教材过于集中在对过去的介绍，而忽略了对现实的关照，尤其是对世界发展趋势和潮流的关照，以至于乡土教材被局限在小小的一隅而不能获得宽阔的视野，进而限制了乡土教材作用的发挥。所以，乡土教材的基本属性一方面应反映时代发展的需要，另一方面更应引领时代潮流。

三、文化性：乡土教材应促进文化传承

"文化"是一个十分宽泛的概念，"据国外学者统计，有影响的文化定义已有近200种，实际上可能还不只这个数字"❶。英国人类学之父泰勒认为："文化，或文明，就其广泛的民族学意义来说，是包括全部的知识、信仰、艺术、道德、法律、风俗以及作为社会成员的人所掌握和接受的任何其他的才能和习惯的复合体。"❷《辞海》认为，文化"从广义来说，指人类社会历史实践过程中所创造的物质财富和精神财富的总和。从狭义来说，指社会的意识形态，以及与之相适应的制度和组织机构"❸。我们认为，乡土教材作为特殊的教学文本，本身就是一种文化的结晶，随着百年历史的沉淀，这种被内化的"文化"特质就外显为一种"文化性"，所以，乡土教材是一种教学文本，同时也是一种文化产品，具有文化性的特质。

具体来看，乡土教材承载的是反映地方特色的乡土知识，而这些乡土知识其实就是当地特有的文化组成部分。乡土教材除了凸显地方特色、适应时代发展需要之外，也应该帮助实现文化的传承与创新。乡土教材的本意是打破国家课程教材的垄断，凸显地方特色，而作为一个拥有56个民族的统一国家，各个民族有各自的习俗，各个地区有各地区的文化传统，例如彝族的火把节，傣族的泼水节，大理的三月街，泸沽湖的走婚制度等，都富有独特的魅力，这些独特的文化和风俗除了口耳相传之外，我们更需要将之纳入各地的乡土教材，更系统更有计划地传给下一代，以此也体现出各地乡土教材独特的地方风采，而乡土教材的

---

❶ 方汉文. 比较文化学 [M]. 桂林：广西师范大学出版社，2002：29.
❷ 泰勒. 原始文化 [M]. 上海：上海文艺出版社，1992：1.
❸ 上海辞书出版社. 辞海 [Z]. 上海：上海辞书出版社，1980：1533.

乡土味也就通过这些富于地方色彩的乡土文化内容表现出来。乡土教材承载的不仅仅是地方性的知识，更是一个地方的文化，各个地方独特的文化构成了博大的中华民族的文化。乡土教材在丰富我们的民族文化，增强我们的民族自信心方面，发挥着其应有的作用。因此，我们认为反映乡土文化、传承乡土文化、创新乡土文化是乡土教材的基本属性。

四、思想性：乡土教材应弘扬乡邦之爱

思想性是乡土教材的内在要求，也是乡土教材的基本属性之一，而乡土教材的思想性最主要地表现在弘扬乡邦之爱。弘扬乡邦之爱是乡土教材的最终指向。通过乡土知识的学习和乡土文化的熏陶，并跟随时代的发展需要，以此引导学生获得对家乡的认同和对国家的热爱，实现"由乡及国"之目的，这是乡土教材不懈的追求。乡土教材对引发乡土之爱较为直接，通过对乡土地理、历史、风土人情的学习以激发对家乡的热爱，但是如何将对家乡的爱和对国家的爱联系起来，以实现从对家乡的爱延伸到对国家的爱，这是乡土教材政策的制定者和乡土教材编撰者始终考虑的问题。每个地区都会从自己的具体情况和实际需要出发，为了适应学生的学习要求，激发学生的学习热情，或者为了突出表现某一个地方的地方色彩，在教材中选入富有乡土气息的学习材料，这正是乡土教材的思路，但是，这种乡土爱会不会就此停住，而演变成狭隘的地方主义或极端的民族主义？这是很多人担心的问题。教材中出现地方性因素，有它的必然性和必要性，也有其存在的实际价值。但是，"教材中的本身的乡土性和地方性又对教材本身形成了制约和局限，而且，地方性因素越多，地域局限性就越大，因为含有地方性因素的教材在某一个特定的地区，某一个特定的范围使用是适宜的，而在另一个地区、另一个范围使用就不一定适宜"[1]。因此，作为各个地方使用的乡土教材，如何融入整个国家发展的需要，如何通过树立乡土之爱上升到树立国家之爱，这是任何中央集权制国家必须慎重考虑的问题。乡土教材虽

---

[1] 中国高等教育学会对外汉语教学研究会. 对外汉语教学研究会第二次学术讨论会论文选 [C]. 北京：北京语言学院出版社，1987：123.

然反映的是本乡本土的实际，但是乡土教材不应局限于本乡本土，而是应将各自的本乡本土融入到整个中华民族文化之中，以最终实现由对乡土的热爱到对国家的热爱的演变，这是乡土教材的基本属性之一。

五、教学性：乡土教材应适合教学需要

教学性是乡土教材的另一重要属性，它本身也是乡土教材最应保证的内容。所谓乡土教材的教学性，是指乡土教材需要同时考虑教师的教和学生的学，即保证乡土教材的"可教性"和"可学性"，并且将二者有机地整合在一起，以保证其教学性的实现。假若没有教学性对乡土教材质量的保障，那么乡土教材的价值和功能则难以实现。因为乡土教材与其他类型的教材有所不同，它作为一种补充性质的学习材料，具有课时少、内容具有综合性、反映本乡本土等特色，因此，这种教材的选编同样应该与其他类型的教材有所区别，在此过程中需要充分考虑乡土教材是否适合教学的需要。这同样是乡土教材的基本属性。适应教学的需要主要体现在教师的教和学生的学两个方面。一方面，乡土教材应该适合教师的教。因为乡土教材本身的特殊性，其容量有限，且内容的地方性强，因此，乡土教材有必要设置配套资料，以供教师参考使用，同时，乡土教材的内容选择、学习主题的设计也应该考虑到便于教师的教学。另一方面，乡土教材必须考虑学生的学习需要。乡土教学不仅仅是一味地引发思乡情结，而是要能融入我们的生活中，进而从传统中去创新，让乡土教学和乡土教材成为一种情意教育，使乡土教材与儿童的活动和生活结合起来，这样才能真正发挥乡土教材的作用，实现乡土教育的价值，因此，在乡土教材内容的选择与组织方面，包括字数控制、内容的可读性、结构的组织设计等，充分考虑学生的特点，以此促进学生的发展。

乡土教材的基本属性表现在乡土性、时代性、文化性、思想性、教学性这五个方面，乡土教材由于其地域性的特点，承载着乡土知识和乡土文化，引领着时代发展的潮流，通过弘扬乡土之爱逐步发展到对整个国家的热爱，而这一切都需要通过教学性予以充分的保证，同时，凸显教学性本身也是乡土教材的基本属性，这是乡土教材发展的逻辑体系，

同时也是乡土教材基本属性的逻辑结构，充分把握这一点，就能更好地保证乡土教材的质量，也才有可能真正实现乡土教材的价值。

乡土教材的基本属性是乡土教材的价值所在，同时也是我们对乡土教材的期望，是乡土教材应该实现的作用。通过对百年乡土教材发展的梳理，我们发现并非每个历史时期，乡土教材的基本属性或价值都得到了充分的发挥，导致这一现象的原因是多方面的，或是某一时期教育行政部门和乡土教材编写者对乡土教材不同作用和价值的侧重程度不同，亦或是乡土教材其本身基本属性的展现程度不同，均会导致乡土教材价值的不充分体现。下面的章节中我们将逐一梳理、分析，发掘历史给我们留下的深刻经验教训，以推进当前乡土教材的质量提升。

第三节 乡土教材与地方教材、校本教材之关系

乡土教材、地方教材和校本教材之间既有联系又有区别，存在着交叉关系，厘清三者之间的联系是我们进一步探讨乡土教材的基础。一般认为，地方教材、校本教材的提法是在我国新课程改革以后才被纳入官方正式课程文件的，而乡土教材自清末以来一直延续使用至今，因此，乡土教材与地方教材、校本教材既有联系又有区别。

一、乡土教材与地方教材之关系

一般认为，地方教材是指利用普通中小学地方课时进行课堂教学的教科书及必要的教学辅助资料，包括在全市一个或多个区县范围内，利用地方课时进行课堂教学所使用的教科书及必要的教学辅助资料（含电子音像教材、图册），简单地说，地方教材就是国家课程教材中没有包括的，地方课程有课时安排的，区县两级编写的教材。[1] 从内容上看，地方教材包括文字类教材和多媒体类教材两大类。文字类教材包括教科书、讲义、讲授提纲、图表、图册和教学参考书等，具体包括如学科课

---

[1] 北京教育科学研究院基础教育课程教材发展研究中心. 努力建设高质量的中小学地方教材·北京市中小学地方教材建设指导手册[M]. 北京：首都师范大学出版社，2005：2.

程的扩展延伸类教材，如《语文读本》《英语课堂活动手册》《乡土地理》《写字》《心理与健康》等；还有专题类的教材，如《安全与自救》《诗歌欣赏》《礼仪教育》《国防教育》《环境与可持续发展》《预防艾滋病教育》等；此外还有技术类的教材，如《科学小论文写作》《科技制作》《影视艺术与技术》等；而多媒体类教材包括幻灯片、录音带、录像带、投影片等。❶

综上所述，由地方教材和乡土教材的内涵可知，地方教材与乡土教材之间的关系表现为地方教材的范围更广，而且完全包含了乡土教材（如图1-1所示），即所有的乡土教材都可以称为地方教材，但并非所有的地方教材都可以称为乡土教材。只有那些反映本乡本土特色的地方教材才能称为乡土教材，而那些仅仅是由地方编写的并不反映地方特色的教材不是乡土教材，也不在我们的研究范围之内。

图1-1 乡土教材与地方教材关系

二、乡土教材与校本教材之关系

校本教材与地方教材一样，也是为弥补国家课程教材的不足而产生的。校本教材是校本课程的实施载体之一，它同样属于新生事物。因为校本课程在设置上主要以选修课为主，其教学模式与必修课不同，而时间安排与课程形式也较具弹性和灵活性，因此，校本课程对应的校本教材同样具有灵活性这一特点。一般认为，"校本教材是基于学校不同学生群体的兴趣和需要，为促进学生多元发展而编写的"❷。而就内容选择上，校本教材不同于国家教材和地方教材，校本教材的适用范围远远小于前两者，因此，内容选择上更多考虑的是本校的特色和本校学生的需要，符合本校的实际。按此思路，其实校本教材就可以最直接地被理

---

❶ 北京教育科学研究院基础教育课程教材发展研究中心. 努力建设高质量的中小学地方教材·北京市中小学地方教材建设指导手册 [M]. 北京：首都师范大学出版社，2005：6.

❷ 吴炳煌，刘耀明，等. 适应学生差异的教育对策研究 [M]. 上海：华东师范大学出版社，2008：62.

解为它是反映本校特色、符合本校学生实际需要的、立足于学校为主的教材。目前校本教材类型多种多样，并未有一种固定的模式和内容范围，有比如《轻松学国画》《健身操》《美术》《我爱我家乡》《初中国文课本》等各种形式的校本教材。

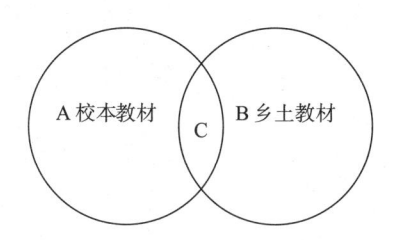

图 1-2　乡土教材与校本教材关系

结合校本教材的内涵，根据以上示意图可知，乡土教材与校本教材之间存在着区别与联系，即校本教材（A）与乡土教材（B）之间存在公共部分（C），也就是说校本教材中有一部分是属于乡土教材，但是，并不是所有的乡土教材都属于校本教材，只有那些反映本乡本土特色的校本教材可以算作乡土教材，而其他一些校本教材并不属于乡土教材。

因此，总的来看，地方教材、校本教材和乡土教材之间既有联系又有区别，互相交错地方教材和校本教材都是新课程改革之后为适应教材多样化的需要，弥补国家课程教材的不足而提出的，而乡土教材并未被单独列出，而是作为两者的一种具体形式呈现。也就是说，地方教材中有乡土教材，校本教材中也有乡土教材。但是，地方教材和校本教材却不只是乡土教材。

那么哪些地方教材和校本教材属于乡土教材呢？我们根据乡土教材的内涵可知，那些结合当地实际和特点而编写的、反映本乡本土实际并用于教学的地方教材和校本教材可以称为乡土教材。那些只是由地方或者学校编辑，但是反映的是诸如通用技术、社会热点、社会人文等的教材，我们并不认为是乡土教材。因此，从这个角度来看，一方面，乡土教材肯定是地方教材，但是地方教材不仅仅只有乡土教材；另一方面，乡土教材不一定就是校本教材，但是校本教材中也有乡土教材。这就是三者之间的关系。

第二章 传入与成型——清末的乡土教材
（1898~1911）

作为学校用书的乡土教材，其具体产生的时间学界存在多种说法。但是总的来看，有据可查的、官方层面认可编修的乡土教材是从"壬寅学制"颁布之后开始的，鉴于"壬寅学制"未付诸实践，此后颁布的"癸卯学制"中关于乡土内容的规定就成为乡土教学内容进入课程的最早实践。结合这一时代背景，我们在探讨清末乡土教材发展的基本历程基础上，尝试分析乡土教材为何在这一时间段得到官方认可并大规模地进入学校课程。

第一节　清末乡土教材的发轫

清末乡土教材经历了一个产生与规范化的过程。以 1905 年清政府颁布《乡土志例目》为界，乡土教材的发展从开始的零星出现，到后来的全国范围推广，走过了一条曲折的道路。

一、清末乡土教材产生的历史背景

乡土教材之所以在 20 世纪初得到清廷认可并纳入到国家学制系统以内，是清末教育改革、德日乡土教育的影响以及我国本有的编撰地方志基础等因素共同作用的结果。

（一）清末的教育改革

1840 年鸦片战争爆发，西方列强的坚船利炮打开了中国闭关自守的大门，中国从此逐步沦为半殖民地半封建的社会。政治上黑暗腐败，经济上民穷财尽，军事上软弱无力，文化教育上空疏无用，从太平天国到洋务运动，再到维新变法运动，清政府艰难支撑着即将崩溃的封建大厦，尤其是到了 19 世纪末 20 世纪初，由于晚晴政府完全陷入内外交困的境地，内有义和团的反抗，外有八国联军的侵略，清政府为了维护其统治，提出了一系列的改革措施，这些措施被称为"清末新政"，而清末教育改革即是清末新政中的一系列关于教育改革的举措。但是由于清末新政依然坚持将洋务运动时期的"中体西用"作为指导思想，而未从根本的社会制度领域作出彻底的变革，以至于清末新政大多未取得预期的效果，但相比之下，教育领域的改革取得了较为显著的成绩。

第二章　传入与成型——清末的乡土教材（1898~1911）

19世纪60年代开始的洋务运动是清政府革新教育领域最初的系统尝试，这一尝试推动了近代中国新式教育的产生，引入了西学，冲击了科举制度。在这段时间里，洋务派先后创办了外语、专业技术、水陆师武备三种类型的学堂，还兴办了留学教育，改革书院，这一系列改革的目的是传播西方先进的科学技术，富国强兵，中体西用，维护清政府的统治。

甲午中日战争的惨败宣告了洋务运动的失败，有识之士认识到必须另图革新。李鸿章在下关和谈中会见伊藤博文时，对战败作了这样的反省："日本非常之进步足以使我国觉醒。我国长夜之梦，将因贵国的打击而破灭，由此大步进入醒悟之阶段。"❶甲午战后的知识分子开始醒悟，1895年，以康有为为首的1 300多名举人发起"公车上书"，提出"下诏鼓天下之气，迁都定天下之本，练兵强天下之事，变法成天下之治"❷的主张，此后，清廷开始了以日本为模式的教育改革。

清末新政中教育改革的主要措施包括：第一，废除科举制。隋炀帝大业二年（606年）开始实行的科举制度于1905年正式废除，这是中国教育史上具有划时代意义的大事。当时《时报》满怀激情地写道："盛矣哉！革千年沉痛之积弊，新四海臣民之视听，驱天下之人士使各奋其精神才力，咸出于有用之途，所以作人才而兴中国者，其在斯乎广。"❸科举制的废除促使教育制度大变革，标志着新教育制度的确立，同时对传统思想文化形成了猛烈冲击。

第二，实行新学制，开办新学堂。新学制的颁布是适应当时教育改革的重要举措。1902年张百熙拟定《钦定学堂章程》，又称"壬寅学制"，但是由于种种原因此学制系统并未施行。1903年张百熙、张之洞、荣庆拟定《奏定学堂章程》，又称"癸卯学制"，它成为清政府在全国贯彻执行的第一个学校教育制度，新学制将我国学校教育分为四段七级，对学校体制、课程设置、学校管理都作了详细规定，这一学制对清末教育产生了巨大影响。"癸卯学制"的颁布施行，在形式上标志着传统封建教育的瓦解和近代教育主导地位的正式确立。而"癸卯学制"

---

❶ 信夫清三郎. 日本政治史（第三卷）[M]. 上海：上海译文出版社，1988：300.
❷ 康有为. 上清帝第二书，戊戌变法（二）[M]. 上海：上海人民出版社，1953：133.
❸ 社评. 时报 [N]. 1905-9-7

中关于乡土教育内容的规定又成为乡土教材的最初官方依据。新学制颁布之后，为适应新式教育的需要，新学堂蓬勃发展起来，全国新学堂发展状况如表2-1所示。

表2-1　1902~1911年学堂数、师生数统计表❶

时间	1902	1903	1904	1905	1906	1907	1908	1909	1910	1911
学堂数	—	769	4 476	8 277	23 888	37 888	47 995	59 117	42 696	52 500
在校生数	6 912	31 428	99 475	258 873	545 338	1 024 988	1 300 739	1 639 641	1 284 965	
毕业生数	—	—	2 167	2 303	8 064	19 508	14 846	23 361		
教师数						63 556	73 703	90 095		

第三，设立近代教育管理机构，广派留学生。科举制废除之后，随着新式学校教育的发展，教育行政事务日益繁杂，各省学政纷纷奏请中央设立学部，1905年，清政府正式设立"学部"作为近代教育管理机构，1906年由学部奏定学部官制并归国子监，同时规定了学部的组织形式，至此，我国近代中央教育行政机构初备雏形。❷除此之外，清政府进一步鼓励留学，决定广派留学生，并授以一定官职以兹鼓励。1903年9月，清政府颁布了《奖定游学毕业生章程》，其中规定，游学生毕业回国，分别奖励拔贡、举人、进士、翰林等各项出身，对于原有举贡等出身的人员，各视所学程度给以相当官职。❸由于清政府的政策倾斜，加之国内时局动荡，20世纪初，大批知识分子"好像唐僧取经一样，怀着圣洁而严肃的心情，静悄悄地离开了故乡，挂帆而去"❹。留学地以东邻日本为最多，留学生形成赴日留学高潮。留学生中有男有女；或官费，或自费；有年长老翁，也有年幼少年；有夫妻同去，也有母女同行。关于留日学生的人数有学者作过统计，1900年以前仅161人，1901年274人，1902年574人，1903年1 300人，1904年2 400多

---

❶ 王笛. 清末新政与近代学堂的兴起[J]. 近代史研究，1987，(3).
❷ 郑师渠. 中国文化通史（晚清卷）[M]. 北京：北京师范大学出版社，2009：426.
❸ 舒新城. 中国近代教育史资料（上册）[M]. 北京：人民教育出版社，1981：183-184.
❹ 吴玉章. 辛亥革命[M]. 北京：人民出版社，1961：53.

人，1905年8 000多人，1906年多达12 000多人。[1]除大部分日本留学生之外，也有部分欧美留学生，但是数量并不多。派遣留学生出国，对促进教育制度的改革和新式人才的培养起到了重大作用，经此举，国内教育界对国外乡土教育，尤其是德日等国的乡土教育有了更加清晰的认识。

（二）德日乡土教育的影响

德国和日本的乡土教育实践对当时清政府的教育方针产生了较大的影响。清末新政期间的诸多改革皆参照德、日进行，教育改革也不例外。

自19世纪中叶以来，德国在自然科学，特别是化学、物理和天文方面，一直处于领先地位，德国的法律、医学和教育也极为日本所推崇，成为日本留学人员赴德国学习的重点。早在洋务运动时期，洋务运动的代表李鸿章就对德国这个"后起之秀"推崇备至："德国近年发奋为雄，其军政修明，船械精利，实与英俄各邦并峙。"[2] 1876年，在继清廷同意派遣幼童赴美留学和从福建船政学堂选拔学生赴英法留学之后，李鸿章借德国克虏伯公司驻华代表李劢协（Lehmeyer）在淮军从教期满回国之际，向朝廷奏请派遣淮军武弁七人同赴德国留学，为期3年。是年4月15日，第一批公费留学生卞长胜等七人自天津港乘船出发，前往德国，从而拉开了官费留学德国的序幕，[3]后清廷多次派遣留德学生，其他一些社会知名人士也先后到德国考察、学习，如蔡元培就曾先后于1907、1912、1924年三次前往德国学习。在蔡元培看来，"救中国必以学"，而"世界学术德最尊"，所以"游学非西洋不可，且非德国不可"[4]，1907年，他自筹资金前往德国留学，并在《为自费游学德国请学部给予咨文呈》中，就留德动机和具体计划如是写道："窃职素有志教育之学……德国就学儿童之数……欧美各国，无能媲者。爰有

---

[1] 李喜所. 清末留日学生人数小考[J]. 文史哲, 1982, (3).
[2] 李鸿章. 卞长胜等赴德国学习片（1876年3月26日）[M]//章洪钧, 吴汝纶. 李肃毅伯奏议（卷七）. 上海鸿文书局石印本, 1899.
[3] 欧美同学会, 珠海市委宣传部, 澳门基金会, 等. 留学与中国社会的发展：中国留学文化学术研讨会论文集[M]. 珠海：珠海出版社, 2009. 296.
[4] 高平叔. 蔡元培《自写年谱》[M]. 上海：中华书局, 1989：393-394.

游学德国之志，曾在胶州、上海等处，预习德语。……职现拟自措资费，前往德国，专修文科之学，并研究教育原理，及彼国现行教育之状况。至少以五年为期，冀归国以后，或能效壤流之助于教育界。"❶ 由此可知，当时德国教育在清末是具有极大吸引力的。德国的乡土教育同样走在世界前列，德国是实施乡土教育最早的国家，德国实施乡土教育的最早官方依据是德国教育部希尼德于1872年所制定的《关于小学校及教员养成的一般规程》，其中明确提出，"地理之教授，应以乡土教授为开始"❷，另外还有资料指出，"乡土史教授倡于德人柴尔支门"❸，因此，德国的乡土教育思潮与乡土教育实践也就在这一时间段引入中国，并对清政府的教育政策产生影响。

日本乡土教育对清末乡土教育政策的影响更加明显。日本近代初等教育发端于1872年《学制令》的颁布，1900年日本政府再次修改《小学校令》，通过《新小学令施行规则》的"教则"可以看出，小学历史、地理、理科的教学内容和教学法明显借鉴了欧美小学历史、地理、自然学科的乡土教学思想。而清政府制定的《奏定学堂章程》正是以日本明治时期《新小学令施行规则》为蓝本，以日本教育为媒介，全面引进西方教育而产生的教育政策文本。❹ 清末学习日本教育的证据随处可见，例如1902年张百熙在《进呈学堂章程折》中称，"值智力并争之世，为富强致治之规，朝廷以更新之故而求之人才，以求才之故而本之学校，则不能不节取欧美日本诸邦之成法，以佐我中国二千余年旧制"❺，又如蒋维乔在《清末学制之草创》一文中更直言不讳，"当时学制起草者，皆日本留学生，但知抄袭日本成规"，❻ 罗振玉也曾指出，"日本之教科用书，初系翻译欧美书以充用，今则改良进步，相其政体惯习及国民程度而编辑成之……今中国编定教科书，宜先译日本书为蓝

---

❶ 高平叔. 蔡元培《自写年谱》[M]. 上海：中华书局，1989：393-394.
❷ 曹风南. 小学乡土教育的理论与实践 [M]. 上海：中华书局，1935：35.
❸ 程美宝. 由爱乡而爱国：清末广东乡土教材的国家话语 [J]. 历史研究，2003，(4).
❹ 卫道志. 中外教育交流史 [M]. 长沙：湖南教育出版社，1998：111.
❺ 陈学恂. 中国近代教育史教学参考资料（上册）[M]. 北京：人民教育出版社，1987：527.
❻ 陈学恂. 中国近代教育史教学参考资料（上册）[M]. 北京：人民教育出版社，1987：528.

第二章 传入与成型——清末的乡土教材（1898~1911） // 023

本而后改修之。若本国之历史、地理，亦先译东书，师其体例而后自编辑之。至博物等科亦必修改，譬如动、植、矿三者，必就本国所产及儿童所习见者教授之，故不能全用他国成书也"❶。因此，清末教育的政策，无论是学制，还是教育思想、课程设置、教学内容、教学方法等都是从日本移植而来的。乡土教材也不例外。日本、中国等国家的教育近代化是在欧美国家的挑战、刺激、诱导和示范下启动的，因此，这些国家的教育近代化在最初就不可避免地要借鉴和仿效欧美教育。但是中国比日本还晚了30年。在这30年间，日本在借鉴和仿效中摸索出一套行之有效的教育制度和方法，并取得了辉煌的成就。中国与日本文字相近，容易通晓；情势、风俗相似，可以模仿；路近、省费，便于往返学习。大量留日学生耳濡目染，感受到日本的强大，希望通过学习日本的经验富民强国，其中重要的途径就是译介日本的教科书，据统计，清末民初期间，汉译中小学用日本教科书（1890~1915）达27类508种，❷可能实际数量还不止这些，通过译介日本教材用于课堂教学，清末的学校教育受到了直接影响，当然这些译介的教材中也包括介绍一些日本的乡土教材。另据1907年的江西省《新修建昌县乡土志》记载，该县知事在"总序"中提到，他在"丙午（1906年）春遣小儿光藻游学东瀛，万里邮函，得询悉日本小学校儿童教授要法，皆从乡土入手为多"❸，足见日本乡土教育已经影响当时清末乡土教材的编撰。晚清政府之所以明文规定在小学阶段加入乡土教育的内容，与借鉴模仿日本关系极大，这是中国官员、各地留日学生以及出访的读书人和日本教育界人士交流之后共同作用的结果。

  总之，种种迹象表明，清末乡土教材之所以能被清政府重视，纳入清末课程体系，是与当时清政府学习德、日教育经验密不可分的。这是清末乡土教材产生的外部动因。

---

❶ 王醳铨，唐良炎. 中国近代教育史资料汇编·学制演变 [M]. 北京：教育出版社，1991：226-227.

❷ 毕苑. 建造常识：教科书与近代中国文化转型 [M]. 福州：福建教育出版社，2010：246.

❸ 程美宝. 由爱乡而爱国：清末广东乡土教材的国家话语 [J]. 历史研究，2003，(4).

（三）原有地方志的基础

地方志又称方志或志书，它是全面、系统、综合记述一定地域范围的自然、社会各个方面在空间及时间上发展、变化的著作。其内容通常包括一地的建置、沿革、疆域、自然环境、资源、物产、津梁、关隘、名胜、文化、教育、民族、风俗、人物等。❶ 地方志在我国历史悠久，从汉代出现图经算起，至今已 2 000 多年。按其记述地域范围的不同，分为总志、省志（通常称通志）、府志、州志、县志、厅志、乡镇志、乡土志、边关志，或以特殊自然实体、社会事业为记述对象的山志、江河志、湖志、盐井志、书院志等。对于地方志的科学属性，历来有历史学派与地理学派之争。基于地方志具有鲜明的地域性、资料性、时代性、连续性和广泛性等特征，流传至今的 8 000 多部历代地方志和从 20 世纪 30 年代全国普遍开展的编纂社会主义新时代地方志工作，为地理学研究提供了大量基础资料。而地方志的篇目形式多样，包括平列诸目体、纪传体、政书体、三宝体、编年体、纲目体、章节体等❷，然而章节体和课目体是乡土志的主要形式，便于教学。

有一种极端的观点，认为清末的地方志、乡土志和乡土教科书三者之间没有什么差别，其理由如下：一，指导乡土教材编撰的《乡土志例目》对所谓"乡土"观念的界定，与传统方志表达的"方域"观念一脉相承；二，乡土志因为体例和传统方志雷同，无论编者怎样强调其宗旨新颖，在形式上都不可能有太大突破；三，从作者的背景看，相当一部分乡土教科书的编者与传统地方志和乡土志的编者属同类的地方文人，进而提出"在我们看来，乡土志也许和传统的方志没有太大差别"❸ 的观点。有学者对这种观点提出了批驳，认为"乡土志与记述一地自然、社会和人文发展过程的、汇集一方基本知识和系统资料的地方百科全书的地方志书，从编写的理论依据、目的、内容、体例、作用等都既不同宗，更不同源，不能归属于同一类。乡土志虽以'志'名，实是乡土教科书"❹。我们姑且不论清末乡土志、乡土教材和地方志是

---

❶ 左大康. 现代地理学辞典［M］. 北京：商务印书馆，1990：739.
❷ 王德恒. 中国方志学［M］. 郑州：大象出版社，2009：48－51.
❸ 程美宝. 由爱乡而爱国：清末广东乡土教材的国家话语［J］. 历史研究，2003，（4）.
❹ 陈碧如. 乡土志探源［J］. 中国地方志，2006，（4）.

否一致或者存在何种差别，至少我们可以肯定，清末的乡土教材在一定程度上借鉴了地方志的既有成果，因此说，我们所认为的清末乡土教材的产生源于原有地方志的基础的观点是妥当的。

清末清政府的统治危机四伏，为了稳固其统治，在教育领域进行了改革，一方面学习西方先进的科学文化知识，另一方面希望培养儿童热爱乡里，热爱国家的思想，他们积极地推进乡土教育。清廷将视野投向国外，德日等发达国家的乡土教育在提升民族凝聚力和增强国家团结等方面的作用被当时的人们所认可，因为德国和日本有着优良并且较为成功的乡土教育经验，这些关于乡土教育的理念和乡土教材编写的经验被传入中国之后，通过整合我国原有地方志的基础，迅速改编出用于课堂教学的乡土教材。

二、早期乡土志与乡土教材之关系

清末乡土志发轫于乡镇志。清末乡土志是从地方志中的乡镇志中逐渐演变而来的，起初并不作为学校的教学用书，而是方志的一种形式，其用途与方志一致。据考证，最早的乡土志起源于乡镇志，乡镇志最早见于宋代，当时共编撰过4部，即梅尧臣《青龙杂志》、常棠《澉水志》、沈平《乌青记》和张即之《桃源志》，其中3部已佚，至今唯有《澉水志》见存。❶ 因此，南宋绍定三年（1230年）常棠所编《澉水志》（八卷）就是目前所见最早的乡土志，该志明嘉靖三十六年重刊本见于北京大学图书馆。❷《澉水志》分15门，卷首罗叔韶序、常棠序、澉浦镇图。卷一为地理门，含沿革、风俗、形势、户口、赋税、镇名、镇境、四至八到、水陆程；卷二为山门，湾附；卷三为水门，含堰闸；卷四为廨舍门、坊巷门、坊场门、军寨门、亭堂门、桥梁门；卷五为学校门、寺庙门、古迹门；卷六为物产门；卷七为碑记门；卷八为诗咏门。从篇目上看，它横排门类，以事系目，合乎志体。❸

---

❶ 黄苇，等. 方志学 [M]. 上海：复旦大学出版社，1993：461.
❷ 时间方面存在一定争论，另一说认为该书成于南宋绍兴五年（1135年）。见范学宗. 乡土志浅谈 [G] //中国地方志协会中国地方史志论丛. 北京：中华书局，1984：67.
❸ 黄苇，等. 方志学 [M]. 上海：复旦大学出版社，1993：461.

描述一乡、一镇或一村、一里风土人物的乡镇志形式被乡土志采纳，后逐渐扩大到县、州、府乃至省，目前发现最早的乡土志是光绪五年（1879年）吴大澂的山西《保德州乡土志》，该志被认为是全国乡土志编撰的发端。❶ 后1891年有《打牲乌拉地方乡土志》《伯都讷乡土志》《阿勒楚喀乡土志》《宁古塔地方乡土志》《三姓乡土志》等乡土志产生。这些虽名曰"乡土志"，但它们并不是作为学校教材使用，而是按照上级要求"为遵查叙典造册咨报事"的地方志，这些"应当时纂修省志的需要，收集整理并向上呈报的材料，属于普通的地方志，与后来大量出现，作为小学教材的乡土志有本质的区别"❷。如光绪十七年（1891年）全明修，云生纂的吉林《打牲乌拉地方乡土志》其撰修序言如下：

打牲乌拉地方乡土志　序❸

管理打牲乌拉地方总管加四级经录八次云生等，为遵查叙典造册咨报事。印务处案呈，于十五年十二月初七日，准将军咨开，案查前准会典馆行知，测绘全省舆图，经派员前往，周历测绘，业经照会贵衙门查照，选派熟悉地理之员，帮同履勘，并饬吉林道在省设立志书局，以凭辑成志书，随图呈进在案。

惟查吉林此次办理志书，事属创始，而幅员辽阔，闻见难周，载籍极博，考订不易。况各处古迹、事实，向无人焉为之记载成书，一时博采旁搜，难免挂一漏万。相应备文照会。

为此照会贵衙门，请烦查照。文到之日，另行多派委员，分途采访。务将所属界内所有圣制、纶音……国朝艺文，一切应列志书者，详细确查，定限三个月内，一律咨送来省，以凭考核纂修。幸勿漏遗，望速施行等因前来。

本衙门尊即派委五品翼领全明、骁骑校恩庆、来喜等，遵照文内名目，逐一确查实迹，赶紧造册报省，以凭汇总纂修等情。兹据该员等声称，思查办会典一节，乃系本署初创，向无成案可遵，若在匆忙之中，

---

❶ 陈安丽. 我国历代方志之最［J］. 内蒙古地方志，1989，(4).
❷ 王兴亮. 清末民初乡土志书的编纂和乡土教育［J］. 中国地方志，2004，(2).
❸ （清）全明修，云生. 打牲乌拉地方乡土志［M］. 光绪十七年（1891年）：序.

诚恐遗漏事迹，应即分途采访乌境古今事迹，并查本署自国初设立庙宇、城垣、衙署、仓廒、官职、所属界址，务期采访确实。各项事宜逐一登注造册呈复等因。

本衙门当将该员等所访古今事迹并查本署案件，载列志书者，详细摘叙，造具清册二本，呈请钤印，附封备文咨送，以凭纂修等情。据此，拟合咨送将军衙门查核施行，为此合咨，须至咨呈者。

由成书序言可以看书，这时的乡土志只是按照上级要求所列目录"遵查造册"，用以编撰志书需要，而不是用于初等小学的教材。从该书的内容上看，根据上级所提供的目录要求，《打牲乌拉地方乡土志》罗列了"圣制、纶音、坛庙"等共计35项，其中"艺文、天章、隐逸"3项直接标注"无"，全书即不是章节体也不是课目体，而是直接按照各个子项目罗列下来。由此可见，最初的乡土志虽然名曰"乡土志"，但还不是作为教材的"乡土志"，而是一般的乡土志。

三、关于首部乡土教材的争议

最早以"乡土志"的名义出现的乡土教材，其产生的具体时间颇存争议。究其原因是研究者对乡土教材的理解不同，导致对其产生时间的认定不同。前面我们已经提到，清末乡土志是当时乡土教材的一种具体形态，另外乡土教科书也是当时乡土教材的常见形态，因此有些研究者就将出现"乡土志"这一名称的时间或者"乡土教科书"这一名称的时间作为乡土教材产生的时间。还有的学者将乡土教科书和乡土志完全等同，认为"乡土志源于我国近代初等教育历史、地理、格致合科教科书的编写……乡土志虽以'志'名，实是乡土教科书"[1]，另外，有些著作没有厘清地方志、乡土志和乡土教材之间的关系，将其完全对立，或者模糊处理，如《中国地方志总目提要》收录了各省数量不等的乡土志、乡土地理志、乡土录，但是仅零星收录了一些乡土教材，且该书没有收录福建省的任何乡土志、乡土教材和乡土教科书，很显然该书作者没有很好地把握乡土志与地方志、乡土教科书、乡土教材之间的

---

[1] 陈碧如. 乡土志探源[J]. 中国地方志, 2006, (4).

关系。又如《中国地方志联合目录》收录了以乡土志、乡土调查命名的志书，而对乡土教材，乡土教科书则极少收录。如此一来，地方志、乡土志、乡土教科书、乡土教材之间的关系变得就更加复杂，乡土教材到底何时产生就存在颇多争议。

另外，关于首部乡土教材，几乎学者们都没有见到过实物，故大多都去寻找清末出版的书目进行论证，且此些论证也多是采取相互印证的做法，简而言之就是互相引用，由此导致的后果就是以讹传讹，终究没有探讨出一个较为公认的结论。

目前，在最早作为乡土教材的乡土志的论述中，最有代表性的是复旦大学邹振环教授于 2000 年在《晚清西方地理学在中国：以 1815～1911 年西方地理学译著的传播与影响为中心》一书中提出来的：

> 晚清最早的乡土地理教科书是 1898 年宁波汲绠斋出版处出版的蔡和铿编辑、李文铨校正的《浙江乡土地理教科书》，该书是浙江本省初等小学第二学年本乡风土教科书。分上下两编共 90 课。上编为中国及本省总述，共 38 课；下编为各府分叙，共 52 课。各府分叙粗举古迹人物，间插以图画，以引起儿童爱恋乡土，景仰前贤之心。❶

在这之后，当谈论到清末乡土教材这一问题时，各届学者纷纷引用这一结论，包括巴兆祥著的《方志学新论》❷、吴浩军的《酒泉地域文化丛稿》❸ 等。除此之外，有研究者指出，"乡土志较早出现的是清光绪十七年（1891 年）吉林《打牲乌拉地方乡土志》、黑龙江《宁古塔地方乡土志》、《阿勒楚喀乡土志》"❹，然而这一时期产生的乡土志"只是应当时纂修省志的需要，收集整理并向上呈报的材料，属于普通的地方志，与后来大量出现，作为小学教材的乡土志有本质的区别"❺。另外也有人提出，王廷赞《泗水县乡土志》（1902 年石印本）和侯鸿鉴的《锡金乡土地理》与《锡金乡土历史》（1904 年成书，1906 年无锡

---

❶ 邹振环. 晚清西方地理学在中国：以 1815～1911 年西方地理学译著的传播与影响为中心 [M]. 上海：上海古籍出版社，2000：296.
❷ 巴兆祥. 方志学新论 [M]. 上海：学林出版社，2004：138.
❸ 吴浩军. 酒泉地域文化丛稿 [M]. 兰州：甘肃文化出版社，2007：27.
❹ 王兴亮. 清末民初乡土志书的编纂和乡土教育 [J]. 中国地方志，2004，(2).
❺ 王兴亮. 清末民初乡土志书的编纂和乡土教育 [J]. 中国地方志，2004，(2).

艺文斋活字本）这3种乡土志书出现在1905年以前，属于较早的乡土志，以该学者的论断来看，最早的乡土教材应该归于1898年的《浙江乡土地理教科书》了，但是我们认为这一论断存在较大争议。

将1898年蔡和铿编的《浙江乡土地理教科书》作为目前最早的乡土教材是值得怀疑的，而且由于原来的研究者大多直接引用这一研究成果，导致以讹传讹。怀疑的理由有如下几点：第一，目前学界大多认同由南洋公学的师范生陈懋治、沈庆鸿等人于1897年编撰的《蒙学课本三篇》是我国近代自编教科书之始端，[1] 从时间节点上看，1897年还未出现以"教科书"为名的出版物，故1898年突然出现"乡土教科书"就显得有些不可思议。第二，笔者目前能查到的《浙江乡土地理教科书》是宁波汲绠斋出版处于清光绪三十四年（1908年）出版的，而不是1898年，该书藏于上海图书馆二楼古籍室。按理说，同一个出版社在前后出版同一名称的出版物时，会在后续出版物中标注此书为修订版或者注明何时初版，但是1908年出版的该课本没有标注，故标明该书极有可能为1908年出版。第三，笔者在黄权才的一篇名为《漫画藏书珍品——清代课本》[2] 的论文中发现，黄权才提到《浙江乡土地理教科书》出版于1908年，且此论文发表于1999年，比邹振环教授的专著——《晚清西方地理学在中国：以1815~1911年西方地理学译著的传播与影响为中心》出版时间（2000年）要早。

1908年由宁波汲绠斋出版处出版，蔡和铿编辑、李文铨校正的《浙江乡土地理教科书》"是浙江本省初等小学第二学年本乡风土教科书，分上下两编共90课。上编为中国及本省总述，共38课；下编为各府分叙，共52课。各府分叙粗举古迹人物，间插以图画"[3]，其凡例中说，"按钦定章程，初等小学第二学年本乡风土志，毕业后至第三学年即授本省地理。是编遵是以定课程。是编专供浙江初等小学之用，故叙述仅在本省而不及其他。然上编冠以中国及本部之概说，下编则以本省

---

[1] 石鸥. 我国最早的现代意义的教科书——南洋公学的《（新订）蒙学课本》[J]. 书屋，2008，（1）．

[2] 黄权才. 漫画藏书真品——清代课本 [J]. 江苏图书馆学报，1995，（5）．

[3] 邹振环. 晚清西方地理学在中国：以1815~1911年西方地理学译著的传播与影响为中心 [M]. 上海：上海古籍出版社，2000：296．

之大势与列强之环伺作结，一使儿童知全国之幅顿，为第四五年授中国地理之基础，一使儿童知本省之可爱可惧而引起其奋发自强之心"❶。编者蔡和铿，字芝卿，生于同治十一年（1873年）九月初二。浙江鄞县人，秀才，长期致力于教育事业。1912年2月至1933年任星荫小学校长，后任校监多年，并兼任宁波四中、效实中学史地教师，宁波市通志馆、鄞县县志编辑等职。1944年逝世，享年72岁。❷蔡和铿虽然在中国地理教育史上并未留下多少笔墨，也未造成多大影响，但他是当时宁波小有名气的地理教育家，后来他的学生留下了一些关于他的回忆性文章，学生中最著名的当属后来著名的地理学家张其昀❸。

因此，我们认为最早的乡土教材不会早于"壬寅学制"颁布的时间，也就是1902年，鉴于"壬寅学制"没有大面积实施（后来编撰的乡土教材也有提及按照"壬寅学制"的要求编撰乡土志的），大多数零星的乡土志应该是在"癸卯学制"颁布之后，也就是1904年1月13日之后出现的，而大面积出现乡土教材，则是1905年《乡土志例目》颁布之后的事情了。

第二节　部颁《乡土志例目》与乡土教材的短暂兴盛

一、黄绍箕与部颁《乡土志例目》

乡土教材制度化始于1905年清政府《乡土志例目》的颁布。1904年1月13日清政府颁发《奏定初等小学堂章程》，以此章程为纲，1905年6月，清末编书局监督、翰林院候补、侍读学士黄绍箕编订的《乡土志例目》经由学务大臣上报，奏称《学务大臣奏饬查各省各乡土志目片》，由光绪皇帝下旨颁发，通行全国。

---

❶ 黄权才. 漫画藏书珍品——清代课本[J]. 江苏图书馆学报，1999，（5）.

❷ 徐国平. 百年辉煌：宁波市海曙区海曙中心小学校史（1906~2006）[M]. 内部资料，2006：12.

❸ 张其昀（1900~1985年8月），1949年到台，曾任国民党总裁办公室秘书组主任、国民党中央宣传部长、教育部部长、国民党中央评议员兼主席团主席。

第二章 传入与成型——清末的乡土教材（1898～1911） // 031

学务大臣奏饬查各省各属乡土志目片❶

再据编书局监督、翰林院候补、侍读学士黄绍其咨称：查《初等小学堂章程》，历史、舆地、格致三科，均就乡土编课，用意至为精善。谨遵照《章程》编成《例目》，拟恳奏请饬下各省督抚，发交各府、厅、州、县，择士绅中博学能文者，按目考查，依例采录。地近则易详，事分则易举，自奉文日始，限一年成书，由地方官迳将清本邮寄京师编书局，一面录副，详报本省督抚，庶免转折迟延，并令各省地方官将本省通志及府厅州县志邮寄编书局，以咨参考。各处乡土志辑稿送到，由局员删润画一，呈请学务大臣审定，通行各省小学堂授课。又各省前次绘送会典馆地图，并需各寄一份以备编纂之用。如无印本，可照底稿本摹绘寄京各等。因臣等察核各节均为编辑课本，力求翔实起见，谨附片具陈，伏乞圣鉴，谨奏。

清政府《乡土志例目》颁布之前，各地零星地出现过一些乡土志，但是这些乡土志不是小学的教科书，性质与以往的方志相似，"以乡土志命名的乡土教材，不会早于1905年"❷。因此，我们将1905年作为乡土教材制度化的起始时间。

黄绍箕（1854～1908），清末学者。字仲弢，号穆琴，父亡后更字鲜庵，自署䍐斋居士，居县城小沙巷。光绪三年（1877年）入国子监，五年中顺天府举人，六年成进士，入翰林为庶吉士，九年散馆，列一等第一，授编修。历任四川乡试副考官、武英殿暨国史馆纂修、教习庶吉士、会典馆提调、湖北乡试正考官、侍讲、侍读、左春坊左庶子、侍讲学士、日讲起居注官、咸安宫总裁、侍读学士、湖北提学使等。❸ 1897年蔡元培在"致黄绍箕函"中落款为"侄元培拜白"❹，足见其身份特殊。黄绍箕与康有为交情颇深，曾助康有为上书，参加上海强学会和北京保国会黄绍箕精于目录校雠之学和方志之学，著有《汉书艺文志辑

---

❶ 学务大臣奏请饬查各省各属调查乡土志目片[J].南洋官报，1905：13. 另外，《教育世界》100号（乙巳八期）和光绪三十一年九月二十五日发行的《东方杂志》（二年九期）都刊出了这则消息。

❷ 王兴亮.清末民初乡土志书的编纂和乡土教育[J].中国地方志，2004，（2）.

❸ 余振棠.瑞安历史人物传略[M].杭州：浙江古籍出版社，2006：120.

❹ 高平叔，王世儒.蔡元培书信集（上）[M].杭州：浙江教育出版社，2000：24.

略》《中国教育史》《鲜庵遗文》《鲜庵遗稿》《楚词补注》等。❶ 但因病《汉书艺文志辑略》与《楚词补注》未能成书。平时游宦所至，即以搜罗古书金石为事，其蓼绥阁藏书与孙氏玉海楼、项氏水仙亭，称为瑞安藏书三大家，惜"佳椠多在行箧"，卒后随即散亡，普通者其后人悉以捐赠永嘉温属图书馆。其诗文后编为《蓼绥阁文集》《潞舸词》等传世。墓在潘埭盖竹山，《清史稿》附传于其父之后。❷

  1904 年颁布的《奏定学堂章程》是当时《乡土志例目》制定的依据。《奏定学堂章程》又称"癸卯学制"，于光绪二十九年十一月二十六日（1904 年 1 月 13 日）颁发，其中包括《奏定初等小学堂章程》《奏定高等小学堂章程》《奏定中学堂章程》《奏定大学堂章程》《奏定各学堂奖励章程》等 22 个章程。其中《奏定初等小学堂章程》与小学乡土教学内容直接相关，"癸卯学制"一方面是对"壬寅学制"的修订，另一方面是对当时国外学制经验的借鉴和吸收，尤其是日本学制的经验，这在张百熙、荣庆、张之洞的《重订学堂章程折》中即可看出，"数月以来，臣等互相讨论，虚衷商榷；并博考外国各项学堂课程、门目，参酌变通；择其宜者用之，其于中国不相宜者缺之，科目、名称之不可解者改之，其有过涉繁重者减之"❸。《奏定初等小学堂章程》规定初等小学学制为五年；教育目的是"启其人生应有之知识，立其明伦理、爱国家之根基，并调护儿童身体，令其发育为宗旨"❹；课程方面规定"初等小学堂之教授科目凡八"❺，其中，历史课程提出，"尤当先讲乡土历史，采本境内乡贤名宦流寓诸名人之事迹，令人敬仰叹慕，以动其希贤慕善之心"❻，地理课程提出，"尤当先讲乡土有关系之地理，

---

❶ 冯天瑜. 中华文化辞典 [Z]. 武汉：武汉大学出版社，2010：509.
❷ 余振棠. 瑞安历史人物传略 [M]. 杭州：浙江古籍出版社，2006：121.
❸ 璩鑫圭，唐良炎. 中国近代史资料汇编·学制演变 [M]. 上海：上海教育出版社，1991：280.
❹ 璩鑫圭，唐良炎. 中国近代史资料汇编·学制演变 [M]. 上海：上海教育出版社，1991：291.
❺ 璩鑫圭，唐良炎. 中国近代史资料汇编·学制演变 [M]. 上海：上海教育出版社，1991：293.
❻ 璩鑫圭，唐良炎. 中国近代史资料汇编·学制演变 [M]. 上海：上海教育出版社，1991：295.

第二章　传入与成型——清末的乡土教材（1898～1911）　　// 033

以养成其爱乡土之心"❶，格致课程提出，"惟幼龄儿童，宜由近而远，当先以乡土格致"❷。此外，在初等小学的五年课程内容设定上，《奏定初等小学堂章程》将前两年的历史内容规定为"讲乡土之大端故事及本地古先名人之事实"，地理内容规定为"将乡土之道里建置，附近之山水以及本地先贤之祠庙遗迹等类"，格致内容规定为"讲乡土之动物、植物、矿物，凡关于日用所必需者，使知其作用及名称"，各个科目的学习时间均为每周1学时。

具体落实到随后乡土教材的学习年限，乡土历史两年、乡土格致两年、乡土地理两年半。乡土教材编撰有分编的（如光绪三十四年《广东乡土格致教科书》），也有历史、地理合编的，则名曰乡土地理历史（如光绪三十二年《余姚乡土地理历史合编》），也有历史、地理、格致合编的，则名曰乡土志（如宣统元年缪果章撰《宣威州乡土志》，含宣威州乡土历史、宣威州乡土地理、宣威州乡土格致3册）。至此，清末《奏定初等小学堂章程》从国家课程层面确立了乡土教学内容的地位，虽未提出乡土课程单独设科，但是在历史、地理和格致内容的学习上已经给乡土内容以法定地位，这是随后《乡土志例目》制定的重要前提。

《乡土志例目》是清末乡土教材编写的直接依据，也是乡土教材编写制度化的标志。《乡土志例目》出自清京师编书局监督黄绍箕之手，光绪三十一年（1905年）获准颁行全国。1905年《南洋官报》第13期以及《教育世界》100号、《东方杂志》第9期、光绪《铜梁县乡土志》皆录有全文。光绪三十一年（1905年），清政府推行"新政"，宣布停止科举、兴办新式学堂，并令学务大臣迅速着人编新式教科书。黄绍箕即拟出《乡土志例目》呈上，随即获准，作为大纲定式颁行各地。《乡土志例目》的主导思想是要求各地参照原有地方志书，就近编写用于儿童启蒙的乡土教材"惟乡土之事为耳所习闻，目所常见；准街谈巷论、一山一水、一木一石，平时供儿童之嬉戏者，一经指点，皆成学

---

❶ 璩鑫圭，唐良炎. 中国近代史资料汇编·学制演变［M］. 上海：上海教育出版社，1991：296.

❷ 璩鑫圭，唐良炎. 中国近代史资料汇编·学制演变［M］. 上海：上海教育出版社，1991：296.

问。其引人入之胜之法，无逾此者。"❶ 其主要内容来源于《奏定初等小学堂章程》的要求。关于乡土志之具体内容，《乡土志例目》分门别类为15门，包括：历史、政绩录、兵事录、耆旧录、人类、户口、氏族、宗教、实业、地理、山、水、道路、物产、商务，之所以规定如此之详细，其用意在"以方便各地按目考查，依列编撰，不过数月，即可成书"。为免志书草率，《乡土志例目》强调"事必求其详核，文必期于简雅……贤守令幸勿忽视"。《乡土志例目》为清末"新政"产物，颁布施行后，全国即出现一个编纂乡土志之高潮。

表2-2 《乡土志例目》内容概要统计表

门类	主要内容
历史	1. 本境何代何年置。 2. 未置本境以前，唐、虞、夏、商、周属何州，春秋战国属何国，秦汉以降属何郡县，何代改何（州县）名。 3. 既置本境以后，何代属何（州、郡）县。
政绩录	1. 官本境者，有惠政均记之，以年月先后为次，约分三大端。 2. 兴利。 3. 去害。 4. 听讼。
兵事录	1. 有全在本境者，或本境有何叛党，或他境有何叛党来犯，本境均叙其事之本末。 2. 有涉及本境者，如一大兵事，或在本境为战地或以本境为险要，或在本境屯驻，则节录在本境一要事。
耆旧录	1. 以本境之乡贤为后学之感劝，约分为二：事业，以实行为凭，孝（善于父母）、友（善于兄弟）、睦（亲于九族）、姻（亲于外亲）、任（信于友道）、恤（恤振忧贫）是也。学问，以著述为凭，经、史、子、集、小学、典地、算学、校勘、医学、理化是也。 2. 凡历代名儒、名臣、功臣、循吏、忠节为本境人者，均应收入。惟已见正史及国史有传者，不必详录全传，但著录姓名，注明见何史、何传。其事迹果能感动人心者，亦须节录一二。不见正史及国史者应稍详。
人类	本境于旗汉户口外，有他种人者，务考其源流，叙其本末、世系。现在户口若干，聚居何村、何山，其风俗大略，均应编入其中。

---

❶ 学务大臣奏饬查各省属乡土志目片，南洋官报，1905：13.

续表

门类	主要内容
户口	本境户口、丁数,务查明现在实数编入。如有兵荒、疾疫,及因农商各事情形变迁,致与生齿盛衰聚散有相关之故者,详悉载入。并查近年来本境旗户（男口若干,女口若干）、汉户（男口若干,女口若干）。
氏族	本境有何大姓,某姓如何受氏,何时自何处迁居本境,至今传几代。
宗教	本境所有外教,务查明编入。回教有阿拉伯人,有旗汉人,入教者均编入此。喇嘛黄教、红教若干。天主教,人若干。耶稣教,人若干。
实业	凡齐民不入他教者,务查明实业。分而为四:士若干,农若干,工若干,商若干。
地理	1. 本境在省城之何方向若干里（凡言方向,分四正四隅;言里数,以人行道计）,在府城之何方向若干里（凡府与直隶自治地无此条）。 2. 本境四界系何境,如本境之界不止四境者,则以四隅向明之。 3. 本境分为若干区,或名为乡,或名为村,或名为团,或名为里,各就其旧称记之。 4. 何区在城之何方向若干里。 5. 区之四界系何区（同本境）。 6. 城内、区内有何古迹、祠庙、坊表、桥梁、市镇、学堂。
山	某山在本境治所之何方向、若干里、何区内,或盘亘数区之山之何方,距何水若干里,指最近处。如近山有数水,均详之。山内有何水源,其水向何方流。
水	1. 叙水道之源委,约分为四:(1) 有源委全在本境者,某水源出本境治所之何方向,若干里、何区、何山,其水向何方流,经历何区、何市镇,至何处,与何小水会。其小水发源何区、何山,向何方流,经历何处来会。又向何方流,至何处,入何水,约行若干里。(2) 有源委均不在本境者,某水发源何区、何山、何方,流至何处入本境（入本境处,在本境治所之何方,若干里）。向何方流,至何处有何水,自何方来注。又向何方流,过何城、何区、何市镇、何大山之麓（须注明山之方向）,至何处出本境（出本境处,在本境治所之何方,若干里）。入何境内,行境内若干里。(3) 有源在本境,而委在他境者,叙法略同源委全在本境者。但后不言入何水,而言至何处出界,入某境,行境内若干里。(4) 有源在他境,而委在本境者,叙法略同源委均不在本境者。但后不言出本境,而言入何水,行境内若干里耳。 2. 又有人力沟通之水道,务载明何方,自何处,上承何水,向何方行过何地,至何处注何水。凡水之可能舟楫者,务注明自委上溯至何区、何地可行大船,自何区、何地至何地可行小船（可以所载之石计大小）,或可行筏。 3. 凡濒海之境,则须明海岸之湾曲、港口及所辖之岛屿。并注明海岸、岛岸之湾港,何处可泊轮船,何处可泊民船。濒长江大湖之境,亦须记江湖之港,何处可停泊。 4. 凡山间之水道可行船者,务注明何处为急流,何处为平流。水有春夏涨而秋冬枯者,须分别注明。

续表

门类	主要内容
道路	自本境治地起，出城之何方，行若干里，为何地（每十里必计一地名）。又行若干里，逾何山岭，渡何水，至何地，与何支路会。其去路何方自何地来，经何地，过何山水，行若干里，来会本路。又向何方，行若干里（逾山、渡水、过何地同前），至何地。或左、或右分一支路。其支路向何方行（计里、逾山、渡水、过地同前），至何地或会何路，或出界，或止本境。路又向何方，行若干里（同前），至何地，出何界，与何境、何路接。
物产	1. 分天然产、制造产二端，动物、植物、矿物是也。用三者之本质制成器物，则制造产。今以天然产列上，制造产列下。 2. 凡制造之品虽多，其本质不外动、植、矿三类。如虎、豹、牛、羊皆天然动物产也，其骨、革、齿、毛所制之物，皆动物制造也。丝出于蚕，蚕为动物，产丝为动物制造。布出于棉，棉为植物，产布为植物制造。他如金、银、铜、铁、锡、玉、石所制之器皆然。兹举一二，以概其余。或有合数质为一器者，则取其多数而归类焉。惟天然产，制造产均应分大宗、常产、特产而注记之。又有本境之天然而在他境制造者，或他境之天然而在本境制造者，尤应分别详载。
商务	本境所产之物，所制之品，何项在本境销行，每岁若干；何项运出本境（注明水运、陆运），在何地销行，每岁若干；自他境何地运入本境之何货物（注明水运、陆运），在何地每岁销行若干。

从以上《乡土志例目》15部分的主要内容来看，在很大程度上体现了《奏定初等小学堂章程》对乡土教学内容的要求。与明清以来传统的方志相比，《乡土志例目》的内容增加了"商务""实业""人类"三个门类。其中"商务"记载本地对内、对外贸易状况，"实业"记载士农工商所占人口比例，"人类"记载民族内容，这些内容是应对当时社会外有"列强环伺"，内有"积贫积弱"的现状，是"实业救国""商业救国"等理念的外化。另外，需要注意的是，《乡土志例目》并非当时唯一的乡土教材编撰的指导纲要，已有学者指出，"在学制颁布之后，《乡土志例目》颁布之前，辽宁省就自行下发了编纂体例，'国粹学会'的刘师培就编辑了《乡土志序例》，不过由于多种原因，这个序例并没有投入指导实用"[1]，广东《仁化乡土志》也提出"查报纸有

---

[1] 王兴亮. 爱国之道，始自一乡——清末民初乡土志书的编撰与乡土教育 [D]. 复旦大学博士学位论文，2007.

《乡土范本》一书,以劝学所绅不肯购买,无从取阅"[1]。但是不可否认,《乡土志例目》是当时认可度最高且全国通行的官方纲要,对清末乡土教材的编撰产生的影响远远大于其他民间纲要。

二、清末乡土教材的短暂兴盛

(一) 清末乡土教材的总体情况

清末《乡土志例目》颁布之后,在全国范围内掀起了一场编辑乡土教材的热潮。地方官员、社会团体、文人绅士和留学生等多方面、多层次人员参与到清末乡土教材的编撰中来。一方面,清末乡土教材的编撰得到了基层官员的支持,各县"县事"及其僚属成为乡土教材编撰的主体;另一方面,一些乡土教材由厅县的地方长官组织人员进行编写,并规定了相应的程序。例如《福建述平潭乡土志略》就描述了这一编撰过程:"先据县志,后据公牍,续据采访;采访一事,十二甲均已出示。如有送呈学堂堂长处者,堂长查阅无讹,即送厅署核定编辑,转呈提学使司鉴定,发入学堂,照给学生诵读,以符定章。"[2] 社会团体编撰方面,"国学保存会"与"南社"成员是当时清末乡土教材编撰的主力军之一。邓实等人在光绪三十年(1904年)于上海发起"国学保存会",次年创办会刊《国粹学报》,随后他们开始编纂和组织出版乡土教材。经过国学保存会的努力,江苏、江宁、安徽、江西、广东、直隶、湖北诸省和地区的乡土历史、地理等相继于1906～1907年编成,如刘师培编纂了江宁、江苏、安徽的"乡土历史教科书"及"乡土地理教科书"共6种,陈去病编纂了直隶、湖北、江西的"乡土历史教科书"和"乡土地理教科书"共6种,黄晦闻则编纂了广东省的"乡土历史教科书""乡土地理教科书"和"乡土格致教科书"共3种,这些乡土教材都由国学保存会下属的"乡土教科书总发行所"出版发行。[3] "南社"是1909年由柳亚子等人在苏州发起成立的近代著名爱国

---

[1] 《仁化县志》,"凡例",手抄报.
[2] 宋廷模. 平潭乡土志略[M]. 凡例八条,序,光绪三十一年修.
[3] 王兴亮. 爱国之道,始自一乡——清末民初乡土志书的编撰与乡土教育[D]. 复旦大学博士学位论文, 2007.

文艺团体,"南社"成员通过整理晚明文献,来宣传其振兴华夏和"排满"思想,其中如黄节、傅熊湘、侯鸿鉴、马锡纯、范烟桥等人都参与编纂了乡土教科书。文人绅士和当时的留学生思想较为开明,较早地接受了一些新思想,尤其是留学生,他们思想活跃,较早地参与到乡土教育的理念引进和实践探索中。

清末乡土教材成书的数量存在一定争议。据香港学者陈其南、邱淑如1985年统计,光绪三十一年至宣统三年(1905~1911)的7年内,全国共修乡土志418种,约占我国现存古旧方志总数的5%,而范学宗后来撰《中国地方志·乡土志试论》统计约存450种。[1] 国内学者巴兆祥也对清末乡土志做了统计,认为"1905年至1911年间,乡土志成批编辑,约有463种,年均达66种。主要集中在1905年至1908年间,有年份可考的约有364种,约占总数的78.1%"[2],如果加上1905年《乡土志例目》颁布之前的乡土志书,他认为有467种。[3] 国内学者王兴亮指出,"依照《中国地方志联合目录》统计,清末到民初这个时期,全国各地(中国台湾地区情况特殊,暂不统计在内)纂修的以"乡土"命名的乡土志书有493种;依《中国地方志总目提要》最新统计(福建省16种未统计在内)则为548种"[4]。实际上以上仅为学者们对乡土志书的统计数目,此阶段乡土教材的数目应该远远多于此数,因为学者们并没有把当时大量的以"乡土教材""乡土教科书"为名的课本统计在内。如1906年刘师培编撰,国学保存会出版的《安徽乡土地理教科书》和《江苏乡土地理教科书》、1907年陈庆林编撰,国学保存会出版的湖北、江西、直隶、江宁乡土地理教科书,1908年辜天佑编辑,长沙集益群智书社编辑的《湖南乡土地理教科书》,1909年沈宗祉编辑,上海时中书局出版的《松江初等小学地理教科书》等,这些乡土教科书与当时作为课堂教学用书的乡土志均是那个时代经典的乡土教材。笔者目前发现的1906~1909年出版的以"乡土教科书"为名的乡土教材就有21种

---

[1] 李素梅.中国乡土教材的百年嬗变及其文化功能考察[M].北京:民族出版社,2010:152.

[2] 巴兆祥.论乡土志的几个问题[J].安徽史学,2006,(6).

[3] 巴兆祥.论乡土志的几个问题[J].安徽史学,2006,(6).

[4] 王兴亮.清末民初乡土志书的编纂和乡土教育[J].中国地方志,2004,(2).

之多。王兴亮根据《中国地方志联合目录》《中国地方志总目提要》以及多种分省地方志考证,将以乡土志、乡土教科书、乡土教材为名的课本均计算在内,仅清末乡土教材就共计486种,具体分布见表2-3。

表2-3 清末乡土教材一览表

省（直辖市）	教材数量	省（直辖市）	教材数量
北京	1	上海	6
天津	1	江苏	16
河北	29	浙江	6
河南	11	安徽	12
山西	8	江西	8
山东	67	湖北	6
内蒙古	无	湖南	24
黑龙江	3	福建	13
辽宁	43	广东（海南）	30
吉林	21	广西	10
陕西	47	四川	51
甘肃	8	云南	12
青海	无	贵州	2
宁夏	无	西藏	1
新疆	44	合计	197
合计	289		
总计	486		

《乡土志例目》颁布之后,社会各界为响应清廷编撰乡土教材的号召,地方官员与文人绅士、留学生和学校教员等知识分子以及学术团体都加入到了乡土教材的编撰队伍中来,各地开始兴起对乡土教材研究、编撰的热潮。1907年清末学者刘光汉（刘师培）就在《国粹学报》上发表了《编辑乡土志序例》,其中根据《乡土志例目》的纲目详细阐述

了选编乡土志的主要内容。❶ 1908 年清末学者王运孚在《教育新报》上对日本学者万福直清的著作《乡土科教授法》进行了介绍，对乡土科的目的、意义和范围，以及地理、历史和理科乡土教材的取材进行了概要性的分析说明。❷ 这一时期涌现出的乡土教材有如：光绪三十二年（1906 年）孙长清修、刘熙春纂《兴京乡土志》；光绪三十三年（1907 年）谢恺纂修《宣化县乡土志》、裴景熙纂修《曹州府曹县乡土志》；光绪三十四年（1908 年）张世卿修，王崧、于莲纂《平度州乡土志》，潼关采访局撰《潼关乡土志稿》，翁辉东、黄人熊纂修《海阳县乡土志》等。不过需要注意的是，以上统计仅仅是当时乡土志的数目，还有大量命名为"乡土教科书"的成果未统计在内。

（二）清末乡土教材的细目分析

上文提及，清末乡土教材主要包括乡土志和乡土教科书两类，这两类乡土教材既有联系又有区别。就二者的联系来看，其一，清末乡土教科书和乡土志都是作为初等小学堂的历史、地理、格致的教学用书，这是我们将二者归为一类的基础；其二，二者编撰的指导思想都受到清末《奏定学堂章程》和《乡土志例目》的影响。就二者的区别来看，其一是编撰体例不同。清末乡土教科书的编撰体例大多是课目体，而乡土志的体例大多是例目体，按照例目的要求上报。其二，就编写后的使用来看，目前我们发现的乡土教科书大多有正式的出版单位，而清末乡土志大多是以县级为单位编写，所出成品大多是抄本或稿本，用以呈报给上级教育部门，无法考证其是否正式发行使用（或者仅仅是小范围的试用）。所以，从整体上看，虽然两者都为清末乡土教材，但是从编写质量和正式性上看，清末的乡土教科书比乡土志更加规范、质量相对较高。其三，二者的编撰都受到《奏定学堂章程》和《乡土志例目》的影响，但是就其编撰说明来看，清末乡土教科书受《奏定学堂章程》的影响明显更多，形式更加灵活，而清末乡土志受《乡土志例目》影响更加明显，其编撰形式体例被框于《乡土志例目》之内而略显呆板。

---

❶ 刘光汉. 编辑乡土志序例 [J]. 国粹学报, 1907, (2): 12.
❷ 王运孚. 乡土科教授法 [J]. 教育新报, 1908 年第 2 号.

笔者选取清末1905~1911年部分乡土志进行了细目分析，这些乡土志皆为清末用于各地初等小学堂的乡土教材，统计的依据是按照清末《乡土志例目》规定的15类目的内容，对照清末乡土志的成品，将其内容的分量进行归类统计。笔者主要基于以下几方面的考虑：其一，清末乡土志的编排一般是按照《乡土志例目》的要求分目编写，只有个别乡土志创新了编撰形式，因此将相同性质的内容归为一类，以此探讨清末乡土志内容选择的侧重点。不是严格按照例目编写的教材，我们根据其内容的特点，按照例目的分类归于其中；其二，考虑到对其字数的确切统计工作量较大，且我们所选的清末乡土志在字体大小、内容疏密方面较为接近，因此，我们选择统计所涉及内容的页数来大概反映当时内容的分量情况，当然这中间会有一定的误差，但是基本面貌还是能够反映出来；其三，我们对清末乡土教材的内容体例也作了统计，以此说明当时乡土教材的主要编撰体例。我们将清末乡土教材的编撰体例分别赋值——1、2、3、4、5分别代表例目体、课目体、章节体、韵律体和其他。统计结果见表2-4。

首先我们对乡土教材的编撰体例做了分类，分为例目体、课目体、章节体和韵律体。"例目体"即按照清末《乡土志例目》的要求分类填报，没有课目或章节设置；"课目体"即将乡土志书根据十五个类目的安排，以"课"的形式进行组织；"章节体"即按照章节形式对内容进行组织；而"韵律体"则是仿照以往三字经等读物的编排，将教材编为三言或四言韵语的形式，以便于诵读和记忆。笔者分别将四者的数量作了统计分析，见图2-1。

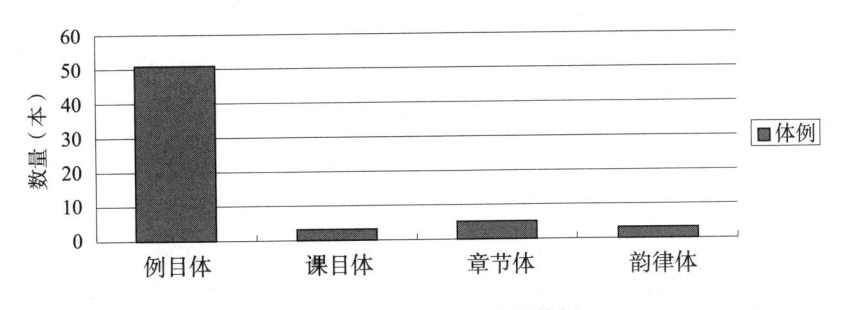

图2-1 清末乡土志编辑体例

表2-4 清末部分乡土志细目统计表（1905~1911）

书名 \ 细目	历史	政绩	兵事	耆旧	人类	户口	氏族	宗教	实业	地理	山	水	道路	物产	商务	小计	编撰体例
延庆州乡土志	8	26	20	54	0.1	0.4	0.5	0.5	7.5	47	5.9	4.1	5	3.5	3.5	186	1
宁河县乡土志	4.4	13.1	5.5	39.6	0.8	2	11.6	1	5	21	0	15.8	7.2	50	5	182	2
获鹿县乡土志	31	4	20	28	0.5	1.5	8	0.9	1.1	16	6	12	4	2	2	137	1
宣化县乡土志	5.1	5.4	9.5	52	1	8	0.9	1.2	0.9	40.6	2.8	1.6	1.7	11.3	2	144	1
昌黎县乡土志	3	9	7.5	68.1	0.4	4.6	0.8	0.7	3.9	8	10	10.2	3.8	17.6	2.4	150	1
赞皇县乡土志	3.9	13.2	8.7	23.2	1.2	3.1	4.6	1	2	52.3	15.8	14.4	13.7	5.6	4.3	167	4
直隶永年县乡土志	6	20	22	116	1	3	16	1	1	24	2	8	6	13	3	242	1
赵州乡土志	8	10	20	22	0.2	3.8	10	0.7	1.3	16	4	10	2	4	4	116	1
胶州直隶州乡土志	1	12	7	84	0	0.7	1.9	0	0	5.2	1.5	2.2	1.5	4	0	121	1
平度州乡土志	2	12	10	58	2	2	4	3	0.7	8	6	6	8.3	9.7	4	135	1
寿光县乡土志	3	7.9	6.1	68	0	1.1	2.7	1.1	2	10.4	0	6	3	37	9	156	1
莱州府乡土志	6	51	16	56	0	2	2	2	1	4	2	4	2	16	4	169	1
德州乡土志	20	8	8	117	4	4	4	2	2	13	0	16	3	2	11	211	1
武城县乡土志略	12	16	6	67	2	2	2.7	0.3	2.1	18	2	6	2	2	4	147	1
长山县乡土志	4	6	2	32	0.1	0.8	1.7	0.8	6.3	38	3	3.6	2.4	1.7	4.3	102	1
曹州府曹县乡土志	4.3	8	5.9	11.9	0.6	0.5	6	2	2	4	9.7	0	0	5	4	56	1
淅川直隶厅乡土志	10	16	62	94	4	7	6	2	2	24.5	9.7	8.8	10	20	6	282	1

第二章　传入与成型——清末的乡土教材（1898~1911）　　// 043

续表

书名\细目	历史	政绩	兵事	耆旧	人类	户口	氏族	宗教	实业	地理	山	水	道路	物产	商务	小计	编撰体例
吉州乡土志	3	8	6	26	0.5	0.5	1	0.5	0.5	17	3	2	1	1	1	71	1
蒇州乡土志	1	5	1	16.5	0.1	2	0.1	0.5	0.5	6.5	0.8	0.5	1.5	0.5	0.5	37	1
咸阳县乡土志	0.7	2	2.3	13	0.1	0.4	1	1	0.3	5.5	0.6	2.1	2	2	1	34	1
韩城县乡土志	2	6	12	26	0.9	1	2	0.1	1	49	7	9	2	70	6	194	2
平利县乡土志	6	8	4	16	1.5	2	0.5	2	2	10	10	15	7	8.5	4.5	97	1
高陵县乡土志	7	18	11	54.5	0.6	2.4	3	2.5	1.5	5	0.5	2.5	4	6.5	4	123	1
陇州乡土志	3	16	4	29.5	2.5	3	3.5	2	3	12	6	2.5	3.5	4	3.5	98	4
扶风县乡土志	4	8.5	10	120	1.5	5	13	3	2.5	88.5	5	8	6.5	4	5.5	285	1
富平县乡土志	4	5	6	9	0.5	1.5	3	1.5	0.5	10	5	3.5	1.5	3	1	55	1
雒南县乡土志	2	23	24	69.5	2	2	0	0.5	1.5	10	14	6.5	4	14	2	175	4
潼关乡土志	2	2.5	5	0	0	1	0	0	0	12.5	2	1.5	1	3	4.5	35	1
镇原县乡土志	8	10	13	30	2.5	0.5	8	0.5	0.5	5	1	1.5	3	7	3.5	94	1
镇番县乡土志	4	22	9	55	3	3	7	3	4	40	5	17	7	15	5	199	1
敦煌县乡土志	3	1	2	30	0.4	0.5	0.5	0.1	0.5	14	2	3	1	5	6	69	1
华亭县乡土志	2.5	21	14.5	34	0.2	0.2	1	0.6	1	19	1	11	8	5	2	121	1
南通县乡土志	1	0	0	7.5	0	2.5	0	0	2.5	13	1.5	2.5	3	6.5	2	42	1
滁县乡土志	0.5	0	0	3	0	0.5	0	0	2.5	18	2	5	6.5	7	3	48	1

续表

书名\细目	历史	政绩	兵事	耆旧	人类	户口	氏族	宗教	实业	地理	山	水	道路	物产	商务	小计	编撰体例
腾越乡土志	6	32	42	40	30	8	20	2	4	36	10	8	14	38	10	300	1
宣威州乡土志	2.4	7.3	2.9	9.4	2.7	0	0	0.4	0.9	52	2.8	1.5	3.7	33	9	128	2
蒙化县乡土志	4	6	12	58	12	2.8	3.2	2	1	18	8	5	8.4	1.1	4.5	146	1
安南县乡土志	14.4	2.8	5.6	42.6	6.6	1	0	0.8	1.2	19.6	4.3	1.6	2.5	3.9	2.1	109	1
蒲江县乡土志	24	28	8	22	1.5	1.8	1.4	1.6	9.7	100	6.7	7.3	0	34	11	257	1
金堂县乡土志	6	14	6	64	2	1.1	14.9	2	2	95.3	4.8	13.9	14	32	24	296	3
崇宁县乡土志	3.1	2.6	1.6	8.7	0.6	4.1	1.6	0.5	0.7	33.7	5.5	7.9	2.4	10.9	4.1	88	1
新都县乡土志	2.6	10.3	4.4	71.3	0.6	2	7	0.9	0	7.2	1.9	11.9	11	6.8	6.1	144	3
罗江县乡土志	2	1.5	1.5	11.7	0.3	1	0	0	0	3.1	3.3	1.3	0	2.3	0	28	1
懋功县乡土志	2.6	0.8	1.6	0.7	0.7	0.6	0.5	0.8	0.9	3.3	0.5	0.4	0.7	1.2	2.7	18	1
富顺县乡土志	0	0	0	0	0	0	0	0	0	72	11	15	14	12	2	126	3
德阳县乡土志	2.6	24.5	14.3	62.2	1.2	0.7	14.9	0.5	2.1	16.8	3.7	3.5	4	10.9	3.1	165	1
铜梁县乡土志	12	8	10.7	67.5	2.2	4.6	6	1.7	2.3	96	20.8	16.5	20.7	72	13	354	1
江北厅乡土志	3.3	12	28.7	36	2	1.1	11.5	2.2	5.2	52	19.1	14.9	4.6	16.9	8.5	218	1
巴陵乡土志	2	22	54	142	1	1	6	1	1	144	18.8	59.2	36	16	18	522	1
辰州府乡土志	17	49	16	92	3	5.5	0.5	21	12	87	22	28	0	54	0	407	3
益阳县乡土志	5	6.5	8.5	52.9	0.1	0.2	0.4	0.8	1	8	8	16.6	14.5	13	14	150	1

第二章 传入与成型——清末的乡土教材（1898~1911）

续表

书名\细目	历史	政绩	兵事	耆旧	人类	户口	氏族	宗教	实业	地理	山	水	道路	物产	商务	小计	编撰体例
柳河县乡土志	1.4	2.6	6.9	0.1	0.1	0.3	0.1	0.2	0.3	7	2.6	6	4	0.4	1	33	1
兴京乡土志	10	7	20	11	10	86	4	2	8	44	3	16	19	54	52	346	1
岫岩县乡土志	19	8.7	4	6	1	1	2.3	1	9	0	2.5	4	6.5	28	0	93	1
凤凰厅乡土志	3	0	0	0	0	1	0	0	0	8	4	7	4	0	0	27	1
法库厅乡土志	6	1	8	13	2	3	6	1	1	20	6	4	4	7	3	85	1
锦西厅乡土志	1	0.5	2	3	0.2	1	0.5	0.5	1	15.5	4.5	1	0.4	4.6	0	36	1
锦州县乡土志	2	4.6	2	17	0.2	0.2	2.8	3.2	0	15	7.5	1.5	4	3	4	67	1
义州乡土志	5	13	3	5	1	2	1	2	8	49	6	3	4	18	2	122	1
英德县乡土志	5	14	13	23	2	3	1	1	1	31	17	10	3	5	1	130	1
海阳县乡土志	4	9	13	14	2	0.9	0.1	1	0	18	4	10	3	8	1	88	3
陆丰县乡土志	2.5	4	1.5	22.5	3	0	0	0	0	6	0	0	0	6	0	46	3
总计62（本）	353.3	685.2	651.2	2426.4	122.2	208.4	228.7	88.1	135.4	1743	347.4	496.8	340.5	858.4	323.6	9010	

注：1. 编撰"体例"一栏中，1＝例目体；2＝课目体；3＝章节体；4＝韵律体
2. 细目栏中的数字代表所涉内容的页数

通过对已有的62个样本的数据进行统计，我们发现，清末乡土志的编撰体例基本是例目体，即完全按照《乡土志例目》的要求进行编撰，这种形式占82%，其次是章节体，占8%，最后是课目体和韵律体，各占5%。由此说明，清末乡土教材，教科书所用的课目体或章节体并不是主流，而主要采取的是例目体。当然，编撰体例的形式还是比较多样，至少对于各种体例都有所尝试，这是值得肯定的一方面。因为教科书体（章节体和课目体）在清末还不太成熟，因此各种编撰体例并存，由于此时正处于一个探索的阶段，所以以最为简便易行的例目体进行编撰。

其次，我们对不同内容的分量进行了统计。通过细目统计分析发现，表2-4中各细目内容分量从多到少依次为：耆旧＞地理＞物产＞政绩＞兵事＞水＞历史＞山＞道路＞商务＞氏族＞户口＞实业＞人类＞宗教。而在15个内容的类目中，分量最重的前三位，分别是耆旧（约占总数的27%）、地理（约占总数的19%）和物产（约占总数的10%），前三项总计占到了约56%；而分量最轻的后五位分别是宗教（约占总数的1%）、人类（约占总数的1.3%）、实业（约占总数的1.5%）、户口（约占总数的2.3%）和氏族（约占总数的2.5%），五项总计约占总数的9%。由此可见，清末乡土志在内容选择方面存在极大的差异。

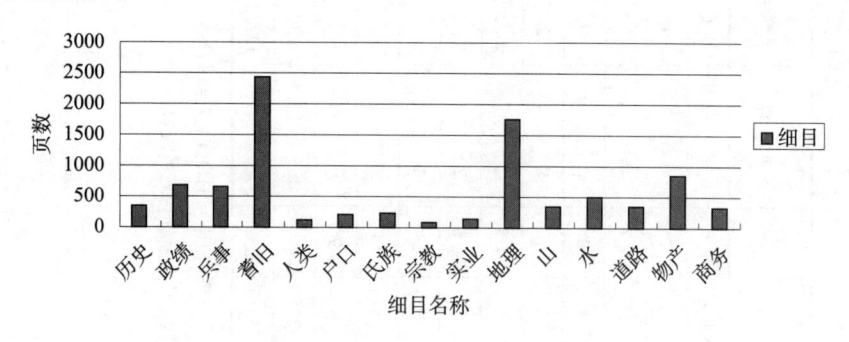

图2-2 清末乡土志细目比例

通过类目中内容选择的侧重点可知，清末乡土教材内容的选择有明显的倾向性，这其中一个客观的制约因素。从倾向性来看，内容选择最多的"耆旧"一目主要包括两部分；一是"本境之乡贤，事业、学问突出者";二是"历代名儒、名臣、功臣、循吏、忠节为本境人者"。正因为此,耆旧就成为当时思想教育最重要的选材,这对激发学生的爱国爱乡情结有很好的示范作用,加之我国历史悠久,各地多多少少都会有一些留驻史册的人物或德行典范,便于从原有的志书中借用,以上多方面的原因造成"耆旧"一目成为乡土志中最主要的内容,如《昌黎县乡土志》《直隶永年县乡土志》《德州乡土志》《扶风县乡土志》等,其"耆旧"部分占到了全书内容的一半左右,而相对其他的内容就会有所削弱。"地理"一目主要是"本境的位置、四界、区划、古迹、祠庙、坊表、桥梁、市镇、学堂"等内容。这些内容具有普遍性,各地都可涉及,而乡土教材的目的之一是借助身边的材料进行直观教学,而地理部分的内容恰好具有浓厚的直观性。所以,"地理"一目也成为清末乡土志的重要选材。反观分量最少的氏族、户口、实业、人类、宗教5项,内容较少则有很大一部分原因在于客观的制约因素。这些内容可书的本来就不多,很多地方的乡土志直接在这些例目后标注"无",我们就用"0"进行了标识,有些在该乡土志中根本没有提及,我们亦用"0"进行标识,其他还有一些乡土志仅仅用一两句话对例目的中的内容进行了描述,如"人类"一目"本境皆为汉人,再无他种","宗教"一目"本境皆尊儒教,再无他类",这种情况我们也用较小的数字进行了酌情赋值,以示区别。

总之,清末乡土志部分地反映了当时乡土教材繁荣的景象,与其他类型的乡土教材一起构成了清末乡土教材的亮点。

三、乡土志——《韩城县乡土志》

《韩城县乡土志》抄本于光绪丙午年(1906年)问世,由张瑞玑修、温恭篆,它系目前现存的、1905年《乡土志例目》颁布后较早的、完整的乡土志。作为乡土教材,它遵照例目要求和"癸卯学制"中关于乡土部分的说明,将乡土志的内容分为历史、地理、格致三册,每册都附有前言说明,全书最前面附有总序,以课目体形式编排。

张瑞玑(1872~1928),字衡玉,人称老衡,赵城人。幼年家贫,随长兄瑞璜就读私塾。光绪二十九年(1903年)中进士。光绪三十二年（1906年）至宣统三年（1911年），他先后在陕西韩城、兴平、长安、临潼、咸宁任知县。在任期间，为官清廉，断案公正，体恤民情，不避权贵，敢作敢为，被称为清官。张瑞玑虽为朝廷命官，但对清廷腐败黑暗统治极为不满。为启发民智，鼓吹革命，他每到一处均要兴学堂，办报纸。曾先后办过《龙门报》《兴平报》（与当地进步人士张渊合办，后改名为《兴平星期报》）、《帝州报》《曝社学报》《木铎公报》等。民国元年（1912年），张瑞玑任山西省财政司司长。同年12月，被任命为山西省民政长，次年元月即去职。民国十四年（1925年），孙中山在北京病逝，张瑞玑感到国事日非，心灰意冷，遂返故里赵城隐居，于1928年1月6日在赵城病故。张瑞玑著有《谁园集》12卷，《张瑞玑诗文集》14卷等。❶ 作为韩城县知县，张瑞玑亲自主持该县乡土志的编撰，由此可见他对此事之重视，在其为《韩城县乡土志》所作的序中可以看出他编撰该乡土志的端倪：

韩城县乡土志　序❷

不知史例者，不可以作志；不知教科书例者，不可以作乡土志。曰简曰确，史例也，即志例也。推而至于教科书，亦不外此例。自史例不明于天下，载笔者附会焉，穿凿焉，其意以为为文也。其文之荒谬怪诞者，几等于说部、语林之无稽，而读其文者击节叹赏，亦不复实求其是焉。是故历代史志及诸家掌故之书，汗牛充栋，尽一人毕生之力，不足以窥其全。所谓天文、历象、地理、物产、五行、货财之志，亦莫不连篇累牍，叙其颠末，不可谓不博矣。然实而求之，非悬揣拟议之作，即沿讹传谬之文，其不至贻讥通人者十无二三。下而至于郡县志乘之书，更无论矣。论其文，则可存者少，而可删者多；论其事，则可疑者多，而可据者少。至于事不可据，则又乌贵乎其为文也？此中国学界腐败之原因，亦中国史书志乘之通病也。持此道以教天下之子弟，又何怪天下无人才哉！夫欲兴人才，必先讲实学，欲兴实学，必先讲教科书。中国无所谓教科书，中国之载籍即教科书也；中国无所谓学，中国之载籍文

---

❶ 山西省史志研究院. 山西通志·第四十八卷·人物志［M］. 北京：中华书局，2001：72-73.

❷ 张瑞玑. 韩城县乡土志［M］. 抄本，1906：序.

章即学也。以文章为学,以专讲文章之载籍为教科书,遂使人人知有文而不知有学,并且以文为学焉。而经济实业农、工、商、矿之学,若屏诸学校庠序之外,为文人之所不必讲。即讲矣,亦摇笔鼓舌,纸上谈兵而已也,则讲犹不讲。呜呼!实学之不讲,人材之不兴,中国之载籍文章为之也。不举此空疏浮华之习一洗而空之,中国学界岂复有疏通之日乎?

丙午春,瑞玑权韩篆,日以振兴学堂为急务。经营数月,高等小学渐已就绪,惟各乡镇初等小学设立逾数十处,而教授迄无定本。瑞玑乃邀龙门诸君子,朝夕考订,急修乡土志,盖将为初等小学前二年之教科书计也。其旧志之所载,缺者补之,繁者汰之,事涉疑似者更正之,无关政学者删除之。其山川道里、商贾销售、民生消长诸大端,有为旧志所不载,载之而不甚详者,皆几经测量调查,而务求其实。其为书也,历史有表,物产有表,户口有表,地理形势系以说而附以图,此志例也,亦教科书例也。至于动物、植物、制造之类,亦皆仿《毛诗》、《尔雅》、《山海经》图说之例,而分绘其图,盖将以欣愉儿童之心志,开凿儿童之聪明也。其为文也,尚简不尚繁,尚确不尚博,文字词章之优劣,则有国文教科书为之先导焉,非是书之所急也。异日者,教员按课而授,学生按图而索。其卒业年限,亦分班按期而不爽。不繁、不难、不高、不深,是则是书之为用也。嗟乎!文与学,本一事也。自实学不讲,而文成为虚物矣。处此实学竞争之世界,苟能率天下之子弟,而尽祛其孤陋华靡之习,则他日切实有用之学,皆发为颠扑不破之文,未始非保全国粹之道也。

光绪丙午九月
张瑞玑于龙门官廨

从以上序可以看出,主要表达了两方面的意思:第一,原有志书质量低下,即所谓"历代史志及诸家掌故之书,汗牛充栋,尽一人毕生之力,不足以窥其全",而郡县志乘之书"论其文,则可存者少,而可删者多;论其事,则可疑者多,而可据者少",则不宜作为童蒙学习之书;第二,作为学生用书,乡土志具有不同于地方志的特点。"急修乡土志,盖将为初等小学前二年之教科书计也""其旧志之所载,缺者补之,繁者汰之,事涉疑似者更正之,无关政学者删除之。其山川道里、商贾销售、民生消长诸大端,有为旧志所不载,载之而不甚详者,皆几经测量调查,而务求其实",即通过删减增补以用于小学课堂。这一点通过该志书的各册的编辑大意也可看出:

韩城县乡土志　编辑大意[1]

　　是册谨遵奉到乡土志例目合以奏定章程初等小学堂第一二年之学科程度编辑。

　　是册为初等小学堂前二年之课程每星期一点钟,每年四十星期当授四十课,故每门均定以八十课。

　　是册惟历史一门,各课少相参差,然亦不敢浪费笔墨,地理物产两门则均以四十余字为一课。诚以幼稚之脑筋,繁博则苦其难记。

　　是册于历史前后及物产志商务数课列表分载者,以诸课无可繁述之义,列表则便于逐格指授,且可使童子即知表式。

　　是册惟历史一门有说无图,地理格致二门均图说并载者,有图则其说课证,且以助童蒙之娱悦鼓舞其才识也。

　　历史多案邑乘,编纪其近数十年邑乘所未载者,亦采访附入。

　　邑乘所载史事甚繁,是册则择优编入,以年又定课,繁则不能卒业,至欲更窥全豹,则成人后有邑乘在。

　　地理虽有旧图,既不合于例目,测绘亦多未准以之教授,后学恐不免于歧误,次册绘图标说,凡山川形式道路建筑,皆一一亲履勘验,测量清楚。

　　是册于奉到例目所有,而本境或无者则概从缺。

　　是册仓促编成,原未细经校勘,斧削润色,还以望之为宗匠者。

　　由此可见,《韩城县乡土志》编撰的官方依据即《乡土志例目》和《奏定学堂章程》,且为了与传统志书相区别,并适合课堂教学,编撰体例则以课目体编撰,除此以外,历史,地理、格致各科的正文也都配有统计图表以帮助蒙童理解。但清末乡土志的体例极不规范,除课目体、章节体外,甚至有直接以15类目为主干填充内容的,这是由于当时官方仅仅规定了例目的内容,而对编撰形式没有控制的结果。以历史

---

[1] 张瑞玑. 韩城县乡土志 [M]. 抄本, 1906:编辑大意.

为例，目次如下：

历史目次

置本境年代附下既置本境表内

第一课　未置本境以前邑名所属表　第二课　合前课　第三课　既置本境以后邑名所属表　第四课　合前课

政绩录

典利

第五课　雲得臣　第六课　马攀龙　第七课　左懋第　第八课　傅应奎　第九课　王澎霖

除弊

第十课　蔚宙　第十一课　刘方夏　第十二课　莫元庚

听讼

第十三课　姒昂　第十四课　石凤台　第十五课　吕兆鬃

兵事录

第十六课　秦晋措兵　第十七课　韩信击魏　第十八课　兵渡龙门　第十九课　元兵寇秦　第二十课　元兵拔韩　第二十一课　全文御寇　第二十二课　马佑剿贼　第二十三棵　左公御寇　第二十四课　续前课　第二十五课　续前课　第二十六课　续前课　第二十七课　王公捍城　第二十八　蒋公扼要　第二十九课　余公立围　第三十课　续前课　第三十一课　续前课　第三十二课　续前课　第三十三课　李军驻关　第三十四课　续前课　第三十五课　郭周驻军

耆旧录

事业

孝

第三十六课　薛睿　第三十七课　刘浩然

友

第三十八课　薛包　第三十九课　张禄

睦

第四十课　陈佑圣　第四十一课　张辰绥

媛

第四十二课　吴聊捷　第四十三课　陈宏

任

第四十四课　王炎如　第四十五课　牛体元

邱

第四十六课　党孟珂　第四十七课　师贞充

学问

经

第四十八课　卜子夏　第四十九课　晋宾王　吕功

史

第五十课　司马远

集

第五十一课　张士佩　第五十二课　薛亨　第五十三课　卫引文

医学

第五十四课　吴全宾　第五十五　薛士显

名儒

第五十六课　贾宏祚　贾谛芳　第五十七课　高宏达

名臣

第五十八课　张升　第五十九课　张邦俊　第六十课　刘阴佢　第六十一课　张廷佢　第六十二课　王杰

功臣

第六十三课　薛仪　第六十四课　师彦公

名将

第六十五课　薛端　第六十六课　王应朝

循吏

第六十七课　孙美　第六十八课　薛起凤　第六十九课卫学诗　第七十课　杨锡桂

忠节

第七十一课　赵春芳　第七十二棵　高巍然　第七十三课　卫景媛　第七十四　强克捷　第七十五课　王汝为

人类

户口

第七十六课　历年人口增减表　第七十七课　合前课　第七十八课

实业人民附宗教人民表　第七十九课　合前课　第八十课　氏族表

从以上历史的课目内容可以看出编者之意：一方面按照《乡土志例目》的要求，以此为大架构贯穿全书，例如所有内容分为政绩录、兵事录、耆旧录和人类四大部分，每部分下面再列子项；另一方面，为适宜童蒙学习，每部分字数较少，大约50~80字，并以各方面的贤人雅士为主反映大框架中的内容，且是"择善而书"，这与"史"书"善恶并录"明显不同。以第三十六课为例：

第三十六课　薛睿

薛睿，隋开皇初由新丰令擢拜尚书虞部侍郎，寻转考工，文帝闻其孝，以母老赐于服几杖四及珍味，当世荣之，后母卒，扶柩归葬，夏阳隆冬，极寒衰至，徒跣五百余里，足冻指堕，哀动朝野。

本课寥寥数语，就刻画了一个"孝子"的生动形象。在该乡土志中，历史部分的内容基本上都是以历史人物为主线贯穿全文，略有一些史事记载，而所有历史人物的描述都是以例目为纲，以课为单位按照需要填充选课的内容，所有内容为符合童蒙的学习特点，都力求短小精悍，同时为了配合课堂教学，以课目体的形式编排，有些内容较长的，就切分为两课、三课，甚至是四课教学，课文标题上则用"续前课"做衔接。

除历史部分外，地理、格致也同样具有这一特点，即皆以例目为纲，以"课"为单位，内容颇为精要。如地理共80课，分为本境在省府之方向若干里类、本境四界系何境类、本境分若干区并四界系何区类、城内区古迹祠庙坊表市镇桥梁学堂类、山类、水类六大部分内容，每部分内容下面以"课"的形式组织。书中所出示地图皆有专人测绘，以求详实，通过这些地图的展示，以实现"一室而知五大洲""一室而知二十余行省""一室而知陕西全境"之目的。格致同样安排了80课内容，但是第七十课之后，皆为统计图表。格致全书内容包括物产类、植物制造类、动物类、动物制造类、矿物类、矿物制造类、商务类七大部分内容，每部分内容下以"课"为单位编排，每课50字左右，且配有精美插图，以帮助孩童理解。

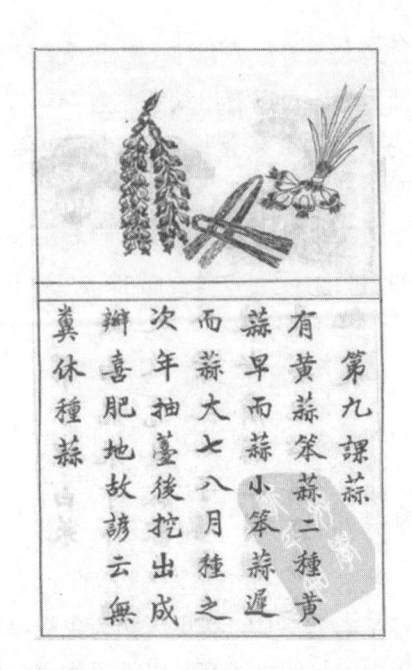

图 2-3 《韩城县乡土志》（第三册），《格致》第九课"蒜"

通过《韩城县乡土志》的历史、地理和格致三册内容，我们可以看出，这一时段乡土教材的编撰还处于摸索阶段，其内容通俗简单，虽然有了"课"的形态，有了对课文内容中字数的注意，且言语表达易于儿童理解等，但这些乡土教材仍旧还有许多不完善的地方，如每课标题的拟定较为随意，尤其是长篇课文直接用"续前课"的方式；另外课后没有习题；内容的选择完全依照例目填充，且存有以往志书的痕迹，这些都是乡土志作为教材的不足之处，但是不可否认，编者已经对乡土志用于童蒙教材有明确的意识，且试图用符合童蒙学习习惯的方式和语言去编写。作为后人，我们不应该完全用今日教材编撰的眼光对他们求全责备。

除了以上以课目体形式编撰的乡土志，作为乡土教材以外其他形式的乡土志教材还有很多，如课目体、章节体，另外还有按例目的分类直接填充内容的。此外，编撰质量更是参差不齐，所以，综上所述，清末乡土志书的编撰是乡土志作为教材的最初尝试，虽然形式、质量有所差异，但其意义和价值还是值得充分肯定的。

四、最早的"乡土教科书"——国学保存会的系列乡土教材

（一）国学保存会的成立及《国粹学报》的开办

20世纪初，中国的许多先进分子满怀爱国热情，向西方学习，寻求救国救民的真理。但与此同时，也有一批仁人志士幻想从中国古老的传统典章制度中，寻求某些可以避免或克服资本主义弊端的对策，于是出现了一股以"研究国学，保存国粹"为宗旨的社会思潮，其中最具代表性的是邓实、黄节、刘光汉等人于1905年2月在上海创办的"国学保存会"，以"研究国学，保存国粹"为宗旨，国学保存会的具体创办人有：邓实、黄节、刘光汉、陈去病、马叙伦、陆绍明、诸崇最、高天梅。

邓实（1877~1951）❶，近代史学家，国粹学派代表人物之一。字秋枚。广东顺德（今佛山市顺德区）人。生于上海。早年游学广东，受学于经学名家简朝亮门下。清光绪二十八年（1902年）在上海创办《政艺通报》，光绪三十一年（1905年）发起成立国学保存会，刊行《国粹学报》，以"研究国学，保存国粹"为己任。是晚清国粹理论的主要构造者之一。注重宣传中国传统文化，重夷夏之防，借以鼓吹反清排满。针对当时不少人"醉心欧化"，认为只有弘扬国学，发扬国粹才是真正的救国良方。强调"国学"不是历代帝王"奉为治国之大经"的"君学"，而是"在野君子"著书讲学之所为。这样的"国学"是有长远价值的。擅长政论，写有《国学保存论》《国学真论》《古学复兴论》《国学讲习记》等文。

黄节（1873~1935）❷，原名晦闻，字玉昆，号纯熙；改名节，别署晦翁、黄史氏等。广东顺德人。早年师事简朝亮。光绪二十七年（1901年）在广州与谢英伯创办群学书社（后易名为南武公学会），以期启迪民智。次年应乡试落第，与邓实至上海创办《政艺通报》。三十一年，以"保种、爱国、存学"为宗旨，与邓实等创办国学保存会与《国粹学报》；参加广州反美拒约团体，创办《拒约报》和《广州旬报》。1910年入南社。1915年致书刘师培，指责筹安会倾覆民国，遭袁

---

❶ 张岱年. 中国哲学大辞典 [Z]. 上海：上海辞书出版社，2010：863.
❷ 梁淑安. 中国文学家大辞典（近代卷）[Z]. 北京：中华书局，1997：387-388.

世凯仇视。1917年起任北京大学教授。1935年病逝于北京。

刘师培（1884～1919），又名光汉，字申叔，号左盦，江苏仪征人。出生于一个封建士大夫的书香门第，其曾祖父、祖父及伯父均以给"春秋左氏传"作疏而列名《清史稿》儒林传。1901年考取秀才，次年中举人。1903年入京会试，未中；归途中在上海结识章炳麟、蔡元培等爱国学社成员。同年冬以"光汉子"署名在上海出版反清小册子《中国民族志》《攘书》，并在蔡元培主持的《俄事警闻》撰文抨击时政。1907年春应章炳麟邀赴日，任《民报》编辑，同时加入同盟会。1908年冬回国，历任两江督辕文案、直隶督辕文案及学部谘议官。1913年到太原，充当山西都督阎锡山高等顾问。1914年到北京，被袁世凯任为总统府谘议。1915年追随杨度参加发起"筹安会"，任理事，并撰写《君政复古论》等文章，为复辟帝制鼓噪，为"筹安会六君子"之一。1917年北大校长蔡元培本着"兼容并包"办学方针，聘其为北大教授。其时新文化运动正蓬勃发展，他"慨然于国学沦夷"，曾与一些封建文人企图恢复《国粹学报》和《国粹汇编》以对抗《新青年》。1919年初出版《国故月刊》，自任总编辑，以"昌明中国固有之学术"为名，对抗新文化运动。1919年11月在北京病逝。所著甚多，对经学及汉魏诗文有深邃研究。后人编有《刘申叔先生遗书》出版。

国学保存会拟定了《国学保存会章程》，对经费来源和使用、入会条件、会费收缴和使用等都作了详细规定。❶ 其中提到入会条件是捐金和捐书，他们特别强调"搜求"古人遗籍，包括古人已毁坏版之书，或还有版但不多见之书，或写完还未刊印之书，或失传很久之书，以及家藏之物，家刻书籍和新出生的金石碑版等，国学保存会还专门建了一栋藏书楼收藏这些东西。❷ 光绪三十一年正月二十日（1905年2月23日），国学保存会创办《国粹学报》，该报从1905年创刊到1912年停刊，先后共出82期，该刊分社说、政篇、史篇、丛谈、撰录等栏目，内容多为经、史、子及文字训诂诸学论文，以"发明国学，保存国粹"

---

❶ 国学保存会章程［M］//马以君. 南社研究（第六辑）. 广州：中山大学出版社，1994：241.

❷ 戴逸. 中国近代史通鉴（5）辛亥革命（1840～1949）［M］. 北京：红旗出版社，1997：103.

为宗旨，宣传"爱国、保种、存学"，主张排满，反对"醉心欧化"。《国粹学报》曾刊载过不少关于乡土教材编撰的文章，如刘师培的《编辑十八行省乡土历史地理格致小学教科书，兼办神州乡土教育杂志》和《劝各省州县编辑书籍志启及凡例》等都是关于乡土教材编撰方面的文章，其中《编辑十八行省乡土历史地理格致小学教科书，兼办神州乡土教育杂志》提出了编撰乡土教材的想法：

> 吾国今日当重小学教育，夫人皆知，而惟乡土史志教科书，坊间尚无善本，盖抉择甚难，非通才不办也。敝会以保存孤学，发扬国光为愿，特集合国学深邃数人，编辑十八省乡土史教科书，举吾国可宝贵之事物，编为课本，务求合初等小学之程度，以印入全国青年脑中。

这些乡土教材编撰方面的理论研究为后来编撰乡土教材提供了理论基础，使得国学保存会编撰的乡土教材在一定程度上跳出了部颁《乡土志例目》的框架，而直接将《奏定学堂章程》中的乡土思想运用于乡土教材的编撰之中，鉴于当时国学保存会成员力主排满兴汉，刘师培甚至力证"满人非中国之臣民"，与清廷处于对立关系，因此他们一度遭到清政府的通缉，所以他们再造一部乡土志编撰范例的原因是否出于与清廷的《乡土志例目》相抗衡的考虑，目前文献资料暂时还不能断定。但是他们迎合《奏定学堂章程》，提倡乡土教材的做法，至少表明了他们与清廷在乡土教材这一问题的认识上一致的。

（二）国学保存会编撰的"乡土教科书"

据今考究，最早以"乡土教科书"为称谓的乡土教材是国学保存会的刘师培等人编撰的乡土教科书，这一批乡土教科书于1906～1907年陆续编成。国学保存会从1905年成立到1912年春天其机关报《国粹学报》被封，先后刊行先儒遗著、明李野史、古代金石书画等，不下百余种；发行《国粹学报》82期；编辑《国学教科书》，十八行省乡土历史、地理、格致，小学教科书和中国博物教科书；设立古学研究所，招致海内名流，分门研究；还曾拟设国粹学堂，开办国学讲习所，由刘师培担任讲师，编了5种讲义，分别是《伦理学教科书》《经学教科书》《中国地理教科书》《中国文学教科书》《中国历史教科书》。❶

---

❶ 吴雁南，冯祖贻，等. 中国近代社会思潮（1840～1949）（第一卷）[M]. 上海：上海人民出版社，1998：103.

乡土教科书编撰方面，国学保存会最初计划编纂十八行省乡土历史、地理、格致志书，并拟定出版《神州乡土教育杂志》，定期发布编纂信息。经过国学保存会的努力，江苏、江宁、安徽、江西、广东、直隶、湖北诸省的乡土历史、地理志相继于1906~1907年编成。刘师培编纂了江宁、江苏、安徽的"乡土历史教科书"及"乡土地理教科书"共6种，并编纂和发表了"编辑乡土志序例"；陈去病编纂了直隶、湖北、江西三地的"乡土历史教科书"和"乡土地理教科书"共6种；黄晦闻编纂了广东省的"乡土历史教科书""乡土地理教科书""乡土格致教科书"共3种，以上乡土志书都由国学保存会下属的"乡土教科书总发行所"出版发行。❶ 由国学保存会出版的这批乡土教材，都用教科书命名，而没采用乡土志这个官方的提法，也没有按《乡土志例目》规定的十五类目进行编排，而是按照《奏定学堂章程》所规定的课时，以教科书课目体的形式编排。

以《安徽乡土地理教科书》为例（如图2-4）。《安徽乡土地理教科书》是刘师培于1906年编撰的，编者以地理因素对人的影响为出发点，论证安徽之地对安徽人民性格养成的作用，并希望借此乡土地理教科书振兴民风，引发皖民的"尚樸、好义、贵勤"之风。

图2-4　国学保存会，《安徽乡土地理教科书》（第一册），1906年

---

❶ 王兴亮. 爱国之道，始自一乡 [D]. 复旦大学博士学位论文，2007：42.

安徽乡土地理教科书　叙

平原之民与山国之民不同，若皖省之地则皖北多属平原，皖南多属山国。皖北虽多大川，然睢下诸水均成细流，劭陂艾塘遗迹久泯，平原旷莽，沙土漂轻，多与徐豫相同，故民生期间，鲜营实业，习为强悍之风。近于古代之游侠。皖南多山，溪涧潆洄，水流漂急，沟浍之间，盈涸不时，农民终岁勤够而限于地利不克，自给其身家，由是舍农而商逐什一之利，散居东南各省，故至于今日皖北之民宜于服兵，皖南之民宜于经商，而实业教育于皖南为宜，军国民教育又以皖北为宜。推其原因，则以皖南地势殊于皖北地势，既殊则民风习尚亦随之而殊。试观六安诸地，兴宁省之淮扬同居于江北，何以小民生计，有贫富之殊，则以淮扬处水道交通之地而六安处群山之中也。徽歙之地与苏常杭绍同居于江南，何以先儒学术，有尚虚尚实之殊，则以苏常杭绍为泽国，而徽歙则为山国也，略举二端，余可类求。嗟夫，皖省之民其特质有三：一曰尚朴，二曰好义，三曰贵勤。此皆所处之地使然，今则风稍衰矣。编辑此书，不禁为之浩欢也。编者自叙。

《安徽乡土地理教科书》原本打算出齐 5 册，每册 18 课，与《奏定学堂章程》中的授课学期和课时要求相配合。每课大约 150 字左右，以适应童蒙接受之能力，这批教科书供初等小学一二年级和高等小学一年级上学期使用，在编辑大意中作了详细说明：

编辑大意

本书专备安徽省初等小学第一二学年及第三年上一学期地理教科之用。谨遵奏定章程，初等小学第一二年地理学科，讲乡土之道里建置，附近之山水，以及本地先贤之祠庙遗迹等类，第三年上一学期讲本县本府本省之地理山水，为编辑宗旨。

谨案奏定学堂章程，初等小学每星期授地理一点钟，除年假暑假外，每一学期应授地理十八点钟。本书分为五册，每册十八课，恰备一学期教授之用，合五册，毕五学期，因第六学期照奏定章程，应授中国地理之大概也。

本书每课以一百五十字为率，无使过多，庶初等小学生徒，取便记忆。

本书第一册附全省地图，以后每遇先贤祠庙遗迹，及本省地理山水之名胜，有足动人敬仰者，例必插图，复遵奏定章程，凡居民之职业，贫富之原因，舟车之交通，物产之生殖诸端，均为本书编辑注意之所在。

本书编辑、引用载籍极繁，而文理务求简明。其有端绪过于纷继者，间用史表之体，以示条理。

本书第二三四五册即继出，必无误以下学期之用。

编辑大意中最后指出"本书第二三四五册即继出，必无误以下学期之用"，但是实际上，该书仅仅出版了第一册，其原因在于"次年丁未正月，刘君即以党祸避地日本，此后殆未继续编辑也"。有人评论此类书"系供初等小学之用，内容浅显，无甚精义，非国学教科书之比"，故未收入《刘申叔先生遗书》❶。

在内容选择与组织上，《安徽乡土地理教科书》并非以部颁《乡土志例目》的15个类目为主体编撰，而是直接根据《奏定学堂章程》的要求，地理教科书"凡居民之职业，贫富之原因，舟车之交通，物产之生殖诸端，均为本书编辑注意之所在"，也即内容选择的重点。

《安徽乡土地理教科书》（第一册）
目 录

第一课 沿革上 第二课 沿革下 第三课 总论 第四课 区划 第五课 山脉一 第六课 山脉二 第七课 山脉三 第八课 河流一 第九课 河流二 第十课 河流三 第十一课 人文地理上 第十二课 人文地理下 第十三课 安庆府 庐州府 第十四课 凤阳府 颍州府 第十五课 徽州府 宁国府 第十六课 池州府 太平府 第十七课 六安州 泗州 第十八课 滁州 和州 广德州 附全省地图 商埠 沿江商埠有芜湖近拟安庆亦开为商埠。

从内容来看，《安徽乡土地理教科书》主要选择了历史沿革、区划、山脉、河流，以及分各州府介绍，编撰体例上与当时其他教科书类似，课文内容相对精要，贴近实际，文字较为精练，课后无习题。但值

---

❶ 钱玄同. 刘申叔先生遗书［M］. 宁武南氏校印本，民国二十三年：第一册，序.

得一提的是，这一批乡土教科书大都编有教学参考书，以辅助教师教学。

第四课　区划

安徽省地东西相距约七百余里，南北约一千里，布政司领府入直隶州五，以安庆府为省会，安庆东北曰庐州府，又北曰凤阳府，庐州之东曰和州、滁州。东北曰泗州，西曰六安府，西北曰颍州府。由安庆而东南曰池州府，又东曰太平府，池太之间，曰宁国府，又东曰广德州。池宁之南曰徽州府，此行政上区划之大略页。

除刘师培编撰的《安徽乡土地理教科书》外，国学保存会在这一时期还编撰了其他科目的很多乡土教科书，如陈去病编纂的直隶、湖北、江西三地的"乡土历史教科书"和"乡土地理教科书"；黄晦闻编纂的广东"乡土历史教科书""乡土地理教科书""乡土格致教科书"等，编辑形式和体例与刘师培所撰的"乡土地理教科书"相似。如光绪三十三年（1907年）黄晦闻所编《广东乡土地理》（第一版第一次印刷）同为5册，每册18课，每课150字左右，内容组织也与《安徽乡土地理教科书》相似，含沿革、总论、区划、海岸、山脉、河流、潮汐、人种、丁口、田赋、通商港、铁路、航路、驿路、电线、邮政、电话等内容。❶

但是，当时光绪三十三年（1907年）颁行的第一次审定初等小学、高等小学暂用书目表及暂用教科书凡例并未审核通过出版《广东乡土地理》，其理由是"考证固疏，且因种族之别致启争竞之风，甚非和平之福"❷，其所谓的种族之别，在这本《广东乡土地理教科书》中的第一册第十二课"人种"中就可看出端倪❸：

第十二课　人种

粤中有单纯之汉种则始自秦，谪徙民处粤，自秦以前，百粤自为种族，旧有君长臣服于越，为夏少康庶子，无余之苗裔，故少康种族有分徙岭南者是为汉种，于百粤种混合之族，然已变而为獞矣。今之汉种，多

---

❶ 黄晦闻. 广东乡土地理教科书［M］. 国学保存会，1907：目录.
❷ 张运君. 晚清书报检查制度研究［M］. 北京：社会科学文献出版社，2011：350.
❸ 黄晦闻. 广东乡土地理教科书［M］. 国学保存会，1907：6-7.

为唐宋以来迁粤者,其外有獐、猺、獠、黎诸种,散处各方,表之如左。

寥寥百余字,就引起了社会各界的极大关注,引起了一场不小的风波。由于作者将汉人和獐、猺、獠、黎等少数民族做了划界,把少数民族排除到"纯种"的汉人之外,这种做法引起当时身为客家人的各路学者、官僚的极大不满,当时广东法政学堂的客家读书子弟邹鲁联合其他客家人士成立"客族源流调查会",以证明客家人同属"汉种",他在自己的回忆录里写道:

入学不久,看到黄晦闻先生所著的两本书,一本是《广东乡土历史教科书》,一本是《广东乡土地理》,里面竟有客家和福佬都非汉种的言论,我认为他抹煞史实,有伤同胞感情,便挺身出来作文辩斥……于是共同推举我领衔交涉,引起了一场轩然大波,直到把那错误的言论修正了才罢。❶

当时的教育行政部门也对此事给予了极大关注,时任广东潮州府大埔县劝学所总董饶熙向广东提学使提出申诉,由广东提学使将此事汇报给学部:

学部为咨行事。上海国学保存会所编广东乡土历史、地理教科书,书中以客家、福老为非汉族,拟为周官职方七闽之族,荒谬无稽,该省法政学堂曾本是书宣讲,几酿事端。请将原书版权撤等。因查是书,前经呈部已将书中谬误之处逐条籤出,批令改正……令亟行改正,其原书应即禁止发行可也。❷

两江总督接到申诉,处理结果由学部向广东方面做了传达,结论如下:

批令改正后再呈部校阅,除一面咨照两江总督上海道饬令停止原书发行外,相应劄饬该司转饬该总董等遵照可也。❸

---

❶ 邹鲁. 回顾录 [M]. 长沙:岳麓书社,2000:18-19.
❷ 董饶熙. 咨江督请劄上海道饬国学保存会改正广东乡土教科书文 [N] //学部官报,1905 年 7 月 21 日 (31).
❸ 劄广东提学使广东教科书已令改正,转饬大埔县劝学所总董等遵照问 [N] //学部官报,1905 年 7 月 21 日 (31).

国学保存编撰的乡土教科书之所以会引起如此大的争议，与国学保存会这一机构的目的和组成这一机构的人员有很大关系。国学保存会的目的是保存国学精粹，其代表人物刘师培等人在清末是力主排满兴汉的，他们通过自己的历史研究想方设法证明满人和汉人不是一家，满人是外族夺权，满人非中国之臣民，汉人应该奋起反抗。由于对当时执政不满，刘师培还曾参与实施对当时的执政者的暗杀行动，后未成功，而避难于安徽中学，授学之余编撰乡土教科书，不久又逃亡日本，受日本社会思潮的洗礼，辛亥革命之后思想转而保守，反对革命。当然这都是后话。至少从清末的历史节点上来看，国学保存会及刘师培等人的极端民族主义是有历史渊源的，他们将这种种族对立的思想带进了乡土教科书，了解了这一段历史也就理解了为什么他们的教科书无法通过清廷审定。由此可见，国学保存会所编的"教科书体"的乡土教材并非十全十美，但总体来看，它大体保持了统一的内容选择和组织规范，为清末乡土教科书的编撰提供了一定的范例。

小　结

我国最初正式的乡土教材是在清末救亡图存的乡土教育思潮影响下，基于原有地方志的基础，吸收德、日等国乡土教材的编撰经验，以《奏定学堂章程》和《乡土志例目》为依据编写的近代新型的小学历史、地理、格致合科的教学用书。这种教材以儿童心理学、生理学、教育学等为理论依据，从学生的发展和生活的需求出发，由浅入深、从简到繁，循序渐进，使小学生初步认识周围的自然环境、社会环境和常见的生活事物和现象，其最主要的目的是培养对家乡的热爱，进而实现爱国家之目的。

清末乡土教材包括乡土志书和乡土教科书，它们共同作为当时小学的乡土教材。清末编撰乡土教材具有较为深远的历史意义，它提供了乡土教材编写的模式、留下了许多详实的乡土史料，并且当时所编的部分乡土教材后来成为典范。虽然这股编撰的热潮随着清廷的倒台戛然而止，但反映了清末新政改革期间，在各种新思潮的影响下，清政府积极推动教育改革的尝试，为我国今后乡土教材的发展奠定了基础。

第三章 探索与定型
——民国时期的乡土教材
(1912~1948)

晚清政府的乡土教育政策以及乡土教材的编撰旨在教导百姓"由爱乡而爱大清国",以及加强臣民的"忠君"观念,而新生的民国政府则更重视对"改造国民性"、培养"新国民"的作用❶,希望实现由爱家乡到爱国家,以激发学生保家卫国、救亡图存的思想。国民政府成立之后,逐渐开始重视乡土教材编撰的制度化、规范化,乡土教材与乡土教育逐渐向全社会普及。

第一节　民初乡土教材的沿袭与过渡（1912~1927）

一、民初乡土教材沿袭与过渡的背景

1911年10月10日,武昌起义推翻了封建帝制,1912年1月1日,中华民国成立,清廷覆灭。1912年1月19日,民国临时政府教育部拟定《普通教育暂定办法》,其规定:"凡各种教科书,务符合共和国宗旨……如学校教员遇有教科书中不合共和宗旨者,可随时删改。"❷ 正因为此,清末的乡土教材也被纳入需要改写的范围之内。

1912年9月28日,民国教育部公布《小学校令》（部令第12号）,该校会规定初小修业4年,高小3年,同时规定了学习科目和课时的安排,乡土并未单独设科。❸ 1912年12月公布的《教育部订定小学校教则及课程表》,阐述了各科目的基本教学原则,虽未直接提及乡土教学的内容,但是大多强调小学阶段的教学内容应从身边之事学起,力求内容贴近儿童生活,如修身要则指出"修身要旨在涵养儿童之德行,导以实践……择其切近易行者授之",国文要旨指出"国文读法,宜就读本及他科目已授事项,或儿童日常闻见与出世所必须者,令记述之"❹。

由此可见,低年级的教学,大都注重关注四周的事物,体现乡土教育的精神,但是此时乡土教育和乡土教材的编撰并没有特别的加以强

---

❶ 陈永森.告别臣民的尝试［M］.北京:人民大学出版社,2004.
❷ 临时政府公报.1912年1月19日,第4号.
❸ 政府公报（命令）.1912年9月29日第125号.
❹ 教育杂志.1913年1月,第4卷第10号.

调，由于初等小学校未开设历史、地理课程，鉴于此种情况，"民国初年江苏的几所著名小学里，因为初等小学里没有知识科目，便自添乡土科以作补救"❶，此时江苏、安徽等地的教育当局也有一些编辑乡土教材的行为，只是"这些乡土教材是用文言文编写的，内容多偏重于历史人物方面，实与自编的国文补充教材性质相似"❷。民初乡土教材的编撰依然延续清末传统，主要再版清末乡土教材以用作初等小学教材，内容包括乡土地理、乡土历史、乡土格致等，我们在1912年左右发现了一些再版的乡土教材，如1912年再版郑彫亮于清末编撰的《最新潮州乡土地理教科书》（铅印本）、1912年再版缪果章于宣统年间撰的《宣威州乡土志》（抄本）（含《宣威州乡土历史教科书》《宣威州乡土格致科书》《宣威州乡土志地理教科书》）3册、1912年再版国学保存会于1907年编辑初版的《江西乡土历史教科书》（铅印本）等乡土教材。

1915年7月，民国教育部公布《国民学校令》（部令第31号），将原"初等小学校"改称为"国民学校"，1912年颁布的《小学校令》废止，《国民学校令》规定国民学校修业期限为4年，科目为修身、读经（此科目于1916年10月《国民学校令》中废除）、国文、算术、手工、图画、唱歌、体操、女子加课缝纫。其中，除修身、读经、国文、算术外，其他科目有因儿童体质所不能学习者，免其学习。❸ 这一时期针对国民学校的乡土教材也陆续出版，如1917年12月初版的由杭海编辑、供国民学校使用的《滁县乡土志》❹（上、下册）。

民国教育部于1916年1月8日公布的《国民学校令实施细则》亦未涉及乡土学习的有关内容❺；同日颁布的《高等小学校令实施细则令》规定了高等小学校各科的实施规范，其中地理、历史科目主要学习本国地理和本国历史，在地理学习方面提到"教授地理，宜先注意乡土之观察，以引起儿童之兴味及其爱乡思想，并示以地图标本、影片、地

---

❶ 王伯昂. 乡土教材研究［M］. 上海：商务印书馆，1948. 22.
❷ 王伯昂. 乡土教材研究［M］. 上海：商务印书馆，1948. 22.
❸ 《国民学校令》，1915年7月公布，1916年10月修正，见宋恩荣，章咸. 中华民国教育法规选编（修订本）［M］. 南京：江苏教育出版社，2005：209.
❹ 杭海. 滁县乡土志［M］. 滁县：滁县教育会出版，1917.
❺ 璩鑫圭，唐良炎. 学制演变［M］. 上海：上海教育出版社，2007. 799.

球仪等物，使具有确定之知识，尤宜与历史、理科所授事项联络"❶。

随着民初一系列教育法令颁布，各地也开始编撰乡土教材，但是民国初期总体上的形势却是沿袭清末的既有基础。民初乡土教材的编撰，受到清末乡土教材编撰的影响，具有典型的清末乡土教材的影子，甚至出现依照前朝的文件编撰本朝的乡土教材的做法，如民国初期大量沿袭清末乡土志作为乡土教材，而这些乡土志的编撰在其编撰说明中直接指出其编撰依据依然是清末的《乡土志例目》。如1916年江苏省绍兴县发布的《编辑绍兴乡土志案》：

乡土一科，在现行学则中，虽未列入，唯于儿童教育颇有实益，盖敬恭桑梓，即为爱国之始基，又其书足以辅翼史地，尤可以联络学科，故前清末造已有此议，近则江苏各县闻多已编用。今拟仿行编纂刊行，以唤起爱乡土之精神。先定办法如左，由本会邀请编纂八人分任之，其中又推主任一人，兼司分配编定之事，以若干月为期，成后复议刊行之，体裁由各编纂员议定之，编纂主任各员，悉为名誉职，但由本会供应稿纸及借用参考图籍。❷

由此观之，一方面民初乡土教材的编撰实未中断，且部分乡土志依然在地方作为小学阶段的教材使用；另一方面，根据民国这一新社会的需要，当然不可能是完全照搬清末乡土教材的内容，因此，在清末乡土教材的基础上又有所更新。但是总体上看，民国初期乡土教材的编撰处于一个缓慢过渡时期，新政权诞生，各种问题随之而来，教育领域的大问题还没有来得及全部解决，加上政权争夺和地方割据，乡土教材的重要性在此时并没十分凸显，但是乡土教材作为培养爱国、爱乡思想的教学材料的做法依旧保留了下来。如1920年的《泸定县乡土志》就反映了这一特点。

泸定县乡土志　叙❸

县之有志，犹国之有史，腹地开化最久，即偏取僻壤，莫不各有志乘，以资采辑，县志繁博，不便小学取材，县志以改组乡土志，此各县

---

❶ 教育公报，1916-5，2（12）.
❷ 编辑绍兴县乡土志案[J]. 绍兴教育杂志，1916，16.
❸ 泸定县乡土志. 1920，抄本.

之于因，而泸定实出于创也，自民国元年正县成立，官斯土者，百端待理，何能事此不急之务，故历任皆置诸不论不议，即欲从事修辑，而文献无徵，亦有志焉而未之逮，己末孟夏，世瑀承乏县事，怒然于斯土之无志也，爰延视学张君培恕为主笔，刘君干司编辑，各校教员暨县属耆儒司调查，尊用部颁例目，阅数月已然成篇，其于历史、地理、格致不过端，粗具所以便教授也，至搜遗补阙，以成完璧，上备之采，附入国史，则有志乘在，请以俟大雅之君子。

中华民国九年季夏月知县事宁乡王世瑀、焕青甫撰

从上面"叙"可以看出：第一，乡土志作为小学乡土教材的做法在民国初期依然保留下来，体现了沿袭的特点；第二，即使到了民国九年，其编撰乡土志的基础仍然是清末的《乡土志例目》，由此可以推断，民国初年北洋政府并未公布类似于《乡土志例目》这样的全国性指导乡土教材编撰的纲要文件，导致民国初期的乡土教材只能依照前朝的文件编撰，这种情形应该是中国教育史上所罕见的，这也是清末到民国过渡时期所特有的现象；第三，由于乡土教材式微，即是所谓民国初年"官斯土者，百端待理，何能事此不急之务，故历任皆置诸不论不议"，故乡土教材乃"不急之务"；第四，乡土志的编撰方式形式与清末相似，内容结构按照《乡土志例目》分为历史、地理和格致3部分，但具体内容根据民国需要有所调整。如《泸定县乡土志》的主要内容（历史、地理、格致）：

泸定县乡土志　目录

历史

建制、政绩（兴利、去害、听讼）、兵事、耆旧（事业、学问、忠节、宦建、烈女）、人类（户口、氏族、宗教、实业）

地理

疆域、五区（古迹、祠庙、坊表、桥梁、市镇、学堂）、山、水、道路

格致

物产（天然、制造、动物、植物、矿物）、商务（入口费、出口费）

从以上内容可以看出，体例基本按照清末《乡土志例目》的要求排列，采取例目体，而不是课目体。例目中没有的内容，课文中仅列出标题，标示为"缺"，例如"去害"缺、"听讼"缺、"学问"缺、"烈女"缺等。就内容分量来看，明显不均，历史内容中记录最为详细的"忠节"几乎占到历史的 1/3，其次是"氏族"，二者加起来占历史全部内容的一半左右，而其他一些内容则以"缺"字概况，可见这一本《泸定县乡土志》还存在诸多问题，体现出民初过渡时期官方对乡土教材重视程度不够、编者编撰水平不高等问题。

二、新学制颁布后乡土教材逐步发展

民初乡土教材的编撰随着 1922 年"新学制"的颁布，逐渐开始走向正轨，开始在全国范围内进行讨论，并取得了一些成绩。1922 年"新学制"颁布之后，乡土教材主要以社会科和常识科面世，即此时的乡土教材主要作为小学阶段社会或常识课本。1922 年 11 月 1 日，民国教育部颁布《学校系统改革令》（部令第 23 号），其整体思想是学习美国的学制架构。"新学制"也称为"六三三学制"，其规定小学修业 6 年，前 4 年为初级，后 2 年为高级；中学校修业 6 年，可以是初级 3 年，高中 3 年，或初级 4 年，高级 2 年，或初级 2 年，高级 4 年。❶ 在 1923 年颁布的《新学制课程纲要总说明》中，规定小学校课程分为国语、算术、卫生、公民、历史、地理、自然园艺、工用艺术、形象艺术、音乐、体育 11 类目，为与初中课程衔接，提出卫生、公民、历史、地理的一部分（地理另一部分划入"自然科"），在初级小学阶段合并教学，称为"社会科"，❷ 当时合并的缘由是这样的："1. 卫生、公民、历史和人生地理等，实际是人生环境的社会事项，所以称社会。2. 公民科和修身科，有些不同。修身好像注重涵养德性方面，公民则重在研

---

❶ 李友芝，等. 中国近现代师范教育史资料（第二册）[M]. 北京：北京师范大学出版社，1990：264.
❷ 吴履平. 20 世纪中国中小学课程标准·教学大纲汇编：课程（教学）计划卷 [M]. 北京：人民教育出版社，2001：109 – 110.

究社会环境的状况,因此公民可并入社会科"❶。为与"新学制"相适应,中华全国教育会联合会新学制课程标准起草委员会于1923年6月颁布了我国第一个课程纲要——《小学新学制课程标准纲要》❷,规定小学课程科目为国语、算术、历史、卫生、公民、地理、自然、园艺、工用艺术、形象艺术、音乐、体育,其中卫生、公民、历史、地理合并的"社会科"纲要中规定学习内容为:第一学年,(1)家庭的设计研究;(2)身体衣物的清洁;(3)纪念日和节气的研究——历史事迹风俗惯例等与自然研究联络或混合教学;(4)关于公民卫生史地各种故事。第二学年(1)学校市乡的观察研究;(2)衣食住的卫生;(3)原始人生活;(4)异地人生活;(5)纪念日和节气的研究。❸

这样一来,初等小学的地理、历史等归入到"社会科"之中(不久"社会科"与"自然科"合并为"常识科"),因为乡土教材的讲授内容与初等小学的社会科和常识科有诸多重合,而社会科和常识科作为主要科目列入课程中,除了单独出版社会科和常识科教材之外,也有许多地方将乡土教材作为社会科和常识科的教材。

新课程纲要颁布之后,各地开始筹划编撰乡土教材,并施以行政手段强制各地开始收集并编撰乡土教材,以作常识科教材使用。在这一时期走在前列的当属江苏省。1925年9月,《江苏省教育会月报》刊登了江苏省教育会会长黄袁的《致江苏教育厅请通令各县教育局教育会会同编撰乡土志以作常识科补充教材函》,当初黄袁是出于新课程常识课本补充教材的需要,于是于9月函请江苏省教育厅批准各地赶紧组织各教育局和教育会联合编撰乡土教材,函请内容如下:

经启者,维行远自迩,登高自卑。乡土者,国与世界之单位,生长于斯,衣食于斯,关系密切,凡属国民,必先洞悉乡土状况,始足以言国事。查新学制课程,小学校设常识一科,现坊间所出常识读本,大都

---

❶ 盛朗西. 小学课程沿革[M]. 福州:福建教育出版社,2008:10.
❷ 1923年的《纲要》由吴研因起草,黎锦熙、沈熙修正,此后于1929年、1932年、1936年、1941年、1948年先后颁布、暂行。正式、修正小学课程标准。中华人民共和国成立后,1950年教育部曾制定课程暂行标准《草案》印发,但后来为教学大纲所代替,直到21世纪初新课程改革之后,才复称课程标准。
❸ 盛朗西. 小学课程沿革[M]. 福州:福建教育出版社,2008:119.

偏于灌输普通知识方面，如将本县史地物产等等，编写为乡土志以作常识科补充教材，则实简易而兴味浓，理解明而获益多。爱乡观念油然而生，桑梓事业可期发展，敝会详加检讨，以为此项乡土志之编辑，实未可缓，应请贵厅通令各县转令教育局会同教育会从事编纂，凡本省本县本乡之教材，各应占全部分教材百分之五至百分之十，并应注重人民生活状况及物产之流通，培植民智，此其基础。务祈通令遵行，实为公便。此致江苏省厅长沈。❶

江苏省教育厅于（1925年）9月16日复函："除令饬各县转饬教育局会同教育会遵照办理外，相应函复，即希查照为荷。"❷ 由此拉开了江苏省编撰乡土教材以作为常识课补充读本的序幕。此后，各个地方出版了一些供小学使用的乡土教材，如民国十一年（1922年）七月重校并出版了蔡铸编辑的《最新改订·广东乡土地理教科书》，该书最早由蔡铸于宣统元年编撰，但是在清学部第一审定初等小学、高等小学暂用书目及暂用教科书范例公布时，此书因"随意掇拾，漏讹甚多"而未通过审核。❸ 尤其值得注意的是，这一时期乡土教材的使用范围有所扩大、编撰形式有所突破。使用范围上全面扩展到高等小学上来，如民国十三年（1924年）三月出版的《崇明乡土志》，其编辑大意开头就指出："本书备高等小学一年级生或国民学校第四学年生教科之用"❹。编撰形式上亦有所突破，如民国十年（1921年）八月初版，民国十四年（1925年）正月三版的《山东乡土教本》就采用了课目式的游记体，与以往大部分的乡土教材叙述形式明显不同，编者在其编辑大意中写道，"坊间所出乡土志，大抵挨县叙述，如数家珍，取材即无联络，叙事又乏兴味，此等书只可做参考之用，实不合教科体裁"❺，"本书用游记体，夹叙夹议，教者若按图指点，俾儿童恍如亲临其境，不但兴趣丛生，引起儿童想学的心理，且使儿童知乡土一科，重在实用，并非徒托

---

❶ 纂乡土志以作常识科补充教材函（1925年9月3日）. 江苏教育会月报，1925，(9).
❷ 江苏省教育厅复函（1925年9月15日）. 江苏教育会月报，1925，(9).
❸ 张运君. 晚清书报检查制度研究［M］. 北京：社会科学文献出版社，2011：346.
❹ 昝元恺. 崇明乡土志［M］. 崇明第一商校公平商店，1924年石印本.
❺ 祁锡. 山东乡土教本［M］. 济南第一师范中学，1925年.

空言"❶。

　　这一时期乡土教材包括乡土历史、乡土地理以及一些综合性的乡土教材，文体依然是文言文。除此之外，社会团体也对乡土教育以及乡土教材有一定的讨论，如中华教育改进社❷就有诸多关于乡土教育和乡土教材方面的讨论，该社在发表《中华教育改进社改造全国乡村教育宣言书》中表示"下决心要筹募一百万元基金，征集一百万位同志，提倡一百万所学校，改造一百万千乡村"❸，希望通过改进乡村教育来实现民族振兴，乡村教育的开展势必涉及适合乡村教学的教材编撰，这在一定程度上推动了乡土教材的发展。中华教育改进社1923年第二届年会议决《请本社通知各大书局对于小学教科书的编辑顾虑地方教材以期适用案》、1924年第三届年会议决《各省区宜设编审处编审中小学教科书，以期合于地方实施而收教育实效案》，1925年第四届年会议决《小学教科书应切于各省实地生活案》等都对推进当时乡土教育和乡土教材的发展起到了一定的积极作用。

三、过渡期乡土教材的典型

　　民初过渡时期的乡土教材主要包括修订清末编撰的乡土志，例如上面我已经提到过的民国九年（1920年）的《泸定县乡土志》。除了这些修订版的乡土志外，还有一些修改后重新出版的乡土教材，如民国三年十月湖南湘乡人成希蕃❹编写的《湘乡乡土地理教科书》就是清末乡土教科书经过修改之后在民初使用的乡土教材的典型，该书是作者根据自

---

❶ 祁锡. 山东乡土教本 [M]. 济南第一师范中学，1925年.

❷ 中华教育改进社：民国七年（1918年）十二月联合国立北京大学、南京高等师范学校、国立谭南学校及中华职业教育社，发起组织新教育共进社，专事编译新教育丛书及新教育月刊。十年（1920年）十二月再图扩充，由新教育共进社、教育杂志社、实际教育调查社合并为中华教育改进社，修订《简章》，以调查教育实况、研究教育学术、力谋教育进步为宗旨。见：朱有瓛，戚名琇，钱曼倩，等. 中国近代教育史资料汇编：教育行政机构及教育团体. 上海：上海世纪出版股份有限公司，2007：318.

❸ 中国陶行知研究会. 陶行知教育思想理论和实践 [M]. 合肥：安徽教育出版社，1991：10.

❹ 成希蕃，字维翰，湖南湘乡人，教育工作者，清末民国年间先后任教于涟滨书院、涟滨学校，有《慎勤堂诗集》行世。

已在清末编写的《湘乡乡土地理》一书，修改重新编订的：

湘乡乡土地理教科书　序[1]

　　文明愈进步，科学愈发达，而地理一科，尤为切要。咸当细心研究。储为济世大用。然言地理者，必自乡土始，近时所出小学地理教科书及国文中所附地理各课，皆仅能言各省及各国之大略，而各县之详细，无从言之，故必有本县人，自编本县乡土地理，以为教授之资也，余自前清末著《湘乡乡土地理》一书，以授生徒，迄今代异时移，诸多变革，于是复加改正，以求适用焉。或谓地理当讲求本国之大势，及五洲各国之情形，区区一邑一乡之地理，何必絮絮为学子语乎，讵知行远必自迩，登高必自卑，侈语遐方，而于乡邦密迩，反习焉未察，问而不知，是可哂矣，况学童知识初开，骤语五洲万国，能领悟焉，是以不采固陋，订正是书，以为讲习地理之基础，苟入小学者，采二用之，岂无小补哉。

民国三年十月
成希蕃

　　从其序中可以看出，因为"迄今代异时移，诸多变革，于是复加改正，以求适用焉"，所以需要根据民国需要适当改编，而编写的目的则是为小学堂学习地理打下基础。《湘乡乡土地理教科书》正文分为38课，后附县城图、旧坊都图、山脉图、水道图、道里图，全书约万余字。该书概述湘乡清末至民国初年的政治经济、文化教育、工商实业、户口税赋等史事，文字浅显，内容通俗，是为高等小学堂教科书，后又有民国九年（1920年）抄本、1978年传抄本。

湘乡乡土地理教科书　目录

　　第一课　疆域　第二课　县城　第三课　乡镇（一）　第四课　乡镇（二）　第五课　山脉（一）　第六课　山脉（二）　第七课　山脉（三）　第八课　险隘　第九课　水道（一）　第十课　水道（二）　第十一课　水道（三）　第十二课　水道（四）　第十三课　道里（一）　第十四课　道里（二）　第十五课　桥梁　第十六课

---

[1] 成希蕃. 湘乡乡土地理教科书［M］. 1914年，抄本.

名胜（一）　第十七课　名胜（二）　第十八课　先贤祠墓遗迹（一）　第十九课　先贤祠墓遗迹（二）第二十课　先贤祠墓遗迹（三）第二十一课　先贤祠墓遗迹（四）第二十二课　先贤祠墓遗迹（五）第二十三课　先贤祠墓遗迹（六）　第二十四课　先贤祠墓遗迹（七）　第二十五课　先贤祠墓遗迹（八）　第二十六课　烈女祠墓遗迹（一）第二十七课　烈女祠墓遗迹（二）　第二十八课　礼俗　第二十九课　物产　第三十课　田赋（本县地方税）　第三十一课　户口　第三十二课　仓储　第三十三课　兵防　第三十四课　工艺　第三十五课　商务　第三十六课　学校　第三十七课　圣庙　第三十八课　宗教　后附：县城图　旧坊都图　山脉图　水道图　道里图

从内容的选择与组织上看，《湘乡乡土地理教科书》凸显了以下方面的特点：

第一，《湘乡乡土地理教科书》的编写以课目体形式组织，但是内容范围围绕《乡土志例目》的规定展开，基本涵盖了《乡土志例目》中的条目，如历史、耆旧、山水、商务、户口等内容。整体内容方面偏重历史沿革、山水、先贤祠墓遗迹等的介绍，尤其是先贤祠墓遗迹方面的内容，占了全书的较大部分。

第二，文字浅显易懂，适用范围有所扩大。《湘乡乡土地理教科书》的编写以课目体形式展开，每课约150字左右，文字浅显易懂，适用范围由以前的初等小学堂扩大到高等小学堂，此外，为了为帮助孩童理解，在重要历史人物或事件后都增加注解。例如在第二十四课"先贤祠墓遗迹（七）"中，重点讲了湘乡名人罗泽南的生平：

清罗忠杰公泽南，少贫困，课徒自给，当以试罢夜归，无米为饮，妻以哭子丧明，公益自刻历，不因境困而倦学。咸丰元年，以廪生举孝廉方正，后练湘练，出御洪军，绩功至宁绍道台、布政使，战殁武昌城下。今县城黄甲岭有公专祠，墓在湾洲。公弟子如王鑫、李续宝、续宜辈尤为杰出。

寥寥百余字，描述了湘乡名人罗泽南的一生，记述文字浅显易懂，尤其在学生不容易懂的词汇后还有小号字体加以注解，例如上段文字中的"洪军"就附有一条注解，以便让学生理解"洪军"一词：

洪秀全，广东花县人，道光三十年起兵广西桂平县金田村，号太平天国，称天王，咸丰二年入湖南破武昌，三年攻克沿江郡县，擂金陵。

第三，内容选择体现了"代异时移"的特点。由于"代异时移，诸多变革"，所以作者"复加改正，以求适用"，删除了对清朝歌功颂德的部分，增加了体现民初面貌的内容。山川地理、物产风俗等修改较少，兵防、商务、学校、圣庙和宗教等领域增加了民初现状的描述。例如增加了对民初湘乡学校状况的描述：

自清季兴学，我邑即以书院改为学校，如县城之东皋涟滨学校及娄底之连璧，永丰之双峰，近城之东山各高等小学是也，又有驻省中学，由试馆改设，在城女学，由行台改建，而初等小学立于各都族者，已有八十余所，迨民国成立，注重教育，加以邑人热心提倡，学校日益增多，兹调查合邑高等、初等小学已达五百余校，文化之灌输，固已日新而月盛矣。

而民初宗教状况亦有所描述：

我县人士，皆知崇奉儒教，入佛道二教者寡，约计五六千人。聚居于寺观，并应民家齐醮丧事之求，大失二教之本旨，巫教则为楚人旧俗，立坛于家，假鬼神以骗钱，其数四千有奇，近年天主耶稣之教流入境内，县城及永丰市各有福音堂，铜钱湾有天主堂，然信徒不过二三百人，民教相安，亦幸福也。

这些内容已经成为珍贵的史料，为研究当时的人口、经济、宗教、教育等方面都提供了重要参考。

当然，该书也存在一些问题，既没有配备相应的教学参考书，也没有提供相应的习题帮助孩童理解。此外，该书还存在一些考据不严的问题，例如在第二十四课"先贤祠墓遗迹（七）"中，有一小段记录曾国藩长子曾纪泽生平事迹的文字如下：

曾惠敏公纪泽，字劼刚，文正公国藩长子。工各体书法，善外国语言，光绪初，出始英法俄，争回伊犁，归官侍郎。墓在富托荷塘乡，故宅在荷叶。

尤其注意最后一句，"墓在富托荷塘乡，故宅在荷叶"，"故宅在荷叶"没有错,因为曾惠敏系湖南湘乡荷叶乡(今属湖南双峰县)人,但是"墓在富托荷塘乡"却存争议。2010年6月长沙新闻网发表了《长沙发现曾国藩长子坟墓,红漆棺木50年不腐》❶一文,该文记述了考古专家在长沙市望城区雷锋镇牌楼坝村桃子湾发现曾国藩长子曾纪泽墓葬一事,考古发现了墓庐屋匾额两块、龟背石碑一座、墓志盒构件两块,墓志盒上面带阴刻铭文,上书"宫保曾惠敏公圹志"。由于1958年,当地修建牌楼坝水库,尽取墓地花岗石构件作为筑坝材料,墓葬受到严重损坏并遭盗掘,但是凭墓志盒上的铭文基本可以断定是曾纪泽墓葬。由此与成希蓍《湘乡乡土地理教科书》的记载存在出入。解释这种出入的理由有三:第一,成希蓍未经考证,假想曾纪泽葬于祖籍,因为荷叶荷塘乡里的"富托庄屋"正是曾氏家族生活之地;第二个,曾纪泽墓葬本来就有两处,一处在富托荷塘乡以掩人耳目,以防盗墓,另一处真正墓地在长沙望城的桃子湾,但是以曾纪泽的地位来说,应该不至于此;第三,长沙发现的墓葬为伪,由于某种原因,墓志铭等被后移到了长沙,但是这种理由也比较牵强。所以,最大的可能性是成希蓍考证不严,在有争议的情况下就下了武断的结论。当然,最后的结论还需要考古学家加以甄别,不在笔者探讨范围。

最后,在内容的选择上也有值得斟酌之处,现今鼎鼎大名的湖南湘乡人的骄傲——曾国藩为何没有入选"先贤祠墓遗迹"一栏值得推敲,这涉及民国初期对曾国藩历史功绩的评价问题。作为晚请重臣,一名誓死保卫清廷的汉人,也许不是当时认为的"先贤"吧,但即使如此,他作为如此重要的历史人物,也未入选其他课目,实属不该。另外,本书在商业、户口等方面记述略简,需要加强。

四、"新学制"规定下的"新"乡土教材

《冀县·新乡土教科书》是"新学制"颁布后出版的典型乡土教材,体现了"新学制"的具体要求,突出其"新"意。《冀县·新乡土

---

❶ 《长沙发现曾国藩长子坟墓,红漆棺木50年不腐》,载http://news.changsha.cn/cs/2/201006/t20100608_ 1113370. htm.

教科书》出版于民国十二年（1923年）五月，由冀县马维周编辑，冀县张梦莲、王廷铣、张翰棻校对，冀县赞化石印局印刷、发行。全书共3册，每册定价京钱200文，作为国民学校二至四学年所用教材。

图3-1 冀县马维周，《冀县·新乡土教科书》（第一册），1923年

《冀县·新乡土教科书》之"新"字，体现了该教材按照"新学制"的要求进行编辑，同时教材的使用需要经过审定方能发行，教材的封面印有"教育厅审定"字样，内页有教育厅批文："查阅所编乡土教科书，按国民二三四年程度分配材料尚属合用，应准印行。"这表示可以在全县使用。全书以课目体的形式编撰，简略地记述冀县建置沿革、人物、河流、物产、宗教、政区、教育等，以及多方面兴衰及发展变化。每册有课文28课，具体内容如下：

冀县·新乡土教科书 内容一览

第一册 第一至二十八课内容分别为：冀县、半圆、南垭路、葡萄、马、泸沱河、漳河、滏阳河、杞柳、曹文迪、李氏、八角井、天足会、剪发、扶柳城、思玄堂、石塔、仲思枣、清隐轩、石磨、元孚、毛士储、紫微山、百花楼、尉迟恭墓、张耳墓、旧城、内城

第二册 第一至二十八课内容分别为：县知事署、孔子庙、关岳庙、萧晏二公庙、赵婴渠葛荣坡、谢缜、工业、商业、农业、辟阳、昌成、墩堡、坛墠、铺递、洋井、冯氏、其二、周濂、麦、农会、教育会、学校、土布、钱庄、邮务、窑业、蚕桑

第三章 探索与定型——民国时期的乡土教材（1912~1948） // 079

第三册 第一至二十八课内容分别为：冀州之沿革、古冢、常平仓、社仓、棉花、其二、古河流、水患、航路、冯素弗、城乡社区、中学校、运动场、宗教、警察、劝学所、自治、税务、李秉衡、吴汝纶、吴公渠、东汉兵患、晋魏齐兵患、唐五代兵患、宋元兵患、明清兵患、武术、风俗。

我们将《冀县·新乡土教科书》的内容进行了细目统计分析，细目分析的依据是民国乡土教材研究学者陈虞裳的分类，他将乡土教材所涉及的内容分为了10大类，分别是乡土历史、地理、名胜、社会、政治、经济、卫生、教育、文艺、娱乐。其中乡土历史，包括古迹、沿革、乡贤、传记等；乡土地理包括地形、地势、气候、地质、动植矿产等；乡土名胜包括名山、祠宇、公园、美术品、建筑物等；乡土社会包括风俗、习惯、人情、生活等；乡土政治包括地方行政组织、人口数及分布状况、社会事业现状及改进等；乡土经济包括本地物质生活资料来源、主要农业品状况、各种农工生产技术、水旱风虫灾的认识和防御及金融状况等；乡土卫生包括个人、家庭、学校、社会、关于衣食住行的卫生事项等；乡土教育包括学校教育、社会教育等教育事业等；乡土文艺包括有关本地之故事、歌谣等；乡土娱乐包括本地游戏、戏剧及其地正当娱乐等。❶ 根据这一分类，我们将该套教材（全3册）每课的主要内容分别归类如下：

表3-1 《冀县·新乡土教科书》（第一册）内容细目表

细目 课目	历史	地理	名胜	社会	政治	经济	卫生	教育	文艺	娱乐	小计
冀县		★									1
半圆	★										1
南埕路		★									1
葡萄		★				★					2
马		★				★					2
泸沱河		★									1
漳河		★									1
滏阳河		★									1

❶ 陈虞裳. 乡土教材研究 [J]. 四川教育通讯，1949（34）.

续表

课目\细目	历史	地理	名胜	社会	政治	经济	卫生	教育	文艺	娱乐	小计
杞柳						★					1
曹文迪	★										1
李氏	★										1
八角井		★									1
天足会				★							1
剪发				★							1
扶柳城			★								1
思玄堂	★		★								2
石塔	★		★								2
仲思枣						★					1
清隐轩	★		★								2
石磨	★										1
元孚	★										1
毛士储	★										1
紫微山		★									1
百花楼			★								1
尉迟恭墓	★		★								2
张耳墓	★		★								2
旧城			★								1
内城			★								1
合计	11	12	6	2	0	4	0				35

表3-2 《冀县·新乡土教科书》（第二册）内容细目表

课目\细目	历史	地理	名胜	社会	政治	经济	卫生	教育	文艺	娱乐	小计
县知事署					★						1
孔子庙			★								1
关岳庙			★								1
萧晏二公庙			★								1

第三章 探索与定型——民国时期的乡土教材（1912~1948） // 081

续表

课目＼细目	历史	地理	名胜	社会	政治	经济	卫生	教育	文艺	娱乐	小计
赵朖渠葛荣坡	★		★								2
谢缜	★										1
工业						★					1
商业						★					1
农业						★					1
辟阳	★	★									2
昌成	★	★									2
墩堡				★							1
坛壝				★							1
铺递				★							1
洋井				★							1
冯氏	★										1
其二	★										1
周濂	★										1
麦						★					1
农会					★						1
教育会					★			★			2
学校								★			1
土布						★					1
钱庄					★						1
邮务					★						1
窑业					★						1
蚕桑						★					1
合计	7	2	4	4	6	6	0	2			31

表 3-3 《冀县·新乡土教科书》（第三册）内容细目表

细目 课目	历史	地理	名胜	社会	政治	经济	卫生	教育	文艺	娱乐	小计
冀州之沿革	★										1
古冢	★										1
常平仓	★				★						2
社仓	★				★						2
棉花						★					1
其二						★					1
古河流	★	★									2
水患	★	★									2
航路		★									1
冯素弗	★										1
城乡社区					★						1
中学校								★			1
运动场					★						1
宗教					★						1
警察					★						1
劝学所					★			★			2
自治					★						1
税务					★						1
李秉衡	★										1
吴汝伦	★										1
吴公渠		★									1
东汉兵患	★										1
晋魏齐兵患	★										1
唐五代兵患	★										1
宋元兵患	★										1
明清兵患	★										1
武术				★							1
风俗				★							1
合计	14	4	0	2	9	2	0	2			33

第三章 探索与定型——民国时期的乡土教材（1912~1948） // 083

表3-4 《冀县·新乡土教科书》内容细目总表

细目 册数	历史	地理	名胜	社会	政治	经济	卫生	教育	文艺	娱乐	小计
第一册	11	12	6	2	0	4	0	0	0	0	35
第二册	7	2	4	4	6	6	0	2	0	0	31
第三册	14	4	0	2	9	2	0	2	0	0	33
总计	32	18	10	8	15	12	0	4	0	0	99

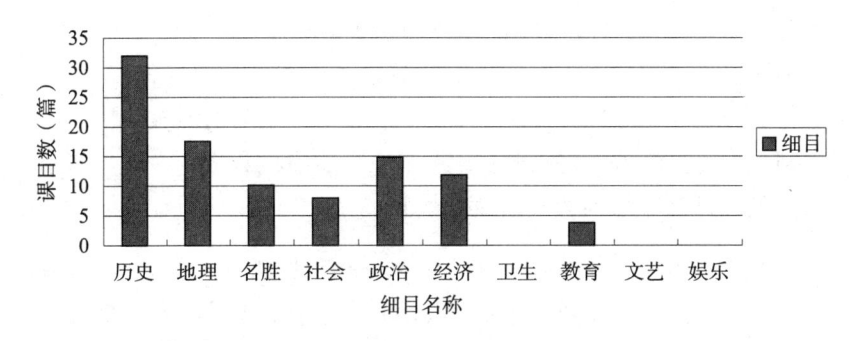

图3-2 《冀县·新乡土教科书》内容细目示意图

通过《冀县·新乡土教科书》的细目统计，结合该套课本的具体内容，我们认为本套乡土教材凸显了以下几方面的特点：

第一，本套乡土教材设计的面较广，改变了清末乡土教材内容以沿旧、地理和物产三分天下的局面，历史、地理、政治、经济等方面的内容成为本套乡土教材的重点，且占到总内容的77%，其中历史和地理内容占到近40%，依然凸显了乡土教材在历史和地理方面的作用，但是政治和经济方面的内容也占到了近1/3，比例较大，但是需要注意的是，本套教材在卫生、文艺和娱乐方面基本没有涉及，这是本套教材内容选择方面的一个偏差。

第二，本套教材的编写依据不再是《乡土志例目》，而是"新学制"，因此被称为"新"乡土教科书，其内容涵盖建置沿革、人物、河流、物产、宗教、政区、教育等诸多方面，属于一本综合性的乡土教材，内容较为丰富。

第三，该套教材的重要特点是试图符合儿童发展的心理。这主要是表现在两方面，一方面在遣词造句方面浅显易懂，生僻字较少，学生学习较为容易。例如第一册第十四课为"剪发"，用短短33字陈述了不要留辫一事：

> 前清入关，剃发留辫。民国以来，剪发令颁，凡我农工商诸同胞，万勿留此豚尾，致遗外人笑柄也。

另一方面是在字数的控制方面尤其注意，明显呈现出随着年级的增长，每课的字数逐渐增加的趋势。其中第一册每课40字左右，第二册增加到每课50字左右，到第三册，每课基本在100字左右。由此可见，编者在字数适应儿童阅读方面还是有所考量的。

第四，该套教材对当时的社会风貌描述较为详实。如钱庄、邮务、窑业等的描述言简意赅，尤为可贵的是，作者对当时的时政、风俗予以了批判，且言辞激烈，是一般乡土教材中所少有的，例如在第三册第十一课"城乡社区"中对当时时政的批判：

> 城有四铺三关，乡村四百六十有三，社二十四，官村七十二，后改为五十七，区划为九，今缩为六，其纳粮也以社，其役民也以官村，其执行学警自治诸政也以区，旧法不能尽革，新政诸多苛扰，故变法十数年，负担重而弊业生。

也有对当时警察未尽职责的批评（第三册第十五课"警察"）：

> 吾邑警察，创于民国前九年，袭保甲之遗意，以保护地方治安，制定警律，查禁非类，立法未始不善。其既也，唯厉行烟赌之禁，日事苛罚，以为尽其天职，安得实事求是者，转弊为利，速为根本之变革哉。

最为激烈的是对当时世风日下的批判（第三册第二十八课"风俗"）：

> 冀邑民风代有变迁。古者质厚少文，勇敢尚义。男力稼穑，女勤纺织。士人雅好儒术，而伤于迟重，闾阎之家，礼让是崇，及乎近世，俗渐奢侈，游惰成习，重财富，逞狡猾，信鬼巫，好赌博，昔时之风尽替矣。移风易俗，贤者之责也。

这种激烈的批判在我国现时的乡土教材中是极少能见到的，尤其是第三册第二十八课"风俗"一文中对当时风俗批判用词之严厉，更为少见，且教育厅审核通过，准予使用，可见当时教育包容之量度。

第五，该套教材对当时的物质生活有较为精细的描述，与生活联系较为紧密。教材除了对当时社会风貌的描述之外，对与当时生活相关的物质生活方面的记录也较为详实。例如墩堡、坛壝、麦、土布、蚕桑等都是学生周围的事物，了解这些有利于增进学生对生活的了解，以便学以致用。

第十四课　坛壝

筑土而高曰坛，周围为极低之土垣曰壝。各郡县均有之。吾邑县城，西有社稷坛，南有风云雷雨山川坛，东有先农坛，北有郡厉坛。春秋祀之，典礼至重间里亦有乡厉坛。父老备物，与郡厉同日致祭。

此外，它还间接地保留了当时的物质文化形态，例如"墩堡""坛壝"等。这些事物如今早已不在，只有通过教材中的描述，我们才得知一二，这些内容有利于人们对当时社会物质生活的考察与研究。

当然这套教材也并非十全十美，教材在编写过程中还缺少通盘的规划，3册内容之间除了在字数和内容涉及的广度方面有所差别之外，较难看出这3册内容之间的深层逻辑，即内容的整体结构性还不强，存在一定的随意性，即使在同一册教材内容的呈现上也存在这个问题，例如第一册开头前三课对冀县、半圆、南垞路进行了地理位置的介绍，到第一册最后又对旧城、内城进行了地理位置的介绍，使得内容的整体结构性不强，或者内容应该分块，使地理、历史等方面的内容显现出一定规律性，而非随意的设置。

第二节　民国乡土教材的鼎盛时期（1928～1936）

1927年4月18日～1949年4月23日是南京国民政府执政时期。通过前期的北伐战争，结束了军阀割据混战的局面，组建了以蒋介石为核心的中国国民党政权，并形成了名义上统一的中央政府。直到1937年抗日战争爆发前这一段时间，国内局势相对安宁，加之蒋介石政权初步形成之后，在社会政治、经济以及教育领域都开始试图有所作为，整顿重建，教育方面的重整也开始启动。

一、"第一次全国教育会议"与乡土教材的倡议

教育领域的重整是从南京政府第一次全国教育会议全面铺开的。1928年5月15~28日,南京政府第一次全国教育会议在南京召开,由大学院院长蔡元培主持,各省代表77人出席,这些代表皆为当时国家之精英,如胡适、蒋梦麟、廖世承、朱经农、陶行知等,会议通过议决案237件,最重要的包括:确定"三民主义"为国民教育宗旨,注重民众教育机会均等,提倡艺术教育及科学教育,注重体育;广筹教育经费且保障其独立;筹设国立图书馆,注重私立学校之改进等。《教育杂志》1928年第6期对这次会议的议程安排和主要成果作了详细介绍,后由中华民国大学院编纂,于1928年8月商务印书馆出版的《全国教育会议报告》,对每项议题作了较为详细的收录。

《全国教育会议报告》中有涉及乡土教育和乡土教材的内容,其中出版物讨论组第七项议案为吴研因❶和王云五提出的"中小学各科教学应注重补充读本案",提出中小学各学科,除教科书外,应尽量采用补充读本,初小每科至少须有1种,高小每科至少2种,初中每科每一重要问题须有1种,内容较教科书更为详尽,编制亦较自由,而以富于兴趣,足以养成学生读书习惯为主,这一议案被提交课程编制委员会参考。❷ 与之相联系的是第八项议案,"规定各地方小学用乡土教材补充读物编撰条例并准各地方自编补充读物案",该案由吴研因提出,大会照审查报告通过,由此可见吴研因对乡土教材编撰之重视程度,值得注意的是,"吴研因1927年国民政府成立后回国,应上海市教育局局长韩

---

❶ 吴研因(1886~1975),近现代教育家,江苏江阴人。1906年毕业于上海龙门师范学校。曾任江阴县立单级小学和上海尚公学校校长,中华书局、商务印书馆编辑,江苏省立第一师范学校教员兼附属小学主任,尚公学校校长。为小学低年级学生自编油印教材,开小学使用白话文教科书之先河,所编《新法教科书》《新学制教科书》广泛使用。后任《公理报》总编辑。1931年参加编写《最近三十五年中国之教育》,后与叶圣陶等编写《小朋友文库》,1947年11月任教育部国民教育司长。中华人民共和国成立以后,历任初等教育司长、中学教育司长、中国民主促进会中央委员。毕生研究小学教育及编写教科书。主要著作有《小学国语新读本》《基本教育》等。见:朱自强,高占祥,等主编. 中国文化大百科全书(教育卷)[M]. 长春:长春出版社,1994:102.

❷ 《第一次全国教育会议》,教育杂志,1928,(6).

懿之聘，任上海市教育局主任秘书，1928年，教育部议编国定教科书，调其到南京担任教育部国民教育司司长"[1]，鉴于彼时吴当时的身份，他的提案作用还是比较大的，因此，在吴的倡议下，民国政府对乡土教材的重视程度逐渐增加。由于该案通过审查并决议办理，因此可以说这是民国政府第一个正式的关于乡土教材的准官方指导性文件，具有较重要的意义，现摘录如下[2]：

规定各地方小学用乡土教材补充读物编撰条例
并准各地方自编补充读物案

【理由】：

（一）小学儿童的读物，应该顾到两方面：甲是全国公共的教材，乙是本地方特有的教材。国定的课程和国家审定的教科书，当然只顾及全国公共的一方面，但本地方所特有的一方面，却是儿童耳濡目染的切身的东西自也不可放弃。所以除本地方所特有的教材，在教学时和全国公共的教材对比研究等外，可准各地方教育行政机关自编关于本地方特有的乡土教材的补充读物。

（二）但是漫无标准，各编各的，实在也有许多流弊。例如乡土教材，分量太多，容易把全国公共的教材放弃；又如你编你的，我编我的，不但内容轻重参差，文字也或者有草率不通的……所以应该由国家规定，《乡土教材补充读物编撰条例》，以便地方自编补充读物时有所遵循。

【办法】

由大学院规定《各地方小学用乡土教材补充读物编撰条例》，要点如次：

（一）乡土教材补充读物，以左列各项为范围：

1. 本地方特有的儿歌、民歌、传说；

2. 本地方的风景古迹；

3. 本地方的先贤传记；

---

[1] 中国人民政治协商会议江苏省江阴县委员会文史资料研究委员会. 江阴文史资料（第八辑）[M]. 中国人民政治协商会议江苏省江阴县委员会文史资料研究委员会，1987：91.

[2] 中华民国大学院. 全国教育会议报告［M］. 上海：商务印书馆，1928：592-593.

4. 本地方的区域、交通、物产、行政组织、重要机关；

5. 本地方特有的婚丧喜庆时节等风俗习惯；

6. 本地方和他处不同的一切衣食住行事项。

（二）编撰乡土教材补充读物，须注意如左各项：

1. 内容

（1）不违背国民党党义；

（2）不涉及淫猥迷信等的恶习；

（3）含有改进社会的意义；

（4）估计儿童的学习心理。

2. 形式

（1）文字以汉字国语为主；

（2）意义浅显，和教科书程度差不多；

（3）文理通畅；

（4）印刷纸张装订，和教科书差不多。

3. 乡土教材补充读物，依学科的性质分别装订。

4. 乡土教材补充读物，册数分量不拘。但加入教学时间内正式教学的不得超过教科书的十分之三。

5. 乡土教材补充读物，由各地方教育行政机关编辑。个人编辑的，如未经地方教育行政机关审定，不准发行。学校编辑的，在未经审定之前，可在本校试用；但地方教育行政机关认为不当的，可随时令其改正或停止试用。

6. 各地方审定的乡土教材补充读物，须呈请大学院备案。大学院认为不合的，得令其改正或禁止其发行采用。

该案重新强调了乡土教材的作用，明确了乡土教材作为"补充读物"的地位，提出乡土教材的使用需要经过审定，同时提供了编撰乡土教材内容范围的参考。

二、《小学课程暂行标准》中乡土内容的规定

为了将乡土教材的内容要求上升到国家行政意志，民国政府将《全国教育会议报告》中关于乡土教材内容的规定纳入到1929年颁布的

《小学课程暂行标准》中。

在《小学课程暂行标准》总说明中规定设置国语、社会、自然、算术、工作、美术、体育和音乐等课程,每门课程有相应的课程标准,总说明中对每门课程的性质作了简要说明:"(1)国语(2)社会原为历史地理和卫生的一部分,依照多数专家的主张而合并。(3)自然将个人卫生包括在内。多数专家的意见,在初级小学中,并可合社会自然为"常识科"(名称是假定的)。(4)算术(5)工作原名工艺,因为内容范围扩大,包括校事家事农商等项,而无适当的名称,所以假定今名。(6)美术原名形象艺术,因为工用艺术的名称既改,形象艺术的名称无独存的必要;而且内容也较扩大,所以依照多数专家的意见,改定今名。(7)体育(8)音乐。"❶ 总的课程设置和时间分配如下:

表3-5　1929年《小学课程暂行标准》中的课程设置和时间分配表

科目 年级	(党义)	国语	社会	自然	算术	工作	美术	体育	音乐	总计
低年级	(30)	330	90	90	120	150	60	150	120	1140
中年级	(60)	360	120	120	150	180	90	150	90	1320
高年级	(90)	390	150	150	150	210	90	180	90	1530

附注:1. 党义名称和时间都是假定的。
　　　2. 数字都是指课内作业时间。课外的,如党童子军、课外运动、每天在校时间等都不在内。
　　　3. 所列数字,都可以被三除尽。这个便于十五分,或三十分,或四十五分,或六十分钟支配为一节。

具体到各科课程标准,如自然、社会等课程标准都对乡土内容及教材作了规定。例如在1929年《小学课程暂行标准·小学自然》中的"教学方法和要点"里规定:"自然科教材须以乡土材料为出发点。农业社会和工商社会,情形显然不同;教学材料,除本课程所包含的以外,应各就本地采取。见于本课程,而为当地所无的材料,不妨略而不用。""因为各地各校材料可以不同,所以自然一科,以不用教科书或活用教科书为原则。关于自然卫生的参考书,须充分的采用,过细的指

---

❶ 吴履平. 20世纪中国中小学课程标准·教学大纲汇编:课程(教学)计划卷[M]. 北京:人民教育出版社,2001:116.

导儿童阅读。参考书的编辑，可每一问题编为一种。内容应该多插图、多表解、多指导学和做的方法；文字应该尽量浅显，注重应用，间及原理原则，少用学术用语，多用通俗名词"❶。

又如1929年《小学课程暂行标准·小学社会》在教育方法要点部分规定："1. 社会教学，应从工作教学出发，和党义，自然，美术等联络设计，以便打成一片；2. 社会自然，关系尤为密切，四年以前，可合并为一科目，名称可从习惯称为'常识'。3. 社会教材，低年级以本身和本地人生活为中心，高年级以本国人生活为中心。4. 社会教材的选择，应注意和我们关系深切而有代表价值，且最足以促进文化的。"❷

此外，《小学课程暂行标准》还把对乡土教材的规定内涵在了各科作业要项和教学要点里，如第一、二学年社会课中"历史"部分的作业要项包括"本地祠庙和其他纪念物所包含的历史故事的讲述研究"；第一、二学年社会课"地理"部分的作业要项是"本地人民生活、社会事业以及各种特点的观察研究：从家庭生活、学校生活设计出发，以至乡县范围；本地山水、名胜、建筑、街道等观察研究"❸。

其实，1929年的课程标准最大限度地吸收了杜威的教学思想，所有学科的课程标准都随处可见以儿童为中心的表述，或以活动为重的表述，如"社会教材，最好不用干燥呆板的教科书，而以活的社会为教科书，由儿童亲身经历，亲眼观察，或亲手调查，记载，制作，发表……以期活动。高年级儿童所用参考书，可每一问题，编为一种。教材排列，应以一个问题为经。问题的解决，要引导儿童自己活动；问题的讨论，应让儿童自由发表意见"❹，这些表述都是对当时杜威主义影响中国教育界的反映。而且，以儿童为中心，以活动为中心，以生活为中心，恰恰都符合乡土教材的自身特点，所以乡土内容的学习必然会得到重视，这也是乡土教材迅速勃兴并逐渐走向顶峰的社会动因之一。

---

❶ 吴履平主编. 课程教材研究所编. 20世纪中国中小学课程标准·教学大纲汇编：自然、社会、常识、卫生卷［M］. 北京：人民教育出版社，2001：15.
❷ 吴履平主编. 课程教材研究所编. 20世纪中国中小学课程标准·教学大纲汇编：自然、社会、常识、卫生卷［M］. 北京：人民教育出版社，2001：142.
❸ 盛朗西. 小学课程沿革［M］. 桂林：福建教育出版社，2008：123.
❹ 吴履平主编；课程教材研究所编. 20世纪中国中小学课程标准·教学大纲汇编：自然、社会、常识、卫生卷［M］. 北京：人民教育出版社，2001：143.

三、"第二次全国教育会议"与乡土教材的政策支持

(一)"第二次全国教育会议"与乡土教材规定

1930年4月15日,第二次全国教育会议在南京召开。此次出席大会的人员阵容相当强大。包括8部分人员组成:(1)各省教育厅长及各教育厅指定之各该省内市县教育局长或市县教育科长各一人;(2)各特别市教育局局长8人(南京、北京、天津、上海、青岛、汉口、广州、东三省);(3)各国立大学校长14人(北京大学蔡元培、清华大学罗家伦、浙江大学蒋梦麟、北洋工学院茅以升等);(4)教育部遴聘之专家24人(廖世承、吴稚晖、张伯苓、陈鹤琴等);(5)教育部遴聘之华侨教育专家4人(钟荣光、刘士木、李登辉、何葆仁);(6)教育部遴聘之蒙藏专家2人(陈效蕃、罗桑坚赞);(7)与教育有关之各部会院代表20人(几乎所有国家其他部门都派了代表参会);(8)教育部当然出席会员10人(部长蒋梦麟,副部长刘大白、朱经农等),共计代表106人,实际与会人员290余人。❶

教育部长蒋梦麟主持会议。在开幕词中他讲道:"此次会议是继续第一次全国教育会议而开的……以二十年为期,希望逐步推行……这次会议的结果,经中央核定后,可以作为二十年中,全国教育者一致努力的方向。"❷ 由此可见,各方对这次会议之重视以及对这次会议都有诸多期待,只可惜,还未到20年,国民政府就土崩瓦解了。

这次会议的主要成果是教育部拟定了《改进全国教育方案》10章,内容涉及教育的方方面面。❸ 初等教育组呈报的讨论方案中涉及乡土教材的问题。初等教育组的讨论方案起草委员会主任为俞子夷,委员有吴研因、张宗麟、马客谈、曹守一、孙世庆、罗迪光。在初等教育组的讨论中,提出了改进初等教育计划,在"课程"部分第九条提道:"各市县可在课程中斟酌本地状况,编制乡土教材及实施细目,用来代替课程

---

❶ 第二次全国教育会议始末记. 民国教育部公报,民国十九年五月三日,2(18).
❷ 第二次全国教育会议始末记. 民国教育部公报,民国十九年五月三日,2(18).
❸ 朱汉国. 南京国民政府纪实[M]. 合肥:安徽人民出版社,1993:149.

中的某部分，呈准教育厅施行。这种细目，亦可分为完备的、简易的、以及私塾改良初步用更简易的各种。"❶ 这些内容说明，虽然当时没有专门设置"乡土"科，但是具体的教学材料可以因地制宜，乡土教材可以作为社会和常识课的教材使用，这就给乡土教材以一定的生长空间，尤其是在社会和常识科领域，出现了大量的乡土教材。

（二）乡土教材的政策支持

1. 国家层面对乡土教材的支持

1932年颁布的《小学课程标准总纲》规定将小学课程设置为公民训练、卫生、体育、国语、社会、自然、算术、劳作、美术、音乐，共计10门，同时规定初级小学社会、自然和卫生三科合并为常识一科，以及今后的文字教材一律用语体文叙述，不得用文言文。❷ 除此之外对乡土教材作了一些原则上的指示：如在教学通则里提到"各科教材的选择，应根据各科目标，以适合社会——本地的现时的需要及儿童经验为最要紧的原则"；自然教学要点里提到"必须以乡土教材为出发点"；社会教学要点里提到"社会教材，低年级以本身和本地人生活为中心，高年级以本国人为中心"❸ 等。

1932年12月，国民政府颁布《小学法》，该法令仅仅18条，其中就有一条涉及乡土教材的编辑，其第九条明确规定："小学教科图书，应采用教育部编辑或审定者。前项编辑或审定，并应注重各地方乡土教材"。❹

1933年2月，国民政府教育部颁布《幼稚园小学课程标准实行办法》，其第五条规定："本标准颁布后，关于地方性的补充教材，各县市教育局应即组织地方教材搜集委员会，依据本标准各科作业要项，搜集各地实际应用的乡土教材，作为补充教材，呈请主管教育行政机关审核后，加入具体教材要目中。"❺

---

❶ 教育部教育方案编制委员会. 改进全国教育方案 [M]. 教育部教育方案编制委员会出版，1930：13.

❷ 宋恩荣，章咸. 中华民国教育法规选编（修订本）[M]. 南京：江苏教育出版社，2005：235.

❸ 曹风南. 小学乡土教育的理论与实际 [M]. 上海：中华书局，1936：25－27.

❹ 民国教育部.《教育法令汇编》第一辑 [M]. 上海：商务即书馆，1936：267－268.

❺ 教育部中小学课程标准编订委员会. 幼稚园小学课程标准 [M]. 上海：中华书局，1936：33－34.

1933年3月教育部公布小学规程,第三十一条为"各地方乡土教材由主管教育行政机构编辑,呈请上级教育行政机关转呈教育部审定之"❶。

2. 地方对乡土教材政策的回应

从20世纪20年代末起,国家层面密集出台了各种关于乡土教材的规范,给予了乡土教材以明确地位,各地政府开始积极响应,要求收集、研究并编撰乡土教材。1928年后,为响应并落实国民政府关于乡土教材的政策,各地纷纷出台了相关的配套政策,以保障乡土教材的编撰。如1928年《无锡教育周刊》刊载《中央大学训令·地方乡土教材以便加入社会科讲授》:

为令遵事:案查本大学区第一次教育局长会议决议,阜宁县教育局提议:"通令各县教育局选辑各该县乡土史地材料以便加入小学社会科学讲授"一案。查地方乡土史地材料,作为小学社会科讲授之用,最为适合,应由各该教育局注意选辑,以供各地方小学之需要。除分行外,合行抄发决议案及原提议案,令仰该局长知照,此令。❷

1930年湖南省教育厅发布了乡土教材编制方案,主要规范小学乡土史地教材编纂,编纂的教材作为小学史地的副本使用:

中小学教科书编审委员会第八次常会。通过编制乡土教材方案。当经函送教厅。请颁发各县市,以便编辑乡土史地作为小学史地副本。兹录方案于下:

编制乡土教材方案❸

甲、目的

1. 启发儿童关于乡土的知识。引导其对于人生切近的环境、社会的基本组织、自然界的现象、以及发达等之认识和探讨

2. 培植爱护乡土的情绪,以养成民族思想,促进世界大同的美德。

乙、取材标准

---

❶ 曹风南. 小学乡土教育的理论与实际[M]. 上海:中华书局,1936:29.

❷ 中央大学训令. 地方乡土教材以便加入社会科讲授[J]. 无锡教育周刊,1928,(39).

❸ 湖南通过乡土教材编制方案[J]. 湖南教育,1930,(17).

1. 可做儿童将来研究史地理科社会学的出发点，而与环境吻合的，或想象得到的；2. 与生活有密切关系，而为儿童能领会的；3. 可以引起儿童对人类事物之研究与兴趣的；4. 便于设计教学。并且成为有趣味之故事的；5. 可以增进儿童革命情绪和发展人类互助精神的。

丙、取材范围

1. 本地方的区域、沿革、地势（包括山河草野等）、交通（包括河流、道路、桥梁、邮电）、气候、土质物产、户口、税赋；2. 本地方行政组织、学校教育、民众教育、及其他重要机关（包括党部、团防局、自治机关图书阅览处等）；3. 本地方和他处不同的一切衣食住行事项（工厂及消费合作社等之设立）及生活状况（包括卫生状况）；4. 本地方的风景古迹，及特别建筑物（如公园剧院之类）；5. 本地方的先贤传记，及当代革命人物事迹；6. 本地方特有的儿歌、民歌、传说及音乐。7. 本地方特有的婚丧仪式、时节风俗习惯。

丁、编辑方法

1. 乡土教材补充读物由各地方教育行政机关编辑，并须呈请上级教育行政机关备案；2. 乡土教材读物由个人或学校编辑，并须经地方教育行政机关审定。在未审定之前，只许暂行试用，但地方教育行政机关认为不当时，可随时令其改正或停止试用；3. 材料之分配，需按年级并查照丙项范围，将材料分配于各年级，务使不犯重复及分量多寡不均之弊；4. 分配材料，应顾及儿童学习的心理，总亦由近及远、由浅入深。

戊、编辑应注意之点

1. 内容。（1）不违背国民党党义；（2）不涉及淫猥迷信等恶习；（3）含有改进社会的意义；（4）务使乡土教材为各科联络之中心。2. 形式。（1）文字以汉字国语为主；（2）意义浅显，与各科教科书程度相当；（3）文理通畅；（4）印刷纸张与教科书差不多。

从上面的编制方案可以看出，此时的乡土教材基本沿袭了1928年第一次全国教育会议中关于编辑乡土教材的方案要求。在1928~1936年间，各地方颁布了一系列关于指导乡土教材编撰的政策、法规和相关文件，如：

1930年，《汕头市政府公报》发布《训令各小学选派教员来府组织编纂乡土史地课本》(《市政公报》，1930年第54期)、1930年河南教育厅发布《令各县教育局编订乡土史地》(《河南教育》，1930年第12期)、1930年辽宁省教育厅发布《令各县教育局为奉部令编定乡土史地为各县市地方小学史地补充课本案》(《辽宁教育公报》，1930年第4期)、1930年湖南通过《乡土教材编制方案》(《湖南教育》，1930年第17期)、1933年云南省教育厅发布了《昆明县小学乡土教材编辑委员会规则》(《云南教育行政周刊》，1933年第2卷第46、47期)、1933年山东省教育厅发布《山东省教育厅训令第1372号（为令组织地方教材编辑委员为收集地方乡土教材呈厅以便编入具体教材）》(《山东教育行政周报》，1933年第234期)、1933年安徽省政府教育厅训令《据省会实小部颁课程标准实验委员会呈送国语乡土教材调查表》(《安徽教育行政旬刊》，1933年第23期)。

1934年江苏教育厅颁《苏教厅规定编辑乡土教材要点》(《教育周刊》，1933年第189期)，1934年6月江苏省教育厅还发行《小学教师半月刊》，出版了乡土教材研究的专号，被认为是我国第一本讨论乡土教材的专著[1]；1934年陕西省教育厅颁布了乡土教材编辑办法《令饬组织乡土教材编辑委员会遵照颁发限期将所编教材呈厅审核》(《陕西教育旬刊》，1934年第二卷第2、3、4期合刊)；1934江苏省教育厅发布《令饬各县编纂小学乡土教材》(《江苏教育》，1934年第3卷第12期)；1935年江苏省发布了《江苏省各县编纂小学乡土教材办法》(《昆山教育》，1935年下半年期)

乡土教材的内容领域涉及小学阶段各个课程，主要包括小学国语、社会、劳作、自然等，一般程序是：成立乡土教材编撰委员会—搜集材料—进行编撰—教育厅审定并发行使用。而在收集材料方面，主要有两种手段，一种是向社会发布征集公告，全社会成员都可以参与乡土教材的征集，例如1934年安徽省下达乡土教材的征集命令：

教育厅征集本省乡土教材（1934）[2]

本省教育厅会同部颁小学课程委员会，征集本省乡土教材。其范围

---

[1] 曹风南. 小学乡土教育的理论与实际 [M]. 上海：中华书局，1936：34.
[2] 安徽文化消息. 教育厅征集本省乡土教材 [J]. 学风，1934，4 (3).

以小学国语、社会、自然、劳作、游戏等项为限。凡投稿者，除填寄具体教材外，并告知该项教材之出产地域，以及有关系之重要说明。一经采用，即酬以现金，或将名称标入该会编印之书本。其截止期定于本年四月底云。

除大到省级的征集行为之外，也有小到县级的征集办法：

昆山县小学乡土教材征集办法（1935）❶

1. 本县教育机关皆有应征之义务。
2. 征集范围以教育厅核准之本县乡土教材各年级分科要目为标准。
3. 应征材料无论已经编成之教材或足供参考之资料均所欢迎。
4. 应征文字限用语体并需修善写清楚加标点符号。
5. 应征材料编纂委员会有修改之权利。
6. 应征材料中如须附照片表册图画标本模型等者，请与材料同时惠寄。其所附各件如须保存送还者，请于寄件时声明，以便照办。
7. 应征材料无论参考志乘记载或民间传说或由调查所得均请注明来历，以便参考。
8. 应征材料应征者须于稿末将机关名称自己姓名分别书明，并须加盖图章。
9. 应征材料请寄昆山县教育局小学乡土教材编撰委员会。
10. 应征材料经采取后酌致薄酬。

还有一种形式直接下达行政命令，下级教育行政部门需要按照条目要求，最后编辑完成之后呈送教育厅进行审核，1934年江苏省教育厅发布编撰乡土教材的命令，同时公布了乡土教材编撰办法和编撰要点：

令饬各县编纂小学乡土教材❷

本厅为编纂小学乡土教材特训令各县云：查民族教育，为救国要图，而欲民众具有爱护民族观念，必先使认识民族所生存之乡土。小学为一切教育之基础，如果儿童于平时训练之中，能知所生本乡土优良风俗，丰富出产，以及往可资模范之名人史迹，必能引出爱护乡土之心，

---

❶ 昆山县小学乡土教材征集办法［J］，昆山教育，1935年下半年。
❷ 令饬各县编纂小学乡土教材［J］．江苏教育，1934，3（12）．

亦即将来可养成爱护民族之志。故欲厉行民族教育之推进，平时小学各科教授必须尽量采用乡土教材，使儿童充分认识本乡土之可贵，辗转以达爱护民族之目的。查各县乡土教材，本厅前奉教育部令饬组织收集委员会，尽量收集，作为补充教材，业经饬即遵办各在案。兹为益求效率，增进起见，特订定江苏省各县编纂小学乡土教材办法九条，令饬各教育局长遵照，于文到一星期以内，将编纂委员会组织成立，报厅备案，并即按照办法第五条之规定，从事收集，着手拟定各科分年教材要目，于限期内送厅核定。事关救国教育要政，该局长务必深体本厅长注念之殷，努力遵办，切勿稍有玩忽，或加莫知，切切此令。

江苏省各县编撰小学乡土教材办法（节选）

江苏省教育厅为引起儿童爱护乡土观念，以谋发扬民族精神，扶植人民生计起见，特制订本办法。

第二条，各县教育局，或已裁局之县政府，应依据前条所述目标，编撰小学各科乡土教材。

第三条，各县编撰之小学各科乡土教材，其内容应分下列三部：甲，关于过去之叙述，如本县过去历史名人故事沿革古迹等类属之；乙，关于现在之认识，如本县之地理物产风俗习惯经济名胜等类属之；丙，关于将来之希望，如发展地方经济，扶植人民生计，表扬优点，纠正缺点等类属之。

第四条、各县编纂小学乡土教材，应成立小学乡土教材编纂委员会，其委员人数，定为五人至九人，由教育局或已裁局之县政府，聘请深明小学教学方法，熟悉地方情形人员组织之。有省立实小或附小之县份，应聘请其校长或教员为委员。前项组织简章及委员名单，报厅备案。

第五条、各县小学乡土教材编纂委员会成立后，应于一月内按照第三条各项原则，搜集参考材料，并依据小学课程标准，各科作业要项，编订各科分年教材要目，呈厅审查备案。

第六条、前条教材要目，经教育厅审查备案，委员会应即着手编纂具体教材，于三个月内完全编竣，呈厅核定办法，作为补充教材。

第七条、除因特殊情形，呈奉教育厅核准外者，各县教育局或已裁局之县政府，应依限遵照编纂完竣，倘或逾期，县长负督促不力之责，应予记过，以示惩戒。

陕西省教育厅也发布了训令，要求尽快编撰乡土教材：

今饬组织乡土教材编辑委员会遵照颁发限期将所编教材呈厅审核❶
（陕西省教育厅令　第一零二九号）

　　查乡土教育，足以发扬民族精神，坚定民族之自信心，其关系国家政治经济各端，至为重要。本省各县小学乡土教材，亟待编辑，以应需要。兹由本厅订定《陕西各省县小学乡土教材编辑办法》除分令外，合订印发原办法一份，仰该县、局遵照即日召集教育行政人员及有关小学教育经验者，成立小学乡土教材编辑委员会，从事编辑，限文到三个月内将所编教材呈厅审核。

　　编撰人员方面有一线的教师、教育局行政人员、教育领域的专家、社会文人等，但是似乎当时教育行政人员的积极性并不太高，且编撰人手配备也存在一定的问题：

　　乡土教材自然要由小学校的教师多方面收集，不过实际上小学教师因为功课的繁忙，参考书的缺乏，见闻的偏狭，很难弄出完备的教材。我们希望各县教育局能负责编辑，按照教材的种类，做成一本书，供给全县小学教员参考。假使县中正在开局修县志，这种工作可以交县志局代办（编的人要懂得小学教育，要具有新时代精神，会作文章的名士遗老是绝不能胜任的）。如果教育局没有适当的人，可由局聘良好的小学教师或地方的通人，在暑假组织一个编审会办理。❷

　　另外，需要注意的是，在第二次全国教育会议结束后的一段时间内，乡土教材的政策落实并不乐观，而且这种形势在持续一段时间之后才有所改观。1932年民国学者容若曾发文描述了山东乡土教材的状况：

　　民国十八年全国第二次教育会议曾决议小学注重乡土教材。是年八月教育部颁布的小学课程暂行标准"社会"、"自然"等科也颇多关于乡土教材的规定……这种决议和标准都是经过许多教育专家根据教育原

---

❶ 今饬组织乡土教材编辑委员会遵照颁发限期将所编教材呈厅审核，陕西省教育厅令（第一零二九号），陕西教育旬刊，1934，第二卷，第2、3、4期合刊，1934.

❷ 教育局与乡土教材［J］. 民众周刊（济南），1934，4（2）.

理，参考各文明国成规制定的，各地遵办的结果如何？就山东而论，大约除了极少的几个有名小学，曾略加注意外，多数的小学校恐怕连乡土教材的名字还不知道怎样一回事呢。随你走到一个乡村或城市小学，学生读的，先生讲的，仍然是中华、商务、世界等书局所出的几套课本，教的人也未尝不知道他的干燥偏枯，不过因为各地都是如此，也就好像成立固定的功令，改变不知道怎样改变，补充不知道补充些什么，所以就这样一天天地过下去了。

虽然作者为阐述乡土教材的重要性，可能对当时的情况描述有所夸大，但是也反映出了当时的一些普遍问题。当时乡土教材改革的思想至少是没有很普遍地深入到山东全境的，乡土教材变革的普及率还不是很高。所以作者在后文中用大量篇幅阐述了乡土教材应如何编撰，要注意什么问题等。此外，我们发现，即使作为当时教育改革前沿的江苏省，行动也较为迟缓。1934年江苏省教育厅公布了《江苏省各县编撰小学乡土教材办法》，该办法最后一条是："除因特殊情形，呈奉教育厅核准外者，各县教育局或已裁局之县政府，应依限遵照编纂完竣，倘或逾期，县长负督促不力之责，应予记过，以示惩戒。"果不其然，同年在成立乡土教材编撰委员会和呈送乡土教材以经审定方面未能及时完成任务，江苏省教育厅不得不发出《催送小学乡土教材要目》：

催送小学乡土教材要目[1]

本厅以各县教育局对于小学乡土教材要目及教材未能依限送呈，特再严令催送：

案查本厅前为促进小学生爱护乡土以达爱护民族期间，会饬各县组织小学乡土教材编纂委员会，限于文到一星期以内，组织成立具报，并饬于成立委员会后一个月内，拟就教材要目，呈候核定，三个月内，将全部教材编齐，送厅审核。因各县呈报组织，多未能依限办理，复经令催各在案。现查该项编纂委员会未报成立者，仅扬中、泰兴两县，业经将该两县县长申诫，扬中县政府第二科科长张子诚及泰兴县教育局局长乐增锴分别记过，以示薄惩。其余各县，虽均报组织成立，而教材要目

---

[1] 催送小学乡土教材要目[J]. 江苏教育，1934，3（4）.

拟就呈送者亦仅上海、松江、青浦、川沙、阜宁、高邮、宝应七县。衡诸一个月期限，早已逾过，具见办事不力，除分令外，合再令催，仰迅速将教材要目，于令到之日，提就送厅，其全部教材，并限于暑假以前编齐，送厅审核，以评编作为各县小学补充教材。上海等七县已送之要目，业经令饬修正，并应迅速修正呈核！事关要政，各县县长及教育局长，务必遵限办理，不许再行延搁。此令。

通过上面这段材料至少可以看出两方面的意思：一方面，虽然20世纪30年代初，各地乡土教材的编撰都在如火如荼地进行，但是依然有相当多的地方政府并不买账，在履行职责方面有待加强。但是，我们更需要看到积极的一面，那就是乡土教材的编撰在当时来看是"事关要政"，已经受到了很高的重视，行动迟缓、没有成立乡土教材编撰委员会的县，县长被申诫（相当于现在的警告处分），负责教育的一把手被记过，这在当今我国乡土教材编撰领域是不可能出现的情景，尤见当时政府对乡土教材编撰之重视程度。

之后随着中央和地方政府的积极介入，乡土教材的气氛愈加浓厚。关于乡土教材的理论研究也不断跟进，如1933年梁上燕《乡土教材的价值》（《教育周报》，1933年第2卷第13期）、1933年罗慕颐《小学乡土教材编制的问题》（《江苏教育》，1933年第2卷第78期）、1935年梁容若《论小学的乡土教材》（《教育短波》，1935年第26期）、1935年祁伯文《乡土教材研究》（陕西教育月刊，1935年第1卷第11期）、1936年何仁《从小学课程标准中所见的乡土教材要项说道乡土教育》（《江西地方教育》，1936年第64期）、1936年吴敬森《谈谈搜集乡土教材的方法》（《江西地方教育》，1936年第65期）、1936年陈国钧《乡土教材的研究》（《福建教育》，1936年第2卷第7期）等。

总体来说，这一时期乡土教材的编撰逐渐规范化、规模化。乡土教材的性质是小学的补充教材，乡土教材的使用需要经过审查（学校自编乡土教材未经审查的只能在本校使用），乡土教材的编撰群体包括教育行政机关、学校或个人，一般组织以"乡土教材编撰委员会"的集体名义进行集体编撰，参编人员主要是教育行政部门的人员以及小学教员和熟悉本地情况的知识分子，乡土教材的涉及范围包括小学各科乡土教材，如乡土史地教材、社会科乡土教材、自然科乡土教材、卫生乡土教材、常识乡土教材、国语乡土教材、游戏乡土教材、乡土工艺教材、乡土劳作教材等，形式多样。使用对象主要是小学生［另外这一时期开始出现部分用于初级中学的乡土教材，如民国十九年（1930 年）部颁《初级中学地理课程标准》就规定初级中学第一年第一学期教学本县本省乡土地理❶］。而编撰的出发点和动机主要是培养儿童爱乡进而爱国的观念和利于儿童的生计教育。这一时期的乡土教育思想与乡土教材的实践受杜威的教育思想影响尤为严重，这从国家层面的课程纲要到地方政府的训令表述中皆能发现。总之，我们认为，不管是从乡土教材的理论研究，还是从各地编撰乡土教材的具体成果来看，这一时期都是民国乡土教材发展最为辉煌的时期，或者用当时民国学者自己的评价话来说，这是"乡土教育最为高唱入云的时期"❷。

四、乡土教材的转折

（一）文言文乡土教材的消亡和语体文乡土教材的兴起

白话文的提倡从新文化运动时期就已经开始，以胡适等为代表的白话文倡导者首先在文学创作中使用白话文，胡适在《新青年》上发表《文学改良刍议》，阐述了以白话文代替文言文的观点，他所写的《尝试集》是中国第一部白话诗集。这股白话文之风渐渐刮到教育领域，并最终落实到了国家教育政策法规的层面，实现了以语体文教材代替文言文教材的划时代巨变。

1921 年年初，北洋政府教育部就通令小学校教科书一律用语体文编辑，商务印书馆就顺势出版了一套"新法教科书"，这是商务印书馆用语体编辑的第一套教科书。❸ 但是这一语体文要求并未在全国严格的执行，到 1924 年商务印书馆的一套"新撰教科书"的编辑说明中还提道："民国九年一月，教育部通令小学教科书一律用语体文编辑，但因我国疆域辽阔，偏僻之地，仍多不能骤改语体，故本馆审察各地实际需

---

❶ 刘诚. 福建乡土史地［M］. 福建省政府教育厅出版，1941，编者的话.
❷ 王伯昂. 乡土教材研究［M］. 上海：商务印书馆，1948：24.
❸ 胡维草. 中国传统文化荟要［M］. 长春：吉林人民出版社，1997：595.

要，即编辑新撰教科书。"❶ 这说明在普通教科书领域，语体文都还未普及，更何况乡土教材了。直到1928年5月，在蔡元培的主持下，第一次全国教育会议审核并通过了俞子夷、吴研因和中国教育促进会提交的《小学不授文言文初中入学考试不考文言文并提倡语体文案》，该案提出了三点提倡语体文以利小学教育的改进的办法：

1. 请大学院❷明令小学一律用语体文教学；

2. 请大学院通令全国教育行政机关，转令各级中学，入学考试不得以文言文为录取新生的标准；

3. 请大学院注意，各书坊所发行小学用的文言教科书，不予审定，并令各教育行政机关，随时注意禁止学校采用文言教科书。❸

随后，1928年7月26日，大学院通电全国提倡语体文，规定小学一律采用语体文教学，不教文言文，初级中学入学考试，不考文言文，❹ 并通过中华民国大学院训令第536号《通令禁止小学采用文言文教科书》发表❺：

为通令提倡语体文事：

案据全国教育会议决议，提倡语体文以利小学教育的改进，办法大要如下：

一、小学一律用语体文教学，不教艰深的文言文；

二、初级中学入学考试不考文言文；

三、各大学区各省教育厅各特别市教育局一体提倡语体文，向社会宣传语体文的便利；

四、各教育行政机关随时考察各小学校，不准采用文言教科书。

……

……

本院深觉全国教育会议决议的办法实有施行的必要；为此除分令

---

❶ 史春风. 商务印书馆与中国近代文化 [M]. 北京：北京大学出版社，2006：155.

❷ 注：大学院相当于现在的教育部。

❸ 中华民国大学院. 全国教育会议报告 [M]. 上海：商务印书馆，1928：345.

❹ 金林祥. 蔡元培教育思想研究 [M]. 沈阳：辽宁教育出版社，1994：137.

❺ 河南教育厅. 河南教育特刊 [J]. 河南教育厅，1929，(2).

第三章　探索与定型——民国时期的乡土教材（1912~1948）　　// 103

外，仰即切实遵照办理，并转令各小学和初级中学一体遵照，不得有违，次令。

到民国十九年（1930年）十一月二十五日教育部再次发布《小学不得采用文言教科书》训令，命令禁止小学采用文言教科书❶：

小学不得采用文言教科书

……本部以为语言是造成民族的一种自然力，语言的统一与否和民族的团结与否当然极有关系。总理在民族主义的演讲中，常常劝告我们民族应该团结合群。学校厉行国语教育，以期全国语言统一，情意相通，增加民族的合群团体力。这是和总理的遗教很相符合的。前大学院曾经通令所属各机关提倡语体文，禁止小学采用文言文教科书。这是厉行国语教育的第一步。第二步的办法，应由各该厅（局）一面遵照前令切实通令所属各小学不得再用文言教科书，务必遵照部颁小学国语课程暂行标准，严厉推行。一面转饬所属高中师范科或师范学校积极的教学标准国语，以期养成师资，这是很要紧的。望各该厅（局）遵照办理。

此令。

1930年教育部训令颁布后，教科书领域基本上再也没有文言文的教科书，到1932年颁布《小学各科课程标准》时，《标准》明确规定（是课程标准中首次规定）"今后的文字教材一律用语体文叙述，不得用文言文"❷。至此，从1919年逐步兴起的语体文在教材之中扎下了根，教科书领域再也见不到文言文的教科书，因此我们可以看出语体文教科书替代文言文教科书的清晰路线：从1919年逐渐开始，到1921年商务印书馆等先行试点，再到1928年全国教育会议提案、大学院下令强制替代，然后到1930年教育部再次重申替代政策，最后到1932年进一步落实到课程标准，先后大概10余年的时间，完成了语体文教科书对文言文教科书的替代过程，这一替代过程对当时和今后中国之教育都产生了深远的影响。同时，这一替代过程在乡土教科书领域也同样有所

---

❶ 刘哲民. 近现代出版新闻法规汇编［M］. 上海：学林出版社，1992：370.
❷ 宋恩荣，章咸. 中华民国教育法规选编（修订本）［M］. 南京：江苏教育出版社，2005：236.

反映，这就是我们接下来要介绍的语体文乡土教材。

（二）潘守正和彭传珍的《最新语体·福建全省乡土教科书》

1930 年福建潘守正、彭传珍所编的初版《最新语体·福建全省乡土教科书》（图 3-3 所示）是较早的一批语体文乡土教材。作为乡土教材文体形式转折的代表，它是这一时期乡土教材风云变幻的缩影。

图 3-3　潘守正、彭传珍，《最新语体·福建乡土教科书》（第三、四册），1930 年 1 月初版

潘守正（1893~1984），字子修，福州人。1905 年，潘守正考入福州三牧坊大学堂（后改高等学堂，福州一中前身），师从创办人陈宝琛。两年后，他转入乌石山全闽师范学堂学习（福建师大前身）。1911 年入福建法政学堂法律专科学习，毕业后被派往闽侯地审厅学习，旋被派往邵武任承审员。1915 年，潘守正调南平任承审员。次年赴京，参加全国司法考试，经刘冠雄信荐回闽，后在李厚基处任秘书，并在福建制造局兼任秘书，参与修建洪山桥、筹建梁原小学等事。后经高等官吏考试，任晋江县县长。1932 年，潘守正调省民政厅任秘书、主任秘书。潘守正于 1963 年被省人委聘为省文史研究馆馆员，并在省政协文史、宗教、社会等组工作。1984 年 1 月 22 日，潘守正无疾安逝于寓所。著作有《福建乡土教科书》（1920 年）、《最新语体·福建乡土教科书》（1930 年）、《现行法律概要》《民政概况》《禁烟概要》（1935 年）、《福建省地方行政与地方自治》（1938 年）、《雪峰山志》（1953 年）等。❶

---

❶ 根据福州市地方志编纂委员会. 福州人名志 [M]. 海潮摄影艺术出版社, 2007: 485 和潘亮. 潘守正生平事略 [J]. 福建文史, 2006, (3) 整理。

第三章 探索与定型——民国时期的乡土教材（1912～1948） // 105

彭传珍（1905～1973），男，汉族，教育家、教授，福建福州人。1926年毕业于厦门大学教育系，曾任福建龙岩中学校长、福建职业学校校长。1932～1935年留学美国哥伦比亚大学，获教育硕士学位。回国后任南京中央政治学校教授。1937～1946年转任厦门大学教授兼总务长，在抗战时期，厦大内迁长汀，辅佐校长执掌搬迁事务，深受赞许，陈嘉庚曾单独与之合影以表谢忱。1946～1949年，分别担任福建省立师专校长、国立海疆学校校长。后赴广州任中山大学教授，旋转任台湾清华大学教授兼教务长，后又任台湾国立编译馆专职编纂。出版有《全面大恐怖》等多部译著。彭传珍教授出任福建省立师专校长期间，适逢抗战后学校从南平迁回福州不久，百废待兴，筚路蓝缕，他殚精竭虑，筹措资金，新建一座四层砖木结构"又习楼"，并力请王西彦、林天兰等名学者来校任教，为学校的发展打下了良好基础。

1930年由福建潘守正、彭传珍所编的《最新语体·福建全省乡土教科书》全书共4册，供初级小学三、四年级使用，1930年由福州洛阳书社初版，鉴定者为福建闽侯林柏棠。书的封面印有"教育厅审查"字样。当时的潘守正和彭传珍，一个是县长，一个是校长，二人合力编撰了适应新语体的乡土教科书，足见当时教育行政领域对乡土教材编撰之重视程度。另外，在此之前，潘守正就有过编撰乡土教材的经历，如1920年的潘守正和薛凤彤就合编了4册《福建乡土教科书》的铅印本，现藏于福建省图书馆。

《最新语体·福建全省乡土教科书》的最大特点就是响应教育部关于使用语体文的规定，较早地使用语体文编撰了这套乡土教材。以这套乡土教材的第三、四册为例，其各计22课内容，具体包括：

第三册：四十一　安溪县　四十二　永春县　四十三　德化县　四十四　大田县　四十五　龙溪县　四十六　华安县　四十七　漳浦县　四十八　南靖县　四十九　长泰县　五十　平和县　五十一　绍安县　五十二　云霄县　五十三　东山县　五十四　海澄县　五十五　龙岩县　五十六　漳平县　五十七　宁洋县　五十八　长汀县　五十九　武平县　六十　上杭县　六十一　永定县　六十二　宁化县

第四册：六十三　清流县　六十四　连城县　六十五　归化县　六十六　南平县　六十七　沙县　六十八　将乐县　六十九　尤溪县　七十

顺昌县　七十一　永安县　七十二　建瓯县　七十三　建阳县　七十四
崇安县　七十五　浦城县　七十六　政和县　七十七　松溪县　七十八
邵武县　七十九　光泽县　八十　泰宁县　八十一　建宁县　八十二
台湾　八十三　澎湖列岛　八十四　琉球群岛

从目录可以看出，这两册课本主要是从整体上介绍福建省各县。而从单篇课文来看，课文叙述较为精炼，每课大约 120~150 字左右。对于每课中较难理解的或重点的词语在课文末尾附有"解注"，课文开头有一幅插图，文中无插图，还未采用新式标点符号。例如第四册第八十二课是这样描述"台湾"的：

台湾从前是属本省的西隔，台湾海峡和本省的金门岛遥遥相对，共守台湾海峡，形势极是重要。沈葆桢督办防务时候，费了不少开辟建设的功夫，经营一切。自甲午战败，割给了日本，便成了国耻纪念地。现在日本设总督管理全台湾的事情，又分设五州三厅，人口有四百多万，商业工业农业都很进步，岁入比从前增加到二十几倍，教育极发达，公学校注重日文、私塾，却多的读汉文，还有眷念祖国的意思哩。

文末附有本课的"解注"：

台湾：清时合延建邵汀、福兴、漳泉及福宁诸府号称十闽。

督办防务：同治十三年琉球人为生番所杀，诉诸日本，日本遂派兵征台，沈师前往，途遇西卿，告之曰中日海军今正萌芽，二十年后可相见也，西卿乃罢兵去。

甲午一役：朝鲜内讧，日本无故派兵犯韩城，炮击我军舰，清德宗震怒，与日本宣战，日兵取营口，涉辽河，迫京师李鸿章议和，一面遣王之春联俄，俄约德法迫日还我侵地，割台湾及澎湖列岛，赔兵费二万万两，和议以成。

学校：日本人居台湾者，其子弟入小学校，课程与公学校不同。

从课文的表达可以看出，正文叙述采用语体文形式，而在文末的解注部分依然是文言形式。这一时期的乡土教材明显不同于以往，虽然作者采用的是较为蹩脚的语体文，解释说明部分虽然还是文言形式，但是这恰好是对乡土教材从文言向语体过渡最直观的表达，乡土教材的编撰者们，正努力地试图从以往旧式的乡土教材向新式的乡土教材转变，以适应时势的需要。虽然还有这样或者那样的不足，但是总归是开始了初步的尝试。当然，这套教材还需进一步改进，教材没有标点，课后没有习题，也没有教参可供教师参考，这些都是这套乡土教材还不够完善的地方。但这在20世纪30年代后期的乡土教材中得到了弥补。

五、乡土教材的定型

《无锡乡土新教材》于民国二十五年（1936年）一月出版，供初级小学三四年级使用。由周士香、陈廷镛、姚铭盤编著，施之勉校订，正中书局发行，见图3-4。

图3-4　周士香、陈廷镛、姚铭盤，《无锡乡土新教材》（第二册），1936年

这套《无锡乡土新教材》除了在字体排列上是竖排之外，其形式、体例基本与现在我们所见的乡土教材无异，用现在的眼光来看，这应该属于一套关于无锡的综合性乡土教材，笔者将之称为乡土教材的定型，因为在这一时期之后，乡土教材的编撰体例和形式没有太大的变化和突破，同时它也是民国乡土教材高唱入云时期的典型代表。

以该套教材第二册为例，本册共有 9 个专题，分为 16 课内容，分别是：

公共场所的认识和研究：一、学校（一）；二、学校（二）

名胜的观察和研究：三、梅园（附风景片）；四、鼋头渚（附风景片）

重要市镇的认识和研究：五、荣巷（附图）

重要湖泊及产物的观察和研究：六、太湖（附图）；七、鱼

交通机关和电气事业的认识和研究：八、邮局和电报局；九、电器厂；十、电话局

消防事业的调查和研究：十一、救火会

文化事业的调查和研究：十二、书局和印刷所；十三、报纸

水陆交通的研究：十四、城乡的道路和桥梁；十五、工运桥的热闹

重要商业的调查和研究：十六、北塘的米市

从教材内容组织上看，相比以往乡土教材的平铺直叙、味同嚼蜡，这一时期的乡土教材，内容丰富，形式多样，颇具特色。我们以第二册的"文化事业的调查和研究"学习单元来说明教材的编排。

文化事业的调查和研究包括"书局和印刷所"和"报纸"两课内容。在叙述正文"书局和印刷所"的内容前，编者设置了三个问题：

1. 书局印刷所和地方文化有什么关系？2. 无锡印刷所哪家规模最大？3. 无锡还缺什么厂和制造所？

问题之后，是较为流畅的白话文正文叙述，并加有标点符号：

书局是卖书的地方。印刷所是印书的地方。这县的书局和印刷所越多，人民也越文明。

无锡的大书局，都在城里。他们到上海贩运了书来，卖给本县和临县的学校的，有的兼卖日用品。

无锡的印刷所，也都在城里，他们用机器印刷各种书报簿册，很是便捷。最有名的，是锡成印刷公司和协成印务局，临近各县，都来拖他们代印文件。

可惜无锡还没有大规模的造纸厂和教育用品制造所，所以我们用的

第三章 探索与定型——民国时期的乡土教材（1912~1948） // 109

纸张和文具，大部分是上海运来的，有的还是外国货。

以上200字的正文之后，作者提出了两项"做"的要求：（1）认识城中各书局；（2）参观印刷工作。"书局和印刷所"课文之后接着是"报纸"的内容介绍，编排方式与前面相同，最后这个专题附有两个参考资料——"书局有哪几家"和"无锡人看哪几种外埠报纸"，两份材料较为详细地介绍了无锡书局的种类和无锡报纸的情况，字数与正文字数接近。

在编辑大意中作者介绍了这套教材的特点：

（1）教材的主旨，在发扬光大儿童爱家爱乡之固有精神，为爱国爱群之思想，以坚定其救国助人之志愿；（2）教材注意本地民族英雄故事，以激发儿童民族思想。（3）教材注意本地农民生活，引起儿童之注意，使知改进农村之刻不容缓。（4）教材注意本地工业状况，使儿童知道工业与国计民生之关系。（5）教材注意本地商业状况，使儿童知道最近社会经济情形。（6）教材供给无锡儿童在初级三四年级研究乡土之用。（7）教材每册十六课，将性质内容相近之各科，聚成一个单元，每单元之后，附问题式之参考资料，儿童与教师得两相应用。（8）教材每课课文前有"问题"，课文后有"做"。"问题"是引起儿童学习动机并开发其思想。"做"是使儿童实地操作，应用所学得之知识。（9）教材附以地图、照片、统计等，以增加儿童之研究兴趣及教学效能。（10）每课教学时间，约计六十分钟。其观察、调查、统计等，均需充分利用晨会、夕会、远足及课外活动时间，并须注意与有关系之学科联络。（11）教材系根据部颁课程标准，按照时代性质，广搜材料，复采其较有价值而足以代表其同性质之许多材料，列入课文。惟是编者见闻有限，疏漏之处，在所不免，敬希地方人士予以指正。❶

笔者看来，《无锡乡土新教材》确实有一定的"新"意。它有资格作为20世纪30年代中期民国乡土教材鼎盛时期的代表。此时的乡土教材，已经基本定型，教材采用语体文，以"课"的形式编排，甚至还

---

❶ 周士香，等. 无锡乡土新教材 [M]. 上海：正中书局，1936：编辑大意.

组织了学习单元，课前有引导性的问题，课后有以"做"为形式的问题。教材中纳入了地图、照片、统计图标等多种元素帮助学生理解。课后还有针对性地提供了阅读资料。这些元素，即使在现在看来，都是较为"先进"的做法，甚至直到现在乡土教材的编撰方面，也没有什么大的突破和超越，而仅仅是随着技术的发达，地图更准确了、照片更精美了，如此而已。当然，这时的乡土教材肯定不是十全十美的，例如在习题的设置上就存在一定的问题，例如上面所举实例中"书局和印刷所"正文前的问题"书局印刷所和地方文化有什么关系"，像这种问题可能高中生甚至大学生都无法回答，更何况是小学生了。

第三节　民国乡土教材渐趋多样（1937～1948）

一、抗战时期的乡土教材政策

1936年颁布《小学课程标准总纲》，规定初级小学1～4年级开设国语、常识（由社会和自然组成）、算术、工作（美术和劳作合并）、唱游（体育和音乐合并）课程，高级小学5～6年级开设国语、社会（分别开设公民、历史、地理3科）、算术、美术、劳作、体育、音乐课程，[1] 此时的乡土教材一般作为初级小学的常识科或高级小学一年级社会科的教材。如1936年公布的《小学常识科课程标准》（这也是我国历史上第一个单独的常识科课程标准，在这以前虽有合并的常识课，但未指定专门的常识科课程标准）强调了乡土教材的重要性，该课程标准将常识科的作业要项规定为五部分，分别是家庭社会生活、乡土生活、民族国家生活、世界人类生活、时事分析。其中乡土生活主要包括四大部分，即自然环境、经济、政治和文化方面的研究。

---

[1] 吴履平. 20世纪中国中小学课程标准·教学大纲汇编：课程（教学）计划卷[M]. 北京：人民教育出版社，2001：133.

表3-6　1936年《小学常识科课程标准》所包括的乡土研究的内容[1]

要项 \ 学年 \ 内容	第一、二学年	第三、四学年
乡土研究 / 乡土自然环境研究	1. 本地地形山势山川名称和自然区域等的认识。 2. 气候的省察，本地气候变化现象的观察研究，并开始记载温度气候等。 3. 本地四季景物变化的观察研究。 4. 常见合群昆虫的观察和研究	1. 本省地形地势重要山川名称和自然区域等的研究。 2. 本地四季物候（如树的落叶、谷类、豆类的萌芽，冬季的候风，春夏的鸣禽，夏季的梅雨等——根据本地实际情况和见习事物变化象征的调查、观察、研究、记载等）。 3. 有毒的动植物（动物如毒蛇，植物如石蒜、半夏、泽漆）的研究
乡土研究 / 乡土经济研究	1. 本地物质生活资料来源的认识和研究。 2. 本地主要农产品种类形态生长情形的观察和研究。 3. 本地交通和道路桥梁等种类和材料等的认识和研究。 4. 习见交通用具的种类、用途、应用方法、使用手续等的观察和研究。 5. 本地通用货币、邮票等种类用途等的认识和研究。 6. 本地邮政、电报、电话、播音等递信事项的种类、作用、地点和使用手续的认识和研究。 7. 本地农田、工厂、矿山、渔场、牧场、盐田、林场、商市等各种生产运输方法的观察和研究。 8. 本地水旱风虫等灾害的认识和防御方法的设计研究。 9. 本地和临近重要市镇的观察或讲述研究	1. 本地土地关系的认识调查和改良的设计研究。 2. 续前学年第二项。 3. 鸟和农作物的关系和各种鸟类的研究。 4. 蝗、螟、青蛙、蚯蚓等和农作物关系的研究。 5. 各种交通器具的比较研究，和汽力运输电力运输等机械的观察研究。 6. 本地农人、工人、商人、妇女等生活状况的观察和改良设计研究。 7. 本地经济建设运动（至少包括育苗造林）防御天灾运动的参加或协助宣传并设计研究。 8. 本省物产产销关系的大概认识和本省重要城市的讲述研究

---

[1] 吴履平. 20世纪中国中小学课程标准·教学大纲汇编：自然、社会、常识、卫生卷[M]. 北京：人民教育出版社，2001：189-190.

续表

要项 \ 学年内容		第一、二学年	第三、四学年
乡土研究	乡土政治研究	1. 本地人口状况（数量、分布、职业等）的观察和调查。 2. 本地方行政组织系统，自治组织的认识。 3. 县或市所在地和县或市政机关的观察或讲述研究。 4. 本地公安、消防、公共卫生事业社会救济事业等的观察研究	1. 本省的人口状况、行政组织的认识以及省会的讲述研究。 2. 本地自卫组织、防御工程的观察认识和见习武器种类用途的认别。 3. 本地公共卫生和其他社会事业的改进设计
	乡土文化研究	1. 本地风俗和宗教的观察研究和有意义的节令及娱乐生活的参与和设计研究。 2. 本地名胜古迹的纪念物的实地观察，及其所包含的历史意义的讲述研究。 3. 乡贤故事的讲述研究	1. 续前学年第一项并注重改进方法的设计研究。 2. 续前学年第一、二两项

在探讨乡土内容的重要性时，《小学常识课程标准》指出，"乡土生活在经验范围内扩张步骤中，极关重要，大部分的常识教学可以从乡土问题出发，又归宿到乡土改进的研究。乡土的区域范围，可以把所在的城市或乡村及其附近地域作标准，如其这些区域不能概括研究问题时，可以把县或市作单位"[1]。如此一来，国家层面对乡土教材作为常识课教材的做法，通过此课程标准进一步作了清晰的表达。

1936年的课程标准还未来得及全面实施，1937年抗战就全面爆发了。而教育、文化领域也因为抗战受到极大影响，全民注意力被引导到抗战上来，乡土教育和乡土教材也被赋予了保家卫国、救亡图存等更加重要的意义。1937年出版的《修订·昆明县小学乡土教材》就表达了这一层意义：

---

[1] 吴履平主编，课程教材研究所编. 20世纪中国中小学课程标准·教学大纲汇编：自然、社会、常识、卫生卷[M]. 北京：人民教育出版社，2001：192.

第三章 探索与定型——民国时期的乡土教材（1912~1948）

教育随时代推进，教材因需要而更新。当此时抗战时期之教育，固以发扬民族精神，增进国民知能，发展国民生计，促进地方文化，充实抗战力量为宗旨。则小学乡土教材之编制，岂徒供小学补充读物而已哉？抑亦推爱乡之心以爱国，使其自幼明了自治单位之组织，故乡风物文化之情况，非保卫国家则无义保全乡土，充类至义，复兴民族，扬我国光，于是乎。其意义顾不重乎哉！❶

与抗战同时进行的就是乡土教材的编撰。民国二十六年（1937年）教育部开始向全国征集一部分乡土教材（地理、历史、胜迹、习俗、文艺、娱乐等）资料，以供编制乡土教材与小学教师者之参考，惟因战事发生，全国约有1 937县，仅获1 000余县之材料，不能齐全。❷ 为此，教育部继续下令催促抓紧乡土教材的编撰。

1938年3月30日，中国国民党临时全国代表大会通过《战时各级教育实施方案纲要》，其中在"教育实施准则方针"第四条中明确提出："对于各级学校各科教材须彻底加以整顿，使之成为一贯之体系而应抗战与建国之需要，尤宜尽先编辑中国公民、国文、史地等教科书及各地乡土教材，以坚定爱国爱乡之观念。"❸

1938年，国民参政会第二次大会通过21人提案，其修正案中说："为持久抗战，在教育方面，亦注重乡土地理、人物志及民族先烈事迹，以期提高民族意识"。教育部规定县立初中学生亦须注重乡土教材，提出"应特别注重公民常识之灌输，生产劳动之训练，以及本县乡土教材之讲授，使其爱国而同时爱乡"。❹ 此后，教部着手编辑乡土教材，指出："乡土教学是利用直观教学的原理，启发学生爱护乡土的观念，推而至于国家。值兹全面抗战之际，更为需要。教部正在设法任用由战区退出之优良教师，与各省地方合作，编辑乡土教材以资提倡。"❺

在抗战时期，除了政策方面的方向性指引外，关于乡土教材及乡土

---

❶ 昆明实验县教育局编印，云南省教育厅审定. 修订昆明县小学乡土教材 [M]. 1937.
❷ 王镜清. 乡土史地教材之研究 [J]. 新政治, 1939, 1 (4).
❸ 中国第二历史档案馆. 中华民国史档案资料汇编（第五辑·第二编：教育）[M]. 南京：江苏古籍出版社, 1997：14.
❹ 王镜清. 乡土史地教材之研究 [J]. 新政治, 1939, 1 (4).
❺ 教部着手编辑乡土教材 [J]. 教育研究（广州）, 1938, (84).

内容的学习的课程标准领域也有明确的规定。例如1941年公布的《小学国语课程标准》，初级小学教学内容范围明确了从"个人生活""学校生活""家庭生活"到"乡土生活"，再到"民族国家"的内容轨迹，其中关于乡土生活的内容共有31条，这在以往是未曾出现的，以往国语课程标准仅仅对乡土的内容作了原则性的提示，而现在国语和常识课程标准对内容要目进行了详细列举，这说明乡土教育和乡土教材在课程中的地位有所增加。

表3-7　1941年《小学国语课程标准》中关于乡土内容的规定[1]

关于乡土生活的	1. 有关晴雨等气候的变化现象的； 2. 有关四季的重要花木、果树和虫、鸟等的； 3. 有关新年、端午、中秋等风俗习惯的	1. 有关方向和位置的； 2. 有关风、云、雾、露、霜、雪、冰等自然现象的； 3. 有关动植物的过冬和秋虫、候鸟等的； 4. 有关蜂、蚁等合群昆虫等的； 5. 有关稻、麦、棉、麻等生活资料的； 6. 有关水陆交通用具的； 7. 有关邮票和寄信方法的； 8. 有关法币和辅币的； 9. 有关水、旱、风、虫等灾害的； 10. 有关名胜、古迹、纪念物和乡贤故事等的； 11. 有关清明等风俗习惯的； 12. 有关消防设施的	1. 有关温度和燥湿、晴雨等气候变化的； 2. 有关冬季候风、夏季梅雨等的； 3. 有关杂粮和丝、呢、绒等生活资料和合作事业的； 4. 有关益鸟、害鸟、益虫、害虫和蛙、蚯蚓等有益农作物的动物的； 5. 有关电话和电报的； 6. 有关金融机关的； 7. 有关预防水、旱、风、虫等灾害的； 8. 有关公共卫生事业的； 9. 有关改进风俗习惯的； 10. 有关图书馆、民众教育馆、公共体育场等教育文化机关的； 11. 有关公安机关和自卫组织、防御工程等的	1. 有关风暴、雷电、雹等自然现象的； 2. 有关播音和收音等的； 3. 有关育苗、造林等运动的； 4. 有关公益事业的； 5. 有关宗教和报馆、书坊及其他文化机关的

---

[1] 1941年小学国语课程标准，载 http://www.pep.com.cn/xiaoyu/jiaoshi/tbjx/kbjd/jxdg/201008/t20100818_663535.htm.

除了《小学国语课程标准》外,以前乡土教材的主阵地常识、社会、自然等课程标准中也强调了乡土教材的地位。1942年的《小学高级自然科课程标准》的教学要点指出教材"须以乡土材料为出发点",并且进一步说明"农业社会和工业社会情形显然不同,教学材料,除本标准所包含的以外,应当各就本地采取"❶。在1942年《小学高级社会科课程标准》中,社会科包括公民、历史、地理部分,一般是进行分科教学,在公民科第五学年的"教学大纲及要目"中要求进行"本地风俗习惯的调查、本地风俗习惯的设计改良",在教学要点中强调"应充分利用儿童能接触的本地社会环境为活的教材,从本地出发,推到国家、世界,而以本国为中心"❷。1941年的《小学初级常识科课程标准》再次明确地强调了乡土内容的重要性,将乡土生活分为了五部分内容,分别是"乡土自然环境""乡土社会经济""乡土政治""乡土社会文化""乡土警卫",其中最后一部分单列的"乡土警卫"是1936年课程标准中所没有的。

表3-8　1941年《小学初级常识科课程标准》中关于乡土内容的
"教材大纲及要目"

类别	教材大纲	要 目			
		第一学年	第二学年	第三学年	第四学年
关于乡土生活的	乡土自然环境	一、本地的重要山川和地势		1.○方向和位置	1.○●本县(市)的重要山川和地势	1.○●本省(市)的重要山川和地势
		二、本地的气候和变化现象	1.○△晴雨的观察和记载	1.○风、云、雾、露、霜、雪、冰	1.○△温度计的观测和温度的记载 2.○潮湿和晴雨	1.○风暴、雷、电、雹

---

❶ 吴履平主编,课程教材研究所编. 20世纪中国中小学课程标准·教学大纲汇编:自然、社会、常识、卫生卷[M].北京:人民教育出版社,2001:23.
❷ 吴履平主编,课程教材研究所编. 20世纪中国中小学课程标准·教学大纲汇编:自然、社会、常识、卫生卷[M].北京:人民教育出版社,2001:163.

续表

类别	教材大纲	要目			
		第一学年	第二学年	第三学年	第四学年
乡土自然环境	三、本地的四季景物	1.○四季的重要花木果树和虫鸟	1.○●动物过冬的方法 2.○●植物过渡的方法 3.○●秋虫 4.○●候鸟	1.○●冬季的候风 2.○●夏季的梅雨	
	四、合群的昆虫		1.○●蜜蜂 2.○●蚂蚁		
关于乡土生活的 乡土社会经济	一、本地的生活资料和产物交换		1.○●稻 2.○●麦 3.○●棉 4.○●麻	1.○●大豆 2.○●高粱 3.○●玉蜀 4.○●丝 5.○●呢绒和皮革 6.●本乡镇和本县市物产的交换 7.△●本乡镇和本县市的合作事业	
	二、动物和农作物的关系			1.○●益鸟和害鸟 2.○●益虫和害虫 3.○●蛙 4.○●蚯蚓	
	三、本地的交通状况和常见的交通用具		1.○本地的乡镇和临近的重要乡镇 2.○陆地交通用具 3.○水上交通用具	1.○●本县市的水陆交通路线	1.○●建筑道路桥梁的材料和方法

续表

类别		教材大纲	要 目			
			第一学年	第二学年	第三学年	第四学年
关于乡土生活的	乡土社会经济	四、本地的邮电等递信事项		1.○邮票 2.○△寄信的方法	1.○电话和电报	1.○播音和收音
		五、货币和本地的金融机关		1.○法币和辅币	1.▲●本乡镇和本县市的金融机关	
		六、本地的经济建设运动和防御天灾		1.○水、旱、风、虫等的灾害	1.●△预防水、旱、风、虫灾害的方法	1.●△育苗造林运动
	乡土政治	一、本地的人口状况和土地关系			1.▲本地的户口	1.●土地和人民的关系
		二、地方行政机关和自治组织		1.○本乡镇的保甲组织	1.●乡镇公所的组织 2.●县市政府的组织	1.●省市政府的组织
		三、本地的公共事业			1.○●本地的公共卫生事业	1.○●本地的公益事业
	乡土社会文化	一、本地的风俗、宗教和节令	1.○本地新年的风俗 2.○本地端午节的风俗 3.○本地中秋节的风俗	1.○本地清明节的风俗	1.▲●改进本地风俗习惯的设计	1.○●本县市的宗教（佛教、回教、耶稣教等）
		二、本地的教育文化机关		1.▲本乡镇的学校	1.▲本县市的图书馆、民众教育馆、公共体育场等	1.▲本县市的报馆、书坊和其他文化机关
		三、本地的名胜、古迹和乡贤故事		1.○本县市的名胜古迹和纪念物 2.●本县市的乡贤故事	1.○本省市的名胜古迹和纪念物 2.○本省市的乡贤故事	

续表

类别	教材大纲	要 目			
		第一学年	第二学年	第三学年	第四学年
关于乡土生活的	乡土警卫	一、本地公安、消防等的设施		1.○本乡镇的消防设施	1.○本县市的公安机关	
		二、本地的自卫组织和防御工程			1.○●本县市的自卫组织 2.○●本县市的防御工程	

注：上表符号中○为注重观察或认识的符号；●为注重讲述或研究的符号；△为注重演习或参加的符号；▲为注重调查或收集的符号。教学时须依照所标符号，使儿童分别活动。惟注重讲述或研究的部分，只需略举概要。

民国三十年（1941年）一月三十日，由民国教育部组织召开了各省市国民教育工作检讨会议，检讨国民教育的实施情况，并对发现的问题提出改进意见。其中保障乡土教材的编辑和使用被作为重点单独列出，会议中各方对如何收集和编辑地方教材提出了许多建议，最后由教育部颁发落实，这也成为指导抗战时期乡土教材编撰的国家层面的指导框架。会议检讨乡土教材并提出对策："地方教材之编选标准及编辑办法，各省市教育厅局应聘请专门人才，组织地方教材编辑委员会，二年内将地方教材全部编辑完成。"❶ 具体收集和编辑地方教材的办法如下：

关于各省市收集或编辑地方教材办法❷

一、选材标准

编辑地方教材，应以乡土社会及自然为中心，小学适用之地方教材，应根据部颁小学常识科课程标准教材大纲所规定乡土自然环境及社会经济、政治、文化、警卫各项分别编辑，其选材标准如下：

1. 足以代表本乡土特质的；
2. 与社会有重大关系的；

---

❶ 各省市国民教育工作检讨会议纪要［J］. 国民教育指导月刊（贵州），1942，(7).
❷ 张荫椿. 本省小学乡土补充教材的编纂问题［J］. 国民教育指导月刊（永安），1942，(10).

第三章　探索与定型——民国时期的乡土教材（1912~1948）　　// 119

3. 与抗战建国有重大关系的；

4. 与生活有密切关系的；

5. 有关管教养卫最重要的部分的。

二、编辑顺序

1. 各省市教育厅局应聘请专门人才，组织地方教材编辑委员会主持统计研究编辑等事项。

2. 各省市教育厅局应订定地方教材编选标准，通饬全省各县县政府调查收集之。

3. 各省市教育厅局订定奖励各校教员收集地方教材办法，鼓励教员投稿。

4. 师范学校担任教育科目之教员应指导高年级学生研究收集编辑地方教材，择其优良者送交地方教材编辑委员会采用。

5. 各省市举办暑期讲习会应注意地方教材之收集编辑与教学方法之指导。

6. 地方教材应分别编辑小学用民校用课本及教学法。

7. 各省市编辑之地方教材应在国民教育指导月刊陆续登载，以备各校随时研究试用，编辑完竣时再行订印单行本分发各校应用。

8. 各省市编辑之小学用民校用地方教材应在两年内全部完成。

除国家关于乡土教材的政策规定和相应的课程标准外，这一时期也有一些学者发表了关于乡土教材的相关讨论，如张乃璇的《乡土教材的编纂方法》（《江西地方教育》，1939年第137~138期）、王镜清的《乡土文艺教材论》（《新政治》，1939年第2卷第2期）、王镜清的《乡土史地教材之研究》（《新政治》，1939年第1卷第4期）、施伯华的《乡土教育与教材问题》（《温中校刊》，1940年第7期）、黄达人的《编撰乡土教材与乡土教学》（《江苏小学教师》，1941年第1卷第2期）、蒋遒的《编辑本省国语常识乡土教材的刍议》[《国民教育指导月刊》（永安），1941年第1卷第5期]、张荫椿的《本省小学乡土补充教材的编纂问题》[《国民教育指导月刊》（永安），1942年第1卷第10期]、周作福的《怎样实施乡土教材》[《国民教育指导月刊》（桂林），1943年第2卷第9期]、欧阳湘的《谈谈乡土教材》（《乡土杂志》，1945年第1卷第1期）等。

这一时期乡土教材的应用对象也有所扩大，除了小学阶段的乡土教材外，这一时期也较多出现在初级中学。1938年，教育部规定县立初中学生亦须注重乡土教材，提出"应特别注重公民常识之灌输，生产劳动之训练，以及本县乡土教材之讲授，使其爱国而同时爱乡"❶。1941年刘诚编辑的《福建乡土史地》，其前言中就说明该教材可以作为初级中学地理第一学年使用，❷ 而以前乡土教材的使用范围主要是初级小学第三四学年，或者高级小学第一学年。而且除此之外，这一时期也开始出现许多关于中学阶段编撰和使用乡土教材的讨论，例如胡焕庸在《教育通讯周刊》1939年第2卷第20~21期发表《初中添授乡土地理和省区地志问题》。民国三十三年（1944年），山东省政府还曾专门下达了训令，要求山东省在中学校授乡土志，这在以前是没有过的。

山东省政府训令
政教中字第三五二号
民国三十三年十月十五日

为第三届公私立中等学校校长会议滕县初中校长提案中学校应授乡土志，由仰遵照。

令各道市区县：

案查本府于本年五月二十八二十九两日，召开第三届公私立中等学校校长会议，滕县县立初级中学校长黄支田提议，中等学校应讲授乡土志案，当经决议："由省府通令作为史地补充教材"记录在案。除分行外，合行抄发原提议，令仰该口知照，并转饬所属公私立中等学校遵照为要。

此令

附发滕县县立初级中学校长黄支田原提议一份：

案由：中等学校应讲授乡土志

理由：培育爱乡观念，确立保邦族爱东亚之始基。

办法：1. 每周讲授一小时，列入课程或于课外活动时间授之。

---

❶ 王镜清. 乡土史地教材之研究 [J]. 新政治，1939，1 (4).
❷ 刘诚. 福建乡土史地 [M]. 福建省政府教育厅出版，1941：编者的话.

第三章　探索与定型——民国时期的乡土教材（1912~1948）　　// 121

2. 教材内容注重乡贤传志、名胜古迹、民情风俗、山川形式、政治区划、各种特产。

3. 各校自编讲义，在外县市者採择县志府志州志，在省垣者採择省志。

备注：山东全省第三届公私立中等学校校长会议提案。

中华民国三十三年五月二十八日

在这一时期，乡村师范学校、军事学校也开始编撰和使用乡土教材，且主题尤其凸显救国、爱国思潮。因此，从纵向上看，这一时期乡土教材的触角开始向上延伸到高级小学和初中，而从横向上看，乡土教材不仅在常识、国语等科中出现，还延伸到其他学科，并以救亡图存、爱国抗日等主题将这些内容统整起来。

但是需要注意的是，虽然在抗战时期国家层面三令五申地发文要求各地积极配合、高度重视乡土教材的编撰和使用，但是现实情况并不乐观，由于抗战的原因，全社会的目光都投到抗战中来，而作为补充教材的乡土教材，虽然有重要作用，但是却被有意无意地忽视掉了。在1942年1月30日举行的各省市国民教育工作检讨会议中，对教材问题是这样检讨的："教材及设备问题。后方各省因交通运输关系，教科书之供应极感不敷，往往有着三人合一教本者。"❶ "极感不敷"四个字描述了当时教科书缺少的现实，一般教科书尚且如此，乡土教材更是可想而知了。乡土教材凸显的问题，在经历过这一时期的学者们的论述中也可以找到佐证：1942年民国学者张荫椿就指出："抗战以前本省小学教育较为发达的地区，亦曾联合编纂乡土补充教材，作为实验研究及参考的资料，到了抗战发生，大家都转移眼光，注视于战时教育的实施，对于编纂乡土补充教材的兴趣，也逐渐冷淡了。"❷ 1948年民国教育家王伯昂在回忆抗战这段时间的乡土教材编撰时也提道："可惜不久抗战发生，政府西迁，广大的区域沦于敌手，教育文化都受了极大的摧残，乡土教育也便一时被搁置起来了。"❸ 在评价抗战时期的乡土教育和乡土

---

❶ 各省市国民教育工作检讨会议纪要［J］. 国民教育指导月刊（贵州），1942，1（7）.

❷ 张荫椿. 本省小学乡土补充教材的编纂问题［J］. 国民教育指导月刊（永安），1942，1（10）.

❸ 王伯昂. 乡土教材研究［M］. 上海：商务印书馆，1948：24.

教材时，他说道："民国三十年（1941年）改订课程标准，对于乡土教育更有进一步的规定，将初小各学年的国语和常识二科，纳入有关乡土研究的教材要目，这样的乡土教育是更为具体化了。不过倘使教育当局，只规定了许多空洞的条文，而各级学校并无种种适应的设施，如各地方的乡土教材未曾编纂，现行的教科书不切实用，乡土师资尚未产生，这许多问题一日不解决，所谓乡土教育也不过是徒托空言罢了。"❶当然这一时期的乡土教材也有其典型的特点，一是与抗战紧密联系；二是乡土教材的范围有所扩大。这些都是其他时期的乡土教材所没有的。

综合以上几个方面，我们认为，这一时期乡土教材进入了一个多元发展的时期，虽然热度有所减少，但是辐射面扩大了，政府和民众对乡土教育和乡土教材形成了普遍的共识，并赋予了乡土教材诸多意义。

二、民国乡土教材的最后历程

抗日战争结束后，中国又陷入了内战的纷争，这一段时间乡土教材并未有太多的亮点，也未见民国政府出台专门的乡土教材文件，只是专家学者们有一些零星的讨论，如1949年陈虞裳在《四川教育通讯》上发表《乡土教材研究》一文，对乡土教材的内涵、价值、范围、选择与编辑的方法做了阐述，这应该能代表民国最后时期的部分学者对乡土教材的看法，择要如下：

甲、何谓乡土教材

1. 乡土教材是一乡一地所有的特殊事物。

2. 乡土教材是把乡土所特有的事物，依着教材编辑原则，使认识乡土事物的一种工具而应用。

3. 乡土教材是补充教材之一种，是补充通常教材未能适应于当时当地的环境需要之教材。

乙、乡土教材价值

1. 激发爱护乡土的情感。

2. 引起特殊的研究兴趣。

---

❶ 王伯昂. 乡土教材研究［M］. 上海：商务印书馆，1948：24.

3. 扩展经验的起点。

4. 实施生活的教育。

丙、乡土教材的范围

1. 乡土历史。包括古迹、沿革、乡贤、传记等。

2. 乡土地理。包括地形、地势、气候、地质、动、植矿产等。

3. 乡土名胜。包括名山、祠宇、公园、美术品、建筑物等。

4. 乡土社会。包括风俗、习惯、人情、生活等。

5. 乡土政治。包括地方行政组织、人口数及分布状况、社会事业现状及改进等。

6. 乡土经济。包括本地物质生活资料来源、主要农业品状况、各种农工生产技术、水旱风虫灾的认识和防御及金融状况等。

7. 乡土卫生。包括个人、家庭、学校、社会、关于衣食住行的卫生事项。

8. 乡土教育。包括学校教育、社会教育等教育事业。

9. 乡土文艺。包括有关本地之故事、歌谣等。

10. 乡土娱乐。包括本地游戏、戏剧及其地正当娱乐等。

丁、乡土教材的选择与编辑

1. 选择的标准：（1）材料必须切合民众的需要。（2）材料须附有教育价值。

2. 编辑的方法：……编辑的方法最好采大单元设计。又在一大单元中，又可分为若干小单元。譬如讲乡土经济，即以乡土经济为一大单元，乡土经济之下，如乡土物产，为一小单元。在此小单元中，再包括植物、动物、矿物、工艺等材料之教学。又如乡土经济建设又为一小单元，在此小单元中，再包括水利、造林、渔业等教材之教学。其他如乡土政治、乡土社会、乡土历史等的编辑方法亦同。

……❶

此外，在国家层面上，1948 年的《低中年级常识课程标准》同样涉及乡土的内容，但是此时乡土内容融合了各年级，并未单独列出，常

---

❶ 陈虞裳. 乡土教材研究 [J]. 四川教育通讯，1949，8（34）.

识科分为土地、人事、物资三大部分❶，并在各年级分别涉及了一些关于乡土的内容。而在1948年的《高年级自然课程标准》和《高年级社会课程标准》中则未涉及乡土的内容。其实1948年的课程标准的实际作用并不大，因为1949年民国就走到了尽头。因此，总的看来，抗日战争结束后，国民政府的乡土教材基本处于停滞状态，并未进行大规模的乡土教材开发。

三、抗战时期的乡土教材

1937年抗日战争全面爆发，乡土教材事宜进展较为缓慢，为了满足乡土教材的使用，各地开始着手编撰或者修订出版乡土教材。如民国二十六年（1937年）出版的《修订·昆明县小学乡土教材》就是根据1934年的《昆明县小学乡土教材》修订出版的，"教材因需要而更新。当此抗战时期之教育，固以发扬民族精神，增进国民知能，发展国民生计，促进地方文化，充实抗战力量为宗旨。则小学乡土教材之编制，岂徒供小学之补充读物而已哉？抑亦推爱乡之心以爱国，使其自幼明了自治单位之组织，故乡风物文化之情况，非保卫国家则无一保全乡土，充类至义，复兴民族，扬我国威，于是乎赖，其意义原不重乎哉！"❷ 而《福建省中心国民学校·乡土补充教材》在民国三十一年（1942年）三月初版，三十二年（1943年）六月修订再版，是抗日战争期间一本较具特点的综合性乡土教材。

福建省中心国民学校《乡土补充教材》共四册，每册21课，共20单元，分配为3~6年级之用。该书经民国教育部审定，编辑者为张荫椿、蒋遒、徐君梅，校订者为刘城、高时良，发行者为福建省政府教育厅编辑委员会。

编者张荫椿系当时福建省的教育一线教师，他1923年担任福州平民小学教务主任，兼任福建惠儿院教务主任，后转任福建省立福州第二小学校长，1937年因不满后调任来福州的教育局长陈粤人的专横，与

---

❶ 吴履平主编，课程教材研究所编. 20世纪中国中小学课程标准·教学大纲汇编：自然、社会、常识、卫生卷 [M]. 北京：人民教育出版社，2001：211.

❷ 昆明县教育局. 修订·昆明县小学乡土教材 [M]. 昆明县教育局印，1937：序.

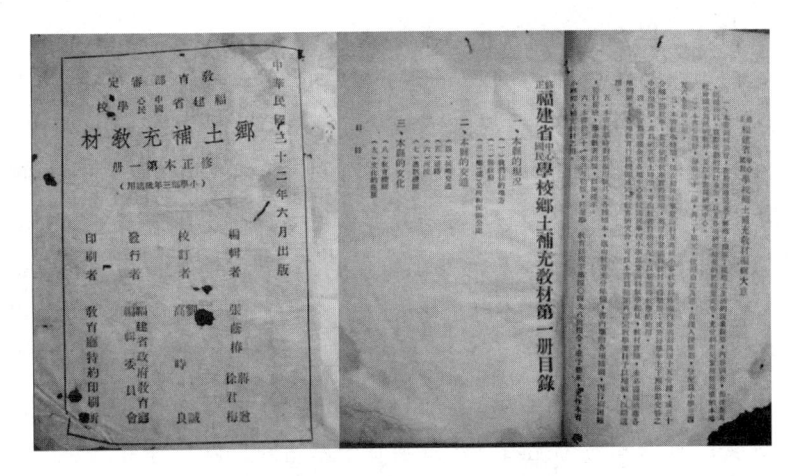

第三章　探索与定型——民国时期的乡土教材（1912~1948）　　// 125

图 3-5　张荫春、蒋道、徐君梅，福建省中心国民学校《乡土补充教材》（修正本第一册），1943 年

福州第四小学校长郑文荣、省立第三小学校长叶鸿宝一同抗议并辞职。❶ 抗战期间发表多篇关于中小学教育的著作和论文。先后发表《本省国民教育实施的检讨》(《福建教育通讯》, 1940 年第 8 期)、《国民学校师资的待遇问题》(《福建教育》, 1940 年第 1 期)、《本省乡（镇）中心学校辅导保国民学校问题》(《国民教育指导月刊》, 1941 年第 2 期)、《本省小学乡土补充教材的编纂问题》(《国民教育指导月刊》, 1942 年第 10 期)、《本省各校国语常识教学的一般缺点与改进方法》(《国民教育指导月刊》, 1941 年第 5 期)、《小学算术科教学漫谈》(《国民教育指导月刊》, 1941 年第 7 期) 等论文，主编了《福建省的海外侨胞刘诚》(福建省政府教育厅, 1943 年) 和《福建省的先贤》(福建省政府教育厅编辑委员会, 1943 年) 等著作。在《福建省中心国民学校乡土补充教材》的编辑大意中，阐述了编撰的目的及使用要求等，编辑大意如下：

一、本书编辑宗旨，在于指导儿童了解乡土环境，从乡土生活的现象观察，内容调查，源流考察，问题检讨，实际活动的设计参加，以及各项研究结果的记载发表等，充分利用儿童所能接触的本地社会环境为

---

❶ 福建省政协文史资料委员会. 文史资料选编（第一卷）：教育编 [M]. 福州：福建人民出版社，2000：41.

活的教材,并以本书为研究中心。

二、本书分为四册,每册二十一课,共二十单元,依照由近及远,由浅入深原则,分配为三四五六年级之用。

三、本书教学时间,系在初级小学常识科及高级小学社会科时间内每周割出四五十分钟,或三十分钟一节教学,并可依照教学实际环境,与原有常识科教材取得联系,或于每学年上下两学期交替之中割出时间,专为研究乡土时间,可由教育者自由分配,以期获得教学的功用。

四、本书为适应全省各地中心学校国民学校小学部常识科教学起见,教材详简,未必尽能适应各地的要求,各地教育行政机关或国民教育研究会,可以本书为范围再详定要目予以增减,以期适用。

五、本书教学时对于应用教具及各种标本,应由教者充分准备,书内应附各项插图,因印刷困难,暂行从缺,应由教者绘制,以便提示。

六、本书于三十一年三月初版,经呈奉教育部字第四○四九八号指令,准予修正,充作本省小学乡土补充教材之用。

从整体内容的组织上看,依然延续了上一个时期以单元为架构的组织形式。以第一册(供三年级用)为例,第一册由现况、交通、文化、物产、先贤和古迹和大城市6个小单元组成,每个小单元中选取具有代表性的内容,具体如下:

一、本县的现况
(一)我们住的地方(二)县政府(三)乡镇公所和保办公处

二、本县的交通
(四)城郊的交通(五)道路(六)河流(七)通讯机关

三、本县的文化
(八)教育机关(九)文化的进展

四、本县的物产
(十)主要的生产品(十一)出口货和进口货

五、本县的先贤和古迹
(十二)先贤(十三)古迹

六、本省的大城市
(十四)永安(十五)南平(十六)建瓯(十七)长汀(十八)

第三章 探索与定型——民国时期的乡土教材（1912~1948）

龙岩（十九）龙溪（二十）晋江（二十一）莆田

从具体内容的组织上看，每篇课文基本延续了"问题—正文—作业"的编撰形式。而这套教材独一无二的特点在于课文内容的组织。因为是福建省国民中心学校乡土补充教材，需要反映整个省的特点，而使用对象是全省各县，所以编者为了适应各地的具体情况，在教材正文的编写过程中就采用了"留空"的方式，如第一册第一课"我们住的地方"是如此组织的：

[问题]

(1) 本县的四面和四面地方接界？
(2) 本县面积一共有多少方公里？
(3) 本县哪一座山最高？哪一条河最长？

我们住的地方，是在　　省　　县。

本县的四面和　　　　等地方接界。

本县南北长约　　公里；东西宽约　　公里；面积约有　　方公里。

本县最大的山脉是　　；最大的河流是　　。

(作业) 调查学校所在地的地理形势。

又如第三课"乡（镇）公所和保办公处"：

[问题]

(1) 乡（镇）公所和保办公处做的是什么事情？
(2) 本乡（镇）的乡（镇）长和本保的保长是由哪些人充任？
(3) 乡（镇）长和保长是怎样产生的？

我们　　乡（镇）的乡镇公所，设在　　地方。

乡镇公所内设民政、警卫、经济和文化四股，协助乡镇长处理乡（镇）内各项事情。

我们　　保的保办公处，设在　　地方。

保办公处设干事　　人，分掌民政、警卫、经济、文化等工作。

乡（镇）公所和保办公处，都是地方自治的实施机关，正副乡（镇）长和保长，是分别由乡（镇）民代表会和保民大会，选举合格人员充任。

(作业)

调查本县各乡（镇）和本乡（镇）各保名称，列一简单的表。

总起来看，这套教材结构相对完整，内容随着学习年级有所加深和扩展，文前有问题，文后有习题等。但是为了适应不同地方的教学而采用这种"留空"的方式编撰乡土教材的做法，就笔者目力所及，这是前无古人、后无来者的。这种教材当然有一定的好处，一方面是可以让各县根据实际情况来"填空"，也就是适应不同地区的需要；另一方面，对加深空内内容的识记也是有一定的帮助的。但是，既然是全省的乡土补充教材，那么，在应该如何抽条出全省的精髓和特点，以适应全省内儿童的使用方面，教材还是未能有效的把握。

四、民国最后的乡土教材

小学高年级适用《广州市乡土教材》（全1册）（如图3-6）于抗战结束后的民国三十六年（1947年）出版。该书由许培干、钟旭元编辑，祝秀侠校订，光天印务公司印刷出版，供高级小学五六年级或初中一年级师范学校及民众学校补充教材之用。教材封面印有"广州市政府教育局审定"字样，封底印有"本教材奉准广州市政府教育局三十六年一月教二甲字第三九一六号训令通饬本市各公私立小学第五六年级采用"字样。该教材出版于民国后期，属于民国政府结束前较具代表性的乡土教材，民国乡土教材的发展到此时已接近尾声。

图3-6 许培干、钟旭元，小学高年级适用《广州市乡土教材》（全1册），1947年

该书编者许培干、钟旭元皆是中学校长出身，后来转向教育行政，而为该书作序和校订的则是当时广州市教育局局长祝秀侠[1]。在祝的序言中介绍了该书的特点和著述的缘由：

> 许钟二君，既编定广州市乡土教材，将以付梓，示余请序。二君从事教育十余年，战乱流徙，未尝或渝。许君在粤，主持庚戌中学，钟君在桂，主持阳朔中学，成绩斐然，皆有所建树。胜利之后，重聚于羊垣，许君助余主理市教育行政，钟君督学省教育厅，编广东教育月刊。每相与叹今日青年教育程度之低落，以为救治之道，必自根本始。于是合编乡土教材，首述自然环境，使初学者，了然于己身所处之地理背景，更述乡贤之能，树立民族气节，或足以代表一时代之文化者，以授学子，庶几启迪幼稚之心灵，于学于教，将可以收无穷之效也。余受而读之，有同感焉。乃为之序而归之。

该书包括共有正文33课和附录"羊城的传说"，内容基本涵盖了在1942年国民教育工作检讨会议后颁发的《地方教材编选办法》中提及的历史、地理、名胜、政治、经济等内容。具体如下：

一、位置；二、境界；三、地形；四、水陆交通工具；五、生活资料；六、天时；七、春天的候鸟；八、广州特有的花果（上）；九、广州特有的花果（中）；十、广州特有的花果（下）；十一、动物过冬的方法；十二、风云雾露和霜雪；十三、市政（附系统表）；十四、学校；十五、中山纪念堂和纪念碑；十六、中央公园；十七、黄花岗；十八、珠海桥；十九、罗岗洞；二十、漱珠岗；二一、荔枝湾；二二、越秀公园镇海楼；二三、广雅中学；二四、大通寺；二五、白云山；二六、光孝寺；二七、六榕寺；二八、陈澧；二九、朱次琦；三十、

---

[1] 祝秀侠（1906~1986），原名庚职，字佛朗，广东番禺人。早年入广东大学（中山大学前身）、上海复旦大学，毕业后在中学任教。1931年回广东任中山大学教授。1932年应聘为广西桂林师范专科学校教授，讲授文史课程。1937年回广州任广东省政府秘书。1938年任恩平县县长、国民党中央出版委员会委员。1940年任国民党中央海外部秘书。1943年任国民党中央党部秘书处文书处长，并兼任复旦大学新闻系教授。1945年任国民党中央监察委员，广州市政府秘书长。1946年任广州市教育局长。1950年去台湾，任台湾国民党当局"教育部"特约编纂，"侨务委员会"主任秘书、顾问。1979年任华侨协会总会秘书长，1986年9月病故。著有《秀侠诗草》《灰余集》等，见：佟建寅. 台湾历史辞典 [M]. 北京：群众出版社，1990：374.

屈大均；三一、康有为；三二、陈子壮；三三、伦文叙；三四、附录

从该书的编撰依据来看，虽然抗日战争已经结束，但是该书编撰的依据依然是1942年的课程标准，以及在1942年国民教育工作检讨会议后颁发的《地方教材编选办法》，这说明抗日战争结束后，乡土教材领域的政策并未跟进。编者在其书"凡例"部分对教材特点作了如下概况："1. 地理环境自然现象之叙述力求其简明概括，免使教者生不易寻书参考之感。如叙述候鸟之徙移，动物之冬眠皆本生物学上新原理，以为解说之根据。2. 天象气候经济生活，交通工具多採现实材料。3. 花鸟名胜着重特殊者。4. 乡贤则着重于民族英雄及可以代表一代文化者。"❶

但是在笔者看来，该教材还存在一些问题，最为明显的是，整本教材前后均无习题，没有相关资料和提示，这在内容完整性上存在一定缺陷。此外，如果真如编者所言，教材的使用对象是"小学五六年级或初中一年级师范学校及民众学校补充教材之用"，那么教材难度定然是偏低的。光就字数来看，平均每课约200字左右（含标点符号），字数较少，且各课长度相差太大，第一、二课仅约60字，而第八、九课内容又太多，约300～500字，这既不利于教师安排讲授，也不利于学生的学习。当然，教材并非一无是处，它内容较为精炼、涉及面较广、行文流畅，且对历史人物的评价较为客观，这些都是教材的优点。例如在写道"康有为"时是这样描述的：

康有为，南海人，号长素，所居曰万木草堂，聚徒讲学于其中。登光绪进士第，官工部主事，曾上皇帝万言书。刚好德宗愤恨甲午一役的失败，锐意图强，屡召有为，议革新朝政。诏加谭嗣同、杨锐、林旭、刘光第，四品卿衔，使充军机，参与新政。而以有为主管书局事，以避守旧大臣的指摘。当时，袁世凯练兵小站，有为邀请他率兵驻颐和园，威齐太后，不使干政。袁竟告变，使太后震怒，诛杀有为的同党六人，即所谓戊戌政变六君子。皇上指导事泄，诏有为远遁，仅以身免。有为在海外，与梁启超辈设保皇会，号保皇党，然终不能挽救清室的危亡。

---

❶ 许培干，钟旭元. 广州市乡土教材［M］. 广州：光天印务公司，1947.

但在政治上的改革运动和学术上大胆地怀疑古人，却受到很大的效果。

由此可以看出，作者对康有为的评价是较为客观、中立的，对他政治上的作为并未完全否认，甚至还抱有同情之心，并对他的学术成绩进行了积极的肯定。但是由于前面提到的这些既有的不足，使得这套教材并未成为民国乡土教材中的上品。

小　　结

民国乡土教材经历了一个跌宕起伏的过程。1911~1927年，民国乡土教材处于一个沿袭与过渡的阶段，在民初的一段时间内，一方面沿袭了清末乡土教材编撰的一些做法，甚至编撰的依据都还是清末的《乡土志例目》，之后开始根据1922年的"新学制"要求，编出了诸如《冀县·新乡土教科书》的新教材，以适应当时教育发展的需要。

1928~1936年，民国乡土教材经历了一个高唱入云的时期。1927年南京国民政府成立后，励精图治，希望在教育领域有所革新，开始重新重视乡土教材的编撰。从1928年第一次全国教育会议上出台的关于乡土教育的提案——《乡土教材补充读物编撰条例》，到1929年《小学课程暂行标准》中关于乡土内容的规定，再到1930年第二次全国教育会议对乡土内容的提倡，最后到国家和地方对乡土教材政策的积极回应，各地都开始积极出台乡土教材的编撰条例，通过各种途径收集乡土教材资料，编撰乡土教材，加之这一时期社会较为安定，外患还未全面爆发，一时间，乡土教材进入了一个前所未有的繁荣时期。乡土教材于这段时间里实现了编写文体由文言文向语体文的转变，有了诸如1930年的《最新语体·福建全省乡土教科书》的出现。乡土教材也在这一时期开始逐渐定型，教材结构开始趋向完整，1936年的《无锡乡土新教材》就是这方面的典型代表。

1937年抗日战争全面爆发，全社会的视线都投到抗战上来，乡土教材的编撰受到了较大影响。而就国家层面来说，因为对乡土教材抱有着它能唤起民族精神，实现救亡图存的希望，因此南京政府急切地呼唤乡土教材，如1938年《战时各级教育实施方案纲要》特别强调乡土教材的使用；1941年小学国语和常识课程标准单独列出乡土教学内容；

1942年的国民教育工作检讨会议单独提出了《关于各省市收集或编辑地方教材办法》，由此可见国家对乡土教材之重视，无奈抗战在即，加之运输困难，设备缺乏，因此即使主观上强调重视，客观上也很难落实，导致这一时期虽然出版了一些乡土教材，但是大多是修订重版，且较前期并未有所突破。

1945年抗日战争结束之后，内战纷争再起，由于没有了亡国的危机，加之内战不停，乡土教材的重要性骤减，又因为其本身是补充性质的学习材料，因此，在既无急切的需要性，又无可能性的情况下，乡土教材的编撰与出版走向了低谷。

第四章　发展与转型
——新中国成立后的乡土教材
（1949 至今）

我们将新中国成立后的乡土教材发展分为三个大的时间段，第一个时间段是新中国成立后到"文革"开始前的十七年（1949~1965）；第二个时间段是"文革"十年（1966~1976）；第三个时间段是"文革"结束后至今（1977至今），其中第三个时间段内又划分为三个小段。之所以如此划分是因为各个时间段乡土教材的发展有较明显的差异。

第一节　从过渡到规范：新中国成立十七年乡土教材的发展（1949~1965）

一、乡土教材的缓慢过渡

在新中国成立后的一小段时间里，中、小学教材尚来不及统一编写，教科书的来源多种多样，乡土教材的发展也未走上正轨。1949年9月，《中华人民政治协商会议共同纲领》提出了"人民政府应有计划、有步骤地改革旧的教育制度、教育内容和教学法"。❶ 该纲领明确了新中国教育事业发展的方针和政策，即在原有基础上对旧的教育制度、教材等内容进行适当改造。在这样一个过渡时期，改造或者使用教科书的来源主要有三部分："一部分是继承和改编老解放区的教科书，还有一部分是沿用和改造民国时期的教科书，另外还有一部分是引进和编译苏联的教科书。"❷

以上情况并未持续多久，教育主管部门就逐步实现了对教科书的规整。1950年8月，教育部颁布《小学各科课程暂行标准（草案）》和《中学暂行教学计划（草案）》，以此作为教育和教科书编写的临时纲要。1950年9月召开的全国出版会议上明确了全国中小学教材统一供应的方针，1950年12月人民教育出版社成立，负责重编全国中小学教材，明确了教科书的编写机构。1951~1952年，国家陆续公布了《小学暂行规程（草案）》《中学暂行规程（草案）》等文件，同时统一了

---

❶ 中华人民政治协商会议共同纲领 [M] //瞿葆奎. 教育学文集·中国教育改革. 北京：人民教育出版社，1991：3-4.
❷ 石鸥，方成智. 中国近现代教科书史 [M]. 长沙：湖南教育出版社，2012：5.

教科书售价，成立了教科书出版发行委员会，在一系列前期工作的基础上，开启了中华人民共和国的教科书统编之路。在1951～1953年间，人民教育出版社陆续出版了其称之为"第一套"统编的全国通用中小学教科书，"这套中小学教科书共40种，91册，它基本是从老教科书改编或修订而来，且修订幅度并不很大，带有明显过渡性质，但是也奠定了中小学教科书'大一统'的基础"❶。

到1954年，人民教育出版社代教育部拟定了十二年制中小学教学大纲，并开始编写中小学教学用书，1956年秋季该套教材在全国陆续使用，"这套教科书包括学生用书41种97册，教学参考书23种69册，它是第二套全国通用的中小学教科书，同时也是第一套人民教育出版社真正自编的教科书"❷。通过几年的努力，主流教科书的编写已经初具规模，发展步入正轨，基本解决了全国使用统编教科书的问题。而直到此时，主流教科书的编写与发展依然是国家教育部门考虑的重点，编写高质量的、全国通用的统编教科书是教育领域的头等大事，而作为支流的乡土教科书并不是教育主管部门关注的重点，此时的乡土教材发展处于一个过渡时期，是国家和地方教育主管部门考虑的真空地带。从国家图书馆、北京师范大学图书馆以及民间一些教科书收藏机构所收藏的乡土教材来看，在1949～1956年间出版的乡土教科书数量极少，这也是当时乡土教材发展停滞的佐证。到1957年后，教科书编写的权限开始下放，代表地方性特色的乡土教材开始引起重视，并逐步走上制度化发展的道路。

二、乡土教材编写的制度化

1957年3月7日，毛泽东和天津、山东、江苏等七个省、市教育厅局长座谈中小学教育问题，其中参加会议的有文化部副部长钱俊瑞、中宣部副部长张际春、教育部副部长董纯才及与会各省、市教育厅（局）负责人。毛泽东在谈话中提出：全国统一教学计划是否合适？江苏和湖南情况就不一样。"戴帽子"（小学附设初中班）这种办法还是好办法，

---

❶ 石鸥，方成智. 中国近现代教科书史［M］. 长沙：湖南教育出版社，2012：52.
❷ 石鸥，方成智. 中国近现代教科书史［M］. 长沙：湖南教育出版社，2012：56.

先进经验。农民子女就近上学方便,将来毕业后好回家生产。课程不要那么多、那么高,要砍掉一半,只要入门就行了。要加强政治思想教育,每个省要有一个宣传部长,一个教育厅长管思想教育工作,要抓思想领导。初中、高中加政治课,编政治课本。教材要减轻,课程要减少,古典文学要减少。其中尤其针对乡土教材,他提出:"教材要有地方性,应当增加一些地方乡土教材。农业课本要由本省编。讲点乡土文学。讲自然科学也是一样。省、地、县三级第一书记要管教育,不管教育的现象是不容许的。"❶

根据 1957 年毛泽东的指示精神,1958 年 1 月 23 日,教育部颁发《关于编写中小学、师范学校乡土教材的通知》,这是新中国成立后第一个专门针对乡土教材编撰的国家层面文件,直到此时国家教育主管部门才正式开始全面关注乡土教材的编撰,可以说,这一文件的发布对新中国成立后乡土教材的发展具有重大的意义。1958 年的《关于编写中小学、师范学校乡土教材的通知》是继 1905 年清末部编《乡土志例目》和 1942 年民国政府颁发的《关于各省市收集或编辑地方教材办法》以来的又一个关于乡土教材的国家性纲领文件,民国时期虽在第一次全国教育会议中有专门针对乡土教材的提案,但是国家层面专门为乡土教材发文,却是 1942 年的事情了,但 1942 年的文件较为简略,仅做了框架性的要求。而 1958 年的《关于编写中小学、师范学校乡土教材的通知》详细规定了乡土教材编撰的科目、教学要求、选材范围、学习时间等,对规范当时乡土教材的编写和使用起到了指引作用,用如今较为时髦的话来说,就是对当时乡土教材的发展做了"顶层设计"。1958 年颁发的《关于编写中小学、师范学校乡土教材的通知》是新中国成立后乡土教材发展制度化的保障。

1958 年 8 月,中共中央和国务院又发布了《关于教育事业管理权下放问题的规定》,指出今后教育部的任务之一是"组织编写通用的基本教材、教科书",但"各地方根据因地制宜、因校制宜的原则,可以对教育部和教育主管部门颁发的各级各类学校指导性教学计划、教学大

---

❶ 当代中国研究所. 中华人民共和国史编年·1957 年卷 [M]. 北京:当代中国出版社,2011:151-152.

第四章 发展与转型——新中国成立后的乡土教材（1949至今） // 137

纲和通用的教材、教科书，领导学校进行修订补充，也可以自编教材和教科书。"❶ 由此，在《关于编写中小学、师范学校乡土教材的通知》和教育权力下放的大背景下，掀起了一股编写乡土教材的热潮，造就了新中国成立后乡土教材发展的第一波小高潮。

1959年3月20日，教育部颁发了《教育部党组关于编写普通中小学和师范学校教材的意见》，该意见对1958年教材编写权力下放的做法进行了反思，认为有必要将通用教材的编写权力收归教育部，而其他种类的教材依然可以由地方负责编写。乡土教材当时属于补充性质的教材，编写权力依然下放到地方，该意见提出，"教育部负责编写通用教材供各地采用，地方可以因地制宜地加以适当变动，并且编写补充教材和乡土教材"❷。在讲到中央和地方在教学编写分工时再次指出，"教育部在编写通用教材的时候，应该计算所需要的教学时间，留出适当的课时，让地方增加适合当地需要的补充教材和乡土教材。补充教材和乡土教材所占的比重，在指导性教学大纲中规定"❸。该意见还指出，各省、市、自治区负责编写的教材包括"普通中小学和师范学校的时事、政策、劳动、音乐、体育、美术等教材；各种补充教材，乡土教材和教学参考书；农业中学、职业学校和业余学校等的教材；试验新学制所需要的教材……少数民族地区也可以根据本民族、本地区的情况，编写补充教材和乡土教材"❹。该文件再次明确了教育部和地方的权限，以及乡土教材的归口单位，这有利于乡土教材的编写。

三、乡土教材的具体编撰情况

以1958年的《关于编写中小学、师范学校乡土教材的通知》和

---

❶ 中央教育科学研究所. 中华人民共和国教育大事记［M］. 北京：教育科学出版社，1984：228.
❷ 中共中央文献研究室. 建国以来重要文献选编（第十二册）［M］. 北京：中央文献出版社，1996：347-351.
❸ 中共中央文献研究室. 建国以来重要文献选编（第十二册）［M］. 北京：中央文献出版社，1996：347-351.
❹ 中共中央文献研究室. 建国以来重要文献选编（第十二册）［M］. 北京：中央文献出版社，1996：347-351.

1959年的《教育部党组关于编写普通中小学和师范学校教材的意见》为根据,这一时期涌现出了大量各种各样的乡土教材。包括中小学农业常识、地理、历史、音乐、文学、语文等。从具体内容选择上看,"历史"包括本地的人民革命斗争史实、重大的历史事件、历史人物和历史文物等;"地理"包括当地的位置、自然条件、居民、经济概况和当地的重大建设、规划远景等;"音乐"以反映当地人民革命斗争和生产建设的民间歌曲为重点;"文学和语文"大多是反映当地人民革命斗争、生产建设和描写革命英雄、劳动模范、山川名胜的文学作品。从编写权限来看,中学、师范的乡土教材由省、市教育厅、局负责编选;小学的由县、市教育科、局或专署教育科负责编选,或由县、市提供材料后由省、市审订。中学、师范学校一般学习省、市范围内的乡土教材,而小学一般学习县、市或专区的乡土教材。从教学时间来看,高小的历史、地理每学年4~9课时,初中和师范学校每学年4~6课时;音乐每学期4课时;文学和语文每学年共8课时(以分散插入教学较好)。而在这一时期,乡土教材尤其突出是统编教材的"补充资料"性质,如1958年邯郸市教育局编写的《小学乡土教材》(如图4-1),其"前言"中提到:

图4-1 邯郸市教育局,《小学乡土教材》,1958年

为补充全国统一教材的不足,使教学内容更加丰富生动、具体,密切结合实际情况,以加强学生思想政治教育和提高知识质量,编写了供我市高小五、六年级教学用的乡土教材,初稿八篇:语文:左权将军的幼少年时代、王立纲、誓词、业台游记。历史:平汉战役、左权将军、

百家村惨案。地理：新兴的工业城市——我们的邯郸市。从本学年下学期开始讲授。六年级一学年讲完，五年级二学年讲完。❶

1958年邯郸市教育局编写的《小学乡土教材》仅8课，共18页。每页约有500字。属于综合性的乡土教材，包括了语文、历史、地理三科的内容。但是就笔者看来，这本乡土教材就像一本资料汇编，既未体现邯郸的特点，也没有完整的内容结构、提问和辅助性资料，可以说是由一版版密密麻麻的文字和一张邯郸市的地图构成。这种乡土教材能起到多大的辅助作用实在不好评论。

又如1958年河北省教育厅教研室所编的初中一、二年级乡土教材《历史》，其"说明"提到：

> 初中历史乡土教材，是初中中国历史课本的补充教材，它是根据历史教学大纲的要求，对照历史课本的内容而编写的，它不是自成系统的全面的河北省地方志材料。所以在历史课本中已有的史实和对史实的分析，这里就不再重复。与历史课教学大纲所要求的原则关系不大的史实这里也不作叙述。
>
> 由于历史乡土教材，是对历史课本的补充教材，各校在进行教学时可以穿插在历史课本有关的单元之内，至于是穿插在有关单元之前，或之间，或之后，或分散地穿插在各节里，均由授课教师自己安排，不能做统一规定。
>
> 初中历史乡土教材共12部分（古代史5部分，近代现代史7部分），结合中国古代史和中国近现代史供初中一、二年级两个学年之用，可以12个课时讲完。12个课时不一定平均使用。古代史部分必要时可以删掉或精简，以减少课时。近代现代史材料较多，本着厚近薄远的精神，对近代史部分也可以做适当的删减。
>
> 各校教师进修教学时，不必为这个教材所限制。仍应在当地党的领导下，根据访问、调查、研究的结果，编成当地的历史乡土教材进行讲授，使历史课的乡土教材更生动、具体、亲切、更富有乡土特色。❷

---

❶ 邯郸市教育局. 小学乡土教材［M］. 1958.
❷ 河北省教育厅教研室所. 历史［M］. 石家庄：河北人民出版社，1958：说明.

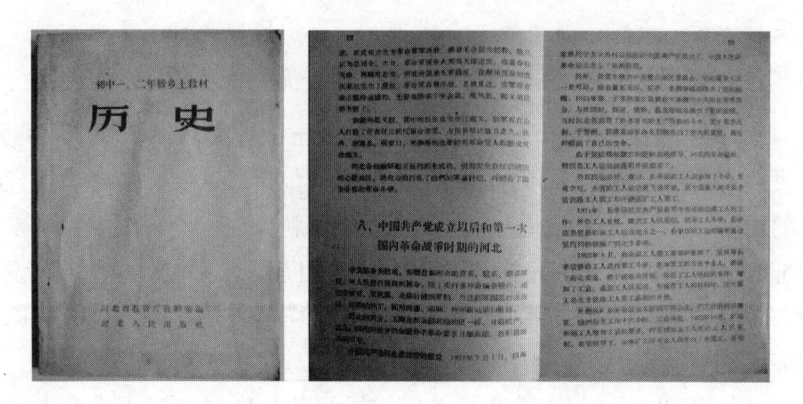

图 4-2　河北省教育厅教研室，初中一、二年级乡土教材《历史》，1958 年

这本初中一、二年级乡土教材《历史》按照时间线索编排了战国时期的燕赵、两汉时期的河北农民战争，隋唐时期河北的经济和文化，宋元时期河北人民的抗敌斗争，明清时期河北人民的反抗斗争、义和团在河北的发展和壮大，辛亥革命时期河北人民的革命斗争，中国共产党成立以后和第一次国内革命战争时期、第二次国内革命战争时期、抗日战争时期河北人民的斗争（上）、抗日战争时期河北人民的斗争（下）、第三次国内革命战争时期河北人民的革命斗争 12 课内容，共计 1.6 万字。全书没有插图、注释、习题作为补充资料使用，编者的基本思路就是找出各个历史时期的河北省情况，然后将近代河北内容，尤其是共产党成立之后在河北的活动编入教材，但编写质量并不太高。

这一期乡土教材编撰的主要原因是，统编教材无法适应各地区的需要，也就是《关于编写中小学、师范学校乡土教材和通知》第一段指出的"教学乡土教材，可以补充全国统一教材的不足，使教学内容能更密切地结合地方实际情况，适应我国地区辽阔、情况复杂的特点"。鉴于此，抽出一小部分课时（基本在 10 课时以内）来结合当地的情况进行乡土教材讲授，并且根据这一思路来编写与本地区有关的历史、地理、语文等乡土教材，以作补充。从这一点上来，乡土教材的地位是有所削弱的，对乡土教材的认识高度也是较建国前有所降低，而且从当时所编写的乡土教材的纸张、印刷上看，有些乡土教材印刷十分模糊，让人难以辨认，这都是此阶段乡土教材之不足之处。

当然，在《关于编写中小学、师范学校乡土教材的通知》和《教育部党组关于编写普通中小学和师范学校教材的意见》的总框架下，乡土教材获得了一个较大的发展，作为必须编写的补充教材，其出版的数量巨大。例如1958年6月3日，广西壮族自治区教师进修学院就编写了中等学校历史课乡土教材——《可爱的广西壮族自治区》，当年10月由广西壮族自治区人民出版社出版，73千字，印数1万册[1]，而河北的初中《历史乡土教材》初版的印数就达到了46.5万册，这在以前是从来没过的。此外就是字数方面有了巨大的突破，这一作用是双面的，一方面字数增加有利于为学生提供更多的信息，但是另一方面，字数过多可能影响学生的学习效果。除上述两本乡土教材外，这一时期的乡土地理教材还有：贵州省教师进修学校编《贵州地理》（1958年）、上海市教育局编《上海市乡土地理教材》（1958年）、湖南省教育厅教学研究室编《湖南省地理》（1958年）；乡土历史教材有：山东省教育厅编中等学校适用《山东乡土历史教材教学参考书（近代史部分）》（1958年）、湖南省教育厅教学研究室编《湖南近代革命史简编》（1958年）、山西省教育厅编《初级中学历史》（1958年）、河北省教育厅教研室编初中一、二年级乡土教材《历史》（1958年）等；除乡土地理、历史外，还有一些乡土语文、乡土植物学、乡土音乐以及综合性乡土教材等，如湖南省教育厅教学研究室编小学五年级《语文乡土教材教学参考资料》（1958年）、广东省教育厅编高中一年级适用《广东省中学语文乡土教材》（1958年）、邯郸市文教局编小学《乡土教材》（1958年）等。不过由于时间仓促，当时的乡土教材也有拼凑之嫌，如当时有人指出，1958年的广西乡土教材就是"大多从报刊上选辑有关文章，暂时作为教师讲授乡土教材的一本参考资料和学生的课外读物"[2]。

1959年以后，乡土地理教材有山西省教育厅编初级中学地理《乡土教材》（1959年）、辽宁省教师进修学院编《辽宁地理》（1959年）、河南省教育厅编《河南省地理乡土教材（试用本）》（1959年）、江苏

---

[1] 广西乡土历史的说明［M］//陈业强.历史研究论文集.香港：天马图书有限公司，2003：335.

[2] 广西乡土历史的说明［M］//陈业强.历史研究论文集.香港：天马图书有限公司，2003：335.

铜山县文教局编《乡土地理教材》（1959年）、江苏徐州市教育局编《乡土地理教材》（1959年）、河北省教育厅教研室编初级中学乡土教材《地理》（1959年）、辽宁省教师进修学院编初级中学乡土教材《辽宁地理》（1959年）、内蒙古自治区教育厅教研室编中学《乡土地理教材》（1960年）等；乡土历史有：广东省教育厅编《历史乡土教材（试用本）》（1959年）、河南省教育厅编《乡土历史教材（试用本）》（1959年），这些乡土教材在"文革"前主要通过再版来调整内容，例如1961年浙江教育学院编浙江乡土历史教材初中《中国历史》（共3册）1962出版第一、三册的第二版，1964年出版了第二册的第二版，1965年出版第一、二、三册的第三版，这样就一直使用到了"文革"前。除乡土地理、历史外，还有一些乡土语文、乡土植物学、乡土音乐等，如河南省教育厅编《语文乡土教材（试用本）》（共3册）（1959年）、贵阳市教育局编《语文乡土教材》（1960～1961学年度第一学期高中二年级用）（1960年）、陕西省教育厅编中学乡土教材《音乐》（全1册）（1959年）、四川省教育厅编初级中学课本《植物学乡土教材（试教本）》（1963年）等。

　　总之，新中国成立后十七年的乡土教材涉及的面很广，包括初中的农业基础知识，小学的农业常识，师范和中小学的历史、地理、音乐，师范、中学的文学和小学的语文等乡土教材。而学习者包括小学、普通中学生以及师范生，但是由于乡土教材作为补充教材，课时很少，均在10课时以内，且大多穿插在主要科目中学习，所以这一时期的乡土教材在内容方面都非常单薄，甚至有些小学乡土教材就10来页的内容，初中或高中的乡土教材也就20～30页的内容（但是单课内容字数非常多），仅仅从容量上看，乡土教材确实是"补充"，很不起眼。一直到1966年文化大革命之前，1958年的《关于编写中小学、师范学校乡土教材的通知》都作为编写乡土教材的依据。但另一方面，此时的乡土教材与民国时期的乡土教材相比，涉及的科目进一步增多，涉及的年级进一步升高，延伸到了全部中小学阶段，且乡土教材中重点强调和宣传救亡图存和爱国爱乡思想的内容明显减少，而乡土教材作为主要科目内容学习的"补充材料"的性质尤其凸显出来。由此，乡土志已经退出历史舞台，不作为乡土教材使用，完成了它的历史使命，而文字排版也改为了横排。

第四章　发展与转型——新中国成立后的乡土教材（1949至今）　　// 143

第二节 "教材要有地方性"："文革"时期最高指示下的乡土教材（1966~1976）

图4-3 "文革"时期的部分乡土教材

一、"教材要有地方性"的最高指示

1966年6月13日，中共中央、国务院在批转教育部党组《关于1966~1967学年度中学政治、语文、历史教材处理意见的请示报告》时批示："中学所有教材、没有以毛泽东思想挂帅，没有突出无产阶级政治，违背了毛主席关于阶级斗争的学说，违背了教育方针，不能再用。这些教材未印的均应停止印刷，已印过的也要停止发行。中学历史课暂停开设；政治和语文合并，以毛主席著作为基本教材，选读文化大革命的文章和革命作品。教育部应积极组织力量，重新编写中学各科教材，包括小学教材。不论高小或初小都要学习毛主席著作，初小各年级学习毛主席语录，高小可以学'老三篇'，以及其他适合小学生思想政治水平和语文程度的一些文章。"以此揭开了全面否定原有教材的序幕。在1966~1967年初开始停课闹革命，毛泽东著作取代教材，此期间无乡土教材可言。

1967年3月7日,《人民日报》发表社论《中小学复课闹革命》,号召"中小学革命师生,响应党中央的号召复课闹革命"❶。当时小学复课早一些,中学要稍晚。(小学复课早于中学复课一年,小学一般在1967年下半年基本复课)小学课本集中在1967~1968年发行,中学课本则集中在1967~1969年出版发行。中、小学复课后,停止执行《全日制中、小学教学计划》,以学习毛主席著作为主,以生产劳动为基础课。在小学,设有政治、语文、算术、革命文艺、军事体育和劳动等课程;中学设政治、工业基础知识、农业基础知识、革命文艺、军事体育和劳动等科,取消了文化课,废除了考试制度。这一时期开始零星出现一些乡土教材,但是规模不大。

1967年12月7日,中共中央、国务院、中央军委、中央文革小组共同发起出版了《毛主席论教育革命》,这本书收录毛泽东1927年后关于教育工作的书信、语录等共51条。中央在通知中说,"这本书是进行无产阶级教育革命的伟大纲领,各地要立即在学校中掀起一个学习和执行这一伟大纲领的群众运动,各地开始积极响应",12月15日,中共中央、国务院、中央文革小组批转吉林省军区《报请中央批示的几个教改中的实际问题》时批示:"目前,大、中、小学校的根本任务,是根据《毛主席论教育革命》中所阐明的教育革命思想,复课闹革命,搞好革命的大批判,搞好革命的"大联合"和革命的"三结合",搞好本单位的斗、批、改。"❷《毛主席论教育革命中的言论》成为整个"文革"时期乡土教材编撰的最高指导思想,其中一条是"教材要彻底改革",另外一条是"教材要有地方性,应当增加一些地方乡土教材"。之后这两点关于编写乡土教材的最高指示贯穿整个"文革"时期,大部分的乡土教材在其编后说明中都会提到这两条内容。

二、各地自编乡土教材遍地开花

1968年后开始号召贫下中农自编新教材,乡土教材势头兴起。正

---

❶ 中小学复课闹革命 [N]. 人民日报. 1967 – 3 – 7.
❷ 张晋藩, 海戚, 初尊贤. 国史大辞典 [M]. 哈尔滨: 黑龙江人民出版社, 1992: 636.

如在《崂山县乡土教材选编》的"后记"中引用到,"在毛主席的无产阶级教育路线的指引下,由贫下中农自编新教材,登上讲台讲课,这是一种革命的创造。为了使贫下中农自编乡土教材这个新生事物更加茁壮地成长,我们希望通过这本小册子引起全县中农和革命师生更广泛的重视"❶,这是当时乡土教材编撰的目的之一。另外,1968年后形成了"文革"时期较为稳定的学制形式"5-2-2"制,将小学6年—初中3年—高中3年,改为小学5年—初中2年—高中2年。由于学制改革,以及为了适应"文革"日益变化的政治风向,这一时期各省都开始对前一阶段的教材进行修订或者重编,重编的指导思想依然是毛泽东关于教材要有地方性的指示。

乡土教材·语文(初中用) 编后说明❷

一、遵照毛主席"教材要有地方性,应当增加一些地方乡土教材"的伟大教导,我们广泛征求了工农兵和革命师生意见,编写了这套乡土教材,以适应当前革命的需要。

二、本教材分小学(四、五年级)、初中、高中三册,每册课文供两个学年之用。各校使用时,可进行适当选择,每个学期可选用二、三课。各校也可结合当地情况自编一部分乡土教材。

三、由于我们活学活用毛泽东思想不够,加上经验缺乏,时间仓促,缺点错误在所难免,希望广大工农兵同志和革命师生批评指出。

海南区教材编写组
一九七〇年六月

佛山地区中学辅导材料·地理(乡土部分) 编后说明❸

为了进一步落实伟大领袖毛主席关于"教材要有地方性,应当增加一些地方乡土教材"的指示,以适应无产阶级教育革命日益发展的新形势,在地区革命委员会的领导下,在广大工农兵群众的指导和革命师生

---

❶ 崂山县贫代会教育革命领导小组. 崂山县乡土教材选编 [M]. 崂山县贫代会教育革命领导小组, 1969.

❷ 海南行政区教材编写组. 乡土教材·语文(初中用) [M]. 海南行政区新华书店发行, 1970.

❸ 佛山地区教材编写组, 佛山地区中学辅导材料·地理(乡土部分) [M]. 佛山地区新华书店, 1971.

的支持下，我们续编了这册中学地理辅导材料（乡土部分），供我区中学各年级试用。

根据我区当前教育革命实际和本书的辅导材料性质，各校可根据实际需要自行安排学习时间和方法。

编写无产阶级地理辅导材料是一项新的工作，我们正处在摸索和尝试过程中，由于我们活学活用毛泽东思想不够，难免有缺点、错误，殷切希望广大工农兵群众和革命师生提出意见和批评，以便进一步改造。

佛山地区教材编写组
一九七一年三月

1968年后各地开始出现大量各种名目的乡土教材，如乡土识字课本、乡土语文、乡土地理、乡土文学等。编写者有地方教育局、公社、教材编写组，甚至还有生产大队，使用范围涉及从小学到高中的所有学生。乡土教材内容的来源有群众投稿、领导人的讲话稿、报纸杂志摘抄等诸多类型。如1974年的株洲市郊区乡土教材《语文》的来源就是文件选编和报纸摘抄：

株洲市郊区乡土教材·语文 编后记❶

在毛主席革命路线指引下，我区各附中广大师生，遵循毛主席"文科要把整个社会作为自己的工厂"教导，实行大小课堂相结合，联系我区三大革命运动实际，写出了一批可喜的习作。我们从一九七三年的习作中选取了七篇，编印成册，作为向毛主席"五七"指示发表八周年的献礼。

毛主席指示我们："教材要有地方性，应当增加一些地方乡土教材"，为此，我们还从报纸上选取了二篇反映我区面貌的文章，合编在一起，推荐给区属各附中，作为语文乡土教材。希望各校师生着重领会毛主席关于开门办学的指示精神，结合教学实际，选学部分文章。有关练习部分，请各校按实际需要自行设计。

由于我们水平有限，所选的习作在思想内容和语言文字上，缺点错

---

❶ 郊区教科卫乡土教材编写组. 语文 [M]. 1974.

第四章　发展与转型——新中国成立后的乡土教材（1949 至今）　　// 147

误一定不少，欢迎大家批评指正。

郊区教科卫乡土教材编写组
一九七四年二月

在这样一个狂热的年代，从毛泽东同志个人对教育的理解来看，他是十分重视乡土教材的，而整个"文革"十年，许多教材实际上已经乡土化，比如工农业基础知识等。我们从"莒南县高家柳沟村青年团支部创办记工学习班的经验"一文中，毛泽东同志所写的按语就能清晰地感受到当时他对教材改革的心情：

这个经验应当普遍推行。

……

要编这样两种课本。第一种课本应当由从事指导合作化工作的同志，帮助当地的知识分子，各就自己那里的合作社的需要去编。每处自编一本，不能用统一的课本。这种课本不要审查。

第二种课本也应当由从事指导合作化工作的同志，帮助当地的知识分子，根据一个较小范围的地方（例如一个县，或者一个专区）的事物和语汇，加上一部分全省（市、区）的和全国性的事物和语汇编出来，也只要几百字。这种课本，各地也不要统一，由县级、专区级或者省（市、区）级的教育机关迅速地加以审查。

做了这样两步之后再做第三步，由各省（市、区）教育机关编第三种通常应用的课本。中央的文化教育机关应当给这件事以适当的指导。

山东莒南县高家柳沟村的青年团支部做了一个创造性的工作。看了这种情况，令人十分高兴。

……❶

从上面这一段按语可以看出毛泽东当时救教育于危难的心情，以及如何逐步扫除文盲的思路，而整个过程其实就是从乡土教育起步，从身边的知识学习起步，教材的编撰也是以身边生活为中心，而且是以最实用的知识学习为中心，这跟乡土教材以本乡本土的知识组织编撰材料是

---

❶　吉林省五·七干校训练部. 毛主席重要指示［M］. 吉林省五·七干校训练部，1976：510-512.

不谋而合的，甚至毛泽东也有意地向这方面引导，因此"文革"时期的乡土教材很难像其他时期的乡土教材那样，凭借"乡土教材"几个字就能区分是否是乡土教材。

因为"文革"时期的教材编写权力完全下放、正规教育体系被完全打破，使所编的教材类型五花八门，另外，加上政治挂帅等明显的特点，导致许多研究者可能以偏概全，对此时期的乡土教材要么一带而过，要么全盘否定，最终导致对"文革"时期的乡土教材研究不够深入，研究成果极少，而"文革"时期的乡土教材与其他几个阶段相比确实有明显的不同。另外，这一时期由于大多乡土教材由各地自编，所以几乎没有出版社，只有编写和印刷机构。

三、"文革"时期乡土教材的特点

（一）政治挂帅

政治挂帅是"文革"时期所有类型教科书的特点。这一特点在乡土教材上同样表现得淋漓尽致。不论是乡土语文、乡土地理，还是乡土历史、乡土文学，政治话语极其浓厚，通过"课本的革命"形成了所谓"革命的课本"[1]，而政治话语和意识形态的强调是革命课本最显著的特征。

以看似意识形态不太浓厚的乡土地理教材为例：

图4-4　佛山地区教材编写组，佛山地区中学辅导材料
《地理》（乡土部分），1971年

---

[1] 段发明. 课本的革命与革命的课本［D］. 湖南师范大学博士学位论文，2012.

第四章　发展与转型——新中国成立后的乡土教材（1949至今）　　// 149

这本佛山地区中学辅导材料《地理》（乡土部分）是由佛山地区教材编写组于1971年3月编写的，供佛山地区中学各年级选用。该教材包括广东省和佛山地区两大部分内容，最后是附录，主要内容包括：

广东省：一、位置、面积和人口；二、自然环境（1. 地形；2. 热带、亚热带气候；3. 河流和海洋）；三、农业、工业和交通运输业（1. 迅速发展的农业；2. 初步形成的现代工业体系；3. 四通八达的交通运输）；四、香港、澳门

佛山地区：一、地理位置；二、地形；三、气候；四、河流和海洋；五、工农业概况（1. 农业；2. 工业）；六、交通运输

附：气候常识（1. 简易天气观测；2. 简易天气预报方法；3. 天气预报中常见的名词解释）；潮汐常识

从上面目录中的主要内容上看，似乎看不出多少政治挂帅的影子，但是看似平常中立的地理内容里，所采用的文字叙述方式却具有典型的政治挂帅特征，笔者摘抄一段该课本中"香港、澳门"的描述：

香港、澳门是帝、修、反
反对、破坏我国的桥头堡

……

祖国大陆解放后，美英等帝国主义、日本反动派、蒋介石匪帮，为了推行帝国主义的侵略政策、战争政策和仇视、破坏我国的方针，千方百计把香港、澳门经营为侵略我国的黑基地，破坏我国无产阶级专政的反动巢穴。近年来，苏修社会帝国主义也积极参加了这些罪恶活动。

帝、修、反把香港变成了最腐朽、最糜烂的资本主义社会，大肆贩卖资产阶级没落、腐臭的生活方式；大力鼓吹资产阶级唯利是图、享乐至上和自由化的黑货，并不断把这股妖风吹向内地，妄图侵蚀人民的灵魂，动摇人民的革命意志，使香港、澳门成为向我国发射糖衣炮弹、腐蚀群众的资本主义阵地。

……

香港、澳门是劳动人民的活地狱

在香港、澳门这个典型的资本主义没落社会里，劳动人民政治上受压迫，经济上受剥削，生活上牛马不如。而帝、修、反、地、富、资产

阶级却称王称霸，无所不为。

……

在港澳这个万恶的资本主义社会里，劳动人民饱受剥削和凌辱。他们虽然一年辛苦到头，但住的是贫民窟，穿的是破烂衣，吃的是猪狗食，从早到晚，为资本家卖命，过非人的生活。

……

上面这两段文字是很典型的政治话语，充满了民族仇恨和阶级对立，以极其夸张的方式陈述内容，在这种教材下熏陶出来的，一定是视资本主义国家为水火不容、视资本主义为仇人的下一代。现在的青年一代读到这些文字，肯定会觉得不可思议，甚至怀疑它的真实性。但是它真真切切地存在过，存在于我们"文革"时期的乡土教材里。这段文字真实地记录了那段历史，记录了那一段全社会失语的历史，记录了那一段自欺欺人的历史。同时也佐证了那一段疯狂革命年代里乡土教材的政治话语。乡土教材同样逃不过"帮凶"的命运。它值得我们永远警醒，时刻提醒我们不要重蹈覆辙。除了乡土地理，乡土语文、乡土文学的意识形态宣传、阶级斗争的话语就更加普遍了，以下是1969年石景山中学革命委员会自编的《乡土文学》教材的一篇课文"下乡第一课"：

图4-5　石景山中学革命委员会，《乡土文学》（第一册），1969年

第四章 发展与转型——新中国成立后的乡土教材（1949至今） // 151

下乡第一课

毛主席教导说："最干净的还是工人农民，尽管他们手是黑的，脚上有牛屎，还是比资产阶级和小资产阶级知识分子都干净。"到农村去，接受贫下中农的再教育，是我们知识青年的迫切愿望。

我带着这个愿望来到了生产队。生产队分配我的工作是倒粪。"倒粪"，我可真没想到，一个女孩子，怎么能干这样的工作呢？看看自己穿的鞋和裤子，又看看铁锹和粪坑，真不愿意下去，但又有什么办法呢？既然分配了，就先干吧！把裤子一挽，一咬牙，就跳进了粪坑。那臭味扑鼻而来，真是难闻极了，熏得我头发疼，眼睛花，更可恨的还是一些小飞虫，在我脸上、头上乱撞，顿时间，脸也感到臭了，站在那儿也不是，跳出粪坑，不干了的念头一闪而来。一起倒粪的贫农老大爷，看到我这种神情，就十分和蔼地同我交谈起来，老大爷对我说："小学生，你知道大家都喜欢吃面食，可是白面怎么来的呢？是劳动人民创造的，没有大粪的臭，就没有馒头的香啊！今天倒的粪，沤得还不够，劲不足啊！"

老贫农的这一教导，引起了我的深思，同样是对待大粪，为什么我嫌它臭，而老贫农却认为臭得还不够。这里面有个感情问题，立场问题，也就是世界观的问题。老贫农想的是多打粮食，多为祖国的社会主义建设，为世界人民的革命斗争贡献一份力量，老贫农的眼光是多么远大啊！

老大爷看我思想上有些触动，就进一步对我进行教育、帮助。他说："过去有些学生，要是遇到了粪车或粪堆，就得赶紧用手巾把鼻子捂起来，或者憋着一口气，一溜烟地跑过去。这样的学生我们贫下中农没个欢迎，但是这一切都是叛徒、内奸、工贼刘少奇给造成的，他为了培养自己的接班人，复辟资本主义，就拼命推行反革命修正主义教育路线，把你们关在院墙里，脱离劳动，脱离工农，脱离无产阶级政治，这样搞怎么能有劳动人民的感情呢？"

老大爷的这番话，把我的脸说得红辣辣的，老大爷是在批评、教育自己。使我体会到，我嫌大粪臭的实质是我的思想臭，必须下苦功夫，磨练自己。

从此，我下定决心，好好向贫下中农学习，哪儿脏、哪儿苦、哪

儿累就到哪儿去，彻底改变旧思想。争当一个工农兵所欢迎的人。（红霞）

这本《乡土文学》共选编了6篇内容，其中有：北京市革命委员会成立和庆祝大会给毛主席的致敬信、毛泽东思想的阳光照耀军政训练的道路（经验介绍）、突出政治到学校，四好花开一对红（经验介绍）、建立无产阶级的新型教师队伍（报导）、城市中小学教员实行轮换制好（建议）和接受工农兵再教育小故事［其中包括11个小故事，分别是：（1）一定要把他引到无产阶级的革命轨道；（2）爱憎分明；（3）一趟安全课；（4）笑反映了什么；（5）缺什么心眼；（6）老工人的一席话；（7）拔草；（8）他变了；（9）一粒石子算什么；（10）下乡第一课；（11）一张进厂证］。笔者所引的这篇课文正是这11个小故事中的一个。也许经历过那段岁月的人才会想象得到这种故事，才可能会有感于这种对话，才能体会到哪怕是掏粪也能够上纲上线的现实。但是，我们暂且不去讨论故事的真实性，编者所收录的这个故事至少反映了当时社会的价值观，反映了社会对于培养何种人的期望，反映了乡土教材中阶级斗争和政治挂帅的鲜明特点。

（二）注重实用

除了政治挂帅的特点之外，"文革"时期乡土教材还有一个重要的特点，即尤其注重实用。这里的"注重实用"是一个中性的评价。"文革"时期乡土教材的"注重实用"体现在以下两方面：一方面是对此时此刻的生活有用，也就是教材体现工农兵的生活，反映工农兵生活的现实；另一方面，对政治教化有用，学习的内容有利于写大字报、有利于开展阶级斗争，有利于"斗批改"。因此这里的"注重实用"，与我们现在所倡导的教材要与生活实际相联系还是有很大区别的。在"注重实用"方面，工农业基础知识以及语文教材补充性质的乡土识字课本体现得尤为突出。

1969年11月，莒南县高家柳沟大队教材编写组在编写的语文补充教材《乡土识字课本》的"编后"中介绍："遵照伟大领袖毛主席'教材要彻底改革'和'学习本村本乡的人名、地名、工具名、农活名和一些必要的语汇'的教导，根据本大队三大革命的实际需要，我们发动

第四章　发展与转型——新中国成立后的乡土教材（1949至今）

群众，在教材改革中，又选编了这部分常用词汇，作为小学语文的补充教材。可供1~5年级分别选用。"

图4-6　莒南县高家柳沟大队教材编写组，
语文补充教材《乡土识字课本》，1969年

该册乡土识字课本具体包括了12课内容：

第一课　姓氏；第二课　地名（1. 本村土地名；2. 兄弟大队名；3. 莒南县区社名）；第三课　农具名；第四课　农业机械名；第五课　农活（1. 春季；2. 夏季；3. 秋季；4. 冬季）；第六课　家具；第七课　农作物名；第八课　蔬菜；第九课　林木；第十课　果类；第十一课　家畜和家禽；第十二课　八字宪法是农业的宝

从学习的内容来看，识字课学习的内容全部是学生身边常用的人名、地名，学生常见的农具、农活、作物、家禽等，这些内容的选择尤其注重实用性：

最高指示

学习本村本乡的人名、地名、工具名、农活名和一些必要的语汇、大约两三百字。

第一课　姓氏

高家柳沟乡，　　　　　周围四、五庄。
要问几个姓，　　　　　听俺对您讲；
高、沈、严、　　　　　马、徐、陈、薄、吴、丁、王，

左、魏、任、　　　李、刘、郭、孙、楚、田、张、
倪、夏、葛、　　　朱、曹、周、卢、瞿、董、庄，
贫农下中农，　　　同是苦里长；
本是一家人，　　　团结有力量。

最高指示
人民公社将来要集中种蔬菜，种蔬菜也要专业化。
第八课　蔬菜

队队有菜园，　　　社员很方便。
韭菜和苔菜，　　　春季味道鲜。
菠菜、小白菜，　　好种又高产。
大葱、芫荽、姜，　调和味道全。
芹菜炒辣椒，　　　黄瓜调大蒜。
茄子与丝瓜，　　　莴苣可凉拌。
豆角、泥豆、藕，　茼蒿和地蛋。
萝卜、大白菜，　　窖下能过年。
饭菜调剂好，　　　用粮大节俭。
储粮备战、荒，　　人人要争光。

以上即为该册课本的第一课和第八课，通过类似歌谣的方式，第一课将高家柳沟大队的姓氏全部编入课本，第八课将当地常见的蔬菜用较押韵的语言编入课本，以帮助儿童识记，这种做法是较为可取的。编者在如薄、魏、楚、倪、葛、瞿、莴苣、茼蒿等较难的字上还有汉语拼音的注音，以辅助拼读。其他各课的编写方式也与此类似，这充分体现了"文革"乡土教材注重实用的特性。

（三）开门自编

开门自编乡土教材也是这一时期乡土教材最重要的特点之一。这里开门自编主要有两层意思，一层意思是乡土教材的编写者由"贫代会""革委会""人民公社""大队""生产队"组成，这些机构都成为乡土教材的编写者。以往的教育厅、教育局以及个人在这一时期不再是乡土教材的编撰主体。另一层意思就是，在乡土教材内容的来源方面广开门路。以往乡土教材最主要的来源是地方志，而现在乡土教材的来源主要

第四章　发展与转型——新中国成立后的乡土教材（1949至今）　　// 155

有报纸杂志、领导人讲话、批示，还有一个方式，即贫下中农们自己写，写汇报、写感想、写体会、写反省等。这种开门自编乡土教材的历史，在乡土教材史上是绝无仅有的。

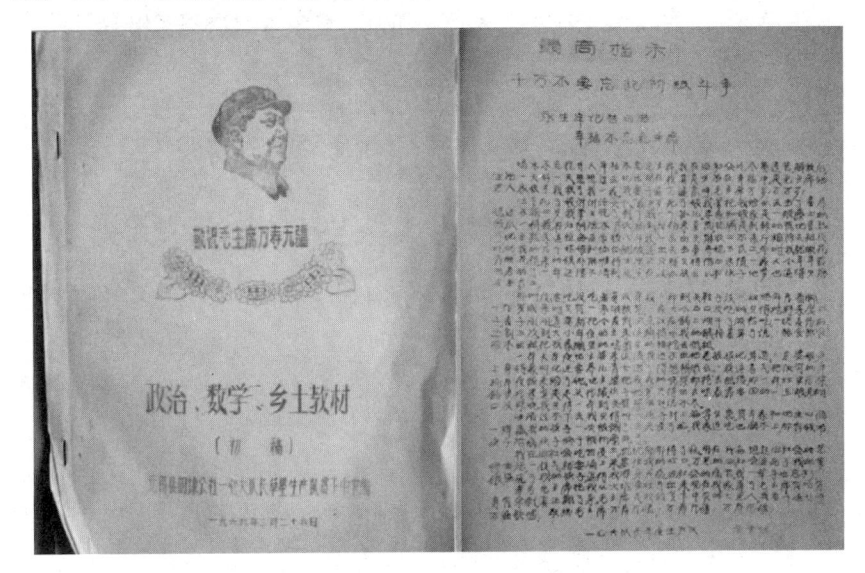

图4-7　无锡胡埭公社一心大队长草屋生产队贫下中农，
《政治、数学、乡土教材》，1969年

这本教材包括政治11课，数学3课。政治教材包括：（1）毛主席的革命路线我们贫下中农走定了；（2）贫下中农一定要掌握文权；（3）彻底砸烂修正主义教育路线；（4）苦难的童年；（5）长草屋苦难的过去；（6）老贫农热爱毛主席的心里话；（7）不忘昔日苦，更爱今日甜；（8）忆苦思甜不忘本，紧跟毛主席闹革命；（9）不忘阶级苦，牢记血泪仇；（10）永生牢记昔日苦，幸福不忘毛主席；（11）彻底批臭刘贼"剥削有功"的谬论。数学教材三课是：（1）三忠于；（2）千万不要忘记阶级斗争；（3）抓革命，促生产。全文所有内容均出自该大队成员之手，由生产队自编，完全是一本谈体会、讲经验、表决心、献忠诚的资料集锦。

其他类型的乡土教材也同这样实行"开门编书"的政策，编撰机构类型多样，内容来源渠道极多，与1958年教材编写权限下放之后的自编政策相比，有过之而无不及。从"文革"乡土教材编撰的实践来看，这种完全自编的形式也许能够在一定程度上照顾到地方的差异性，但是它也有一个致命的问题，那就是质量参差不齐，且质量无法保证。

第三节 多样化发展：改革开放以来乡土教材逐步转型（1977至今）[1]

一、乡土教材的恢复与提高（1977~1985）

"文革"结束后，教育工作急需恢复与重整。1978年1月教育部颁发了《全日制十年制中小学教学计划（草案）》，规定小学设课8门，即政治、语文、数学、外语、自然常识、体育、音乐、美术，并进科目5~8门。中学设课14门，即政治、语文、数学、物理、化学、外语、历史、地理、生物、农业基础知识、体育、生理卫生、音乐、美术，并进科目一般为8~9门。暂不开设外语的学校，可以适当增加语文、数学的教学时间，农村中学还可以适当增加生物、农业基础知识的教学时间，高年级可以开设适合农村需要的专业课。[2] 1978年秋，各科教学大纲编出，教授乡土教材内容的要求在分科教学大纲中就有规定，如1978年教育部颁发的《全日制十年制学校中学历史教学大纲（试行草案）》规定"各省、市、自治区可以自编地方乡土教材，补充教学。地方教材的教学时间，各地根据情况自行安排"[3]，1980年教育部颁发《全日制十年制学校中学地理教学大纲（试行草案）》，其中初中一年级地理的教学要求就有"了解本省（直辖市、自治区）的自然条件、农业、工业生产概况和交通干线、主要城市，比较详细地了解所在县的地

---

[1] 本节内容引用了石鸥教授教科书研究团队成员之一、湖南师范大学教育科学学院2009级研究生何莉的硕士学位论文——《改革开放以来我国乡土教科书建设的研究》部分成果。

[2] 吴履平. 20世纪中国中小学课程标准·教学大纲汇编：课程（教学）计划卷[M]. 北京：人民教育出版社，2001：328.

[3] 吴履平. 20世纪中国中小学课程标准·教学大纲汇编：历史卷[M]. 北京：人民教育出版社，2001：329.

理环境、农业、工业和交通的情况"❶，在"中国地理的内容及安排"一节重点提出："乡土地理是中国地理教学内容的重要组成部分，一般可包括本省地理和本县地理……本省（直辖市、自治区）地理和本县地理的教材由各地教育部门组织人力编写，并由地方教育领导机构进行审查。"❷ 这一时期乡土教材建设重在恢复与提高，其特点主要表现在以下几方面：

（一）强调爱国主义

本时期乡土教材比较强调爱国主义教育，尤其是在乡土地理和乡土史教材中表现得更为明显，如《四川历史》（试用本）（1982年）在介绍宋朝诗人陆游时写道，"火热的战斗生活更加激发了他的爱国热情，扩大了他的诗歌领域""陆游一生留有九千多首诗歌，内容极为丰富，抒发政治抱负，关怀人民疾苦，风格豪迈，气势雄浑，表现出强烈的爱国感情"❸。由河北省教育科学研究所编写的初中补充教材《河北乡土历史》（1982年）提到："本书培养爱国主义思想具有重要的作用。"❹《青岛地理》（1981年）也提到："通过乡土地理的学习……树立为改变家乡面貌而献身的雄心壮志。"❺ 爱国主义教育一方面体现在编者的自述中，另一方面体现在内容的选择上，有意识地选取乡土材料中能凸显爱国主义的人物、遗迹、事迹等来彰显乡土教材爱国之目的。

（二）内容反映生产生活实际

这一时期的乡土教材尤其注重反映生产和生活的实际，在乡土地理教材上表现更为明显，如《天津地理》提到，"天津市地下热水资源十分丰富，在70年代初期开始开发，现在已有200～300个地热点，地热水的年开发量接近5千万立方米"❻ "民航天津机场，已于1979年1月

---

❶ 中华人民共和国教育部. 全日制十年制学校中学地理教学大纲（试行草案）[M]. 北京：人民教育出版社，1980：1-2.

❷ 中华人民共和国教育部. 全日制十年制学校中学地理教学大纲（试行草案）[M]. 北京：人民教育出版社，1980：4.

❸ 四川教育科学研究所中学文科教研室. 四川历史（试用本）（上册）[M]. 成都：四川人民出版社，1982：38-39.

❹ 河北省教育科学研究所. 河北乡土历史 [M]. 石家庄：河北人民出版社，1982：序.

❺ 魏益鲁. 青岛地理 [M]. 青岛市教育局教研室，1981：前言.

❻ 天津市教育教学研究室. 天津地理 [M]. 天津：天津人民出版社，1981：23.

正式建成开航。它是北京机场的备降场,担负着国际航空交往的重要任务,并有班机经北京同国内各大机场往来。1981年又开辟了直通香港的航线"❶。《四川地理》(1979年)提到:"1978年蚕茧丰收,总产量第一次突破百万担大关,创历史最新水平。"❷《青岛地理》(1981年)在"经济概况"部分中写道:"到1979年底为止,青岛的工农业总产值已占全省工农业总产值的15.86%。"❸ 这时期的乡土教材越来越关注生产生活的实际。

(三) 编撰体例相对固定

乡土教材的主体内容包括正文、注释、图表、习题等元素,这一时期相对固定下来,成为乡土教材普遍选择的组织形式。正文一般按照单元编排,也有不分单元的,各地差异较大。注释的内容主要包括地名的古今对照,名词、术语的解释,出现某种现象的原因,以及人物、作品介绍等。例如《四川历史》对"街亭"的注释为"街亭,今甘肃秦安东北"❹,《天津地理》对"雨季"的注释为"日雨量大于25毫米的连续时间为雨季"❺。编入习题(尤其是乡土地理)成为乡土教材较普遍的选择,如《四川地理》"第一节 位置、面积和人口"的练习题如下:"1. 运用地图,熟悉四川主要的山脉河流。2. 列表比较四川东西两部分在地形、气候上有些什么不同。"❻ 有的练习出现在整本书的后面,如《天津地理》,整本书的末尾"练习和实习作业题"列出了6个习题。❼ 乡土教材的编撰体例相对固定下来,也正是由于此,乡土教材几十年来体例几乎未有创新,与民国二三十年代相比,甚至还有所退步。

总之,这一时期全国各省市开始组织编写乡土教材,乡土教材开始得到较普遍的发展,这一时期乡土教材涉及的范围相对较广,遍及各个省市。但本阶段乡土教材的学科类型较少,以历史与地理乡土教材居

---

❶ 天津市教育教学研究室. 天津地理 [M]. 天津:天津人民出版社,1981:33.
❷ 四川省教育局教材教研室. 四川地理 [M]. 成都:四川人民出版社,1979:17.
❸ 魏益鲁. 青岛地理 [M]. 青岛市教育局教研室,1981:50.
❹ 四川教育科学研究所中学文科教研室. 四川历史(试用本)(上册)[M]. 成都:四川人民出版社,1982:20.
❺ 天津市教育教学研究室. 天津地理 [M]. 天津:天津人民出版社,1981:14.
❻ 四川省教育局教材教研室. 四川地理 [M]. 成都:四川人民出版社,1979:14.
❼ 天津市教育教学研究室. 天津地理 [M]. 天津:天津人民出版社,1981:33-34.

第四章　发展与转型——新中国成立后的乡土教材（1949至今）　　// 159

多，编写者也大多数为省与市的教育局或教育学院，编写供中学试用的乡土教材。本阶段小学使用的乡土教材因为学科的调整以及在教学大纲中未加重点强调，因此有所忽略。此外，本阶段有关乡土教材的讨论与研究也渐渐多起来，纷纷建议编写乡土教材，如方春耕的《建议编写乡土教材》（1981年）；《初中补充教材〈河北乡土历史〉编写介绍》（1982年），马执斌《在中国历史教学中搜集和运用乡土教材的体会》（1983年）等，这一时段乡土教材的研究也主要集中在历史和地理方面，将乡土教材定位为统编教材的补充。

二、教育改革政策推动下乡土教材的发展（1986~1998）

（一）发展的历程

1986年9月22~28日，全国中小学教材审定委员会成立大会在北京召开，时任国家教委副主任的何东昌谈到乡土教材时指出："在统一基本教学要求的前提下，要允许各地根据自己的情况调整和补充某些教材内容和教学要求。编写结合本地实际的'乡土教材'和适宜智力发展较快学生的'选修教材'。"❶ 这为后来我国乡土教材的编撰工作定下了基调。

1987年6月3~7日，全国乡土教材工作会议在浙江建德召开，会议主要围绕乡土教材编写的意义、基本原则、乡土教材组织与实施工作等展开，时任国家教委副主任王明达在会上做了题为《采取积极措施大力推动乡土教材的建设》的讲话，他指出："编写乡土教材是为了使基础教育更密切联系当地实际，使教学内容具有乡土特色，更好地为当地的社会主义建设服务。"❷ 乡土教材的范围应"根据各地的实践经验，农村以县为主，大、中城市以市为主编写乡土教材较合适"❸；乡土教

---

❶ 何东昌．在全国中小学教材审定委员会成立大会上的讲话［J］．课程·教材·教法，1986，（11）．

❷ 王明达．采取积极措施大力推动乡土教材的建设——在全国乡土教材工作会议上的讲话［J］．课程·教材·教法．1987，（11）．

❸ 王明达．采取积极措施大力推动乡土教材的建设——在全国乡土教材工作会议上的讲话［J］．课程·教材·教法．1987，（11）．

材内容主要包括"自然概貌、历史发展、经济概况、社会风情等"❶，并对这些内容的构成进行了说明；乡土教材的编写形式方面，"可以搞综合性很强的，包括家乡风情、社会、政治、经济、文化各方面内容。有的可以是专科性的，如历史、地理。有的也可以是专题性的，更灵活"❷。在乡土教材的教学安排上，"小学中学都可以，但要以初中为重点"❸。所以目前能见到的20世纪八九十年代出现的乡土教材大多是初中乡土教材，这与解放前乡土教材的主要对象是小学截然不同，也与乡土教材当初产生之理由——"直观教学之需要"相背离。另外，他在最后强调，"乡土教材仅仅是国家统编教材的一种补充。主要精力还是要学好统编教材，完成国家统一制订的教学大纲"❹，最后强调的部分其实是对乡土教材的目标定位。

1987年8月20日，国家教委转发《全国乡土教材工作会议纪要》。此后，全国各地对于乡土教科书建设的意识越来越强烈。1990年5月上旬，由国家教委组织的"全国乡土教材建设经验交流会"在南京召开，会议主要对1987年以来我国乡土教材编写经验进行总结，对未来乡土教材的发展提出建议，并对优秀乡土教材进行评奖。❺ 其中地理获奖最多，历史其次，政治第三，生物第四，其他则为音乐、劳动技术等乡土教材。❻ 时任国家教委副主任柳斌在会上又作了《重视和加强乡土教材建设》的报告，对乡土教材的重视程度进一步增加，认为："乡土教材建设是整个基础教育改革和基础教育教材建设的重要组成部分，应

---

❶ 王明达. 采取积极措施大力推动乡土教材的建设——在全国乡土教材工作会议上的讲话［J］. 课程·教材·教法. 1987，(11).
❷ 王明达. 采取积极措施大力推动乡土教材的建设——在全国乡土教材工作会议上的讲话［J］. 课程·教材·教法. 1987，(11).
❸ 王明达. 采取积极措施大力推动乡土教材的建设——在全国乡土教材工作会议上的讲话［J］. 课程·教材·教法. 1987，(11).
❹ 王明达. 采取积极措施大力推动乡土教材的建设——在全国乡土教材工作会议上的讲话［J］. 课程·教材·教法. 1987，(11).
❺ 中国教育年鉴编辑部. 评选优秀全国乡土教材，中国教育年鉴1991年［M］. 北京：人民教育出版社，1992：333.
❻ 柳斌. 重视和加强乡土教材建设——在全国乡土教材建设经验交流会上的讲话［J］. 学科教育，1990，(4).

该给予足够的重视。"❶ 这次乡土教材会议极大地鼓舞了各地乡土教材的编写热情，推动了乡土教材的发展，是新中国成立后乡土教材发展的第二波高潮，与1958年乡土教材的小高潮相比，本次乡土教材的大发展取得了更大的成绩，成果更加显著。

（二）产生的效果

1. 乡土教材编写数量显著增多

1987年的全国乡土教材工作会议召开之后，我国乡土教材编写的数量有了显著的增加。"1987年全国乡土教材工作会议之前，只有15个省市编写了少量乡土教材，县级编写的就更少了，而目前（1990年）有18个省市编写了乡土历史、地理教材，县级编写的乡土教材大大增加了"❷。到1990年底，据不完全统计，各地编写的乡土教材达2 000种以上，包括地理、历史、生物、思想品德、音乐、美术等学科，涉及小学、初中、高中各年级。❸ 由此可见，乡土教材在20世纪80年代获得了飞速的发展，如云南省编写了10个学科104种乡土教材，浙江省编写了大量乡土地理和乡土生物教材，❹ 还有各市、自治区、县编写的如《肇庆市地理》《牡丹江市地理》《抚顺历史》等不计其数的乡土教材。

2. 乡土教材的学科范围大大增加

从乡土教材编写的学科来看，范围大大增加，"从主要以地理、历史为主的乡土教材，逐步扩展到生物、自然、音乐、劳动技术、思想品德等多个学科，同时还制作了乡土教学的相关录像带"❺。从乡土教材的空间分布来看，几乎每个省、地区都有相应的乡土教材。从地区分布

---

❶ 柳斌. 重视和加强乡土教材建设——在全国乡土教材建设经验交流会上的讲话 [J]. 学科教育，1990，（4）.

❷ 刘斌. 重视和加强乡土教材建设——在全国乡土教材建设经验交流会上的讲话 [J]. 学科教育，1990，（4）.

❸ 国家经济体制改革委员会. 中国经济体制改革1991 [M]. 北京：改革出版社，1991：572.

❹ 李素梅. 中国乡土教材的百年嬗变及其文化功能考察 [M]. 北京：民族出版社，2010：171.

❺ 柳斌. 重视和加强乡土教材建设——在全国乡土教材建设经验交流会上的讲话 [J]. 学科教育，1990，（4）.

上看，华东、西南和中南地区的乡土教材相对较多，而西北地区相对较少，这也在一定程度上体现了乡土教材发展的地区不均。这种大范围编写乡土教材的实践在 20 世纪二三十年代曾经出现过，但是由于当时种种原因，持续时间并不太长，加之社会动乱等，乡土教材的发展还是受到一定的限制。本次乡土教材的大发展，是在较安定的环境下施行的，其涉及的学科范围之广，覆盖的地区之多可以说是前所未有的。

3. 乡土教材受到极大重视

20 世纪八九十年代乡土教材受到各方的高度重视，国家层面出台政策对乡土教材的发展予以指导，同时对其编写、管理和审查等作出了规定，如 1988 年《九年制义务教育教材编写规划方案》明确规定："乡土教材、小学劳动课和中学劳动技术课教材，以及本地区需要的补充教材，由地方编写，省、自治区、直辖市中小学教材审查委员会审查通过后，在本地区推荐使用。"❶ 1989 年国家教委出台规定："各省、自治区、直辖市编写的乡土教材、劳动技术课教材……必须经省、自治区、直辖市教材审查委员会审查通过，并报国家教委中小学教材办公室备案。"❷ 这些关于乡土教材的要求在各科教学大纲中也有所体现，如九年义务教育小学和初级中学美术教学大纲分别要求，"美术教学内容应体现民族特点，充分发扬我国民族、民间优秀的艺术传统、增强学生的民族自豪感"；"要体现时代精神，适应社会的发展趋势；要按 10%～20% 的课时比例补充乡土教材，以反映当地社会与经济发展的实际"❸。又如全日制义务教育历史教学大纲规定，"乡土教材要纳入教学计划，所占教学时数为该学科教学时数的十分之一"❹。从这些规定可以看出，这一时期的乡土教材将编写权交给了地方，地方享有乡土教材发展的极大自主权，国家层面对此也高度重视，这些举措共同推动了乡土教材的大发展。

---

❶ 石鸥，吴小鸥. 百年中国教科书图说（1949～2009）[M]. 长沙：湖南教育出版，2009.

❷ 张维平，唐立杰，薛亚霏. 教育法规咨询 [M]. 沈阳：辽宁大学出版社，1993：360.

❸ 岭南美术出版社美术教育编辑室. 美术教学参考·九年义务教育三年制初级中学美术试用课本（第一册）[M]. 广州：岭南美术出版社，1996：2.

❹ 广州市教育局教学研究室. 广州历史·古代部分 [M]. 广州：广州出版社，2004：说明.

三、新课程改革以来乡土教材的转型（1999至今）

（一）国家出台政策促成乡土教材的转型

1999年，《中共中央国务院关于深化教育改革全面推进素质教育的决定》出台，该决定确立了国家、地方和学校的三级课程体系，其目的是增强课程的适应性，推进教材的多样化，使得课程、教材与地方经济发展和社会需要相协调。

2001年6月，国家颁布《基础教育课程改革纲要（试行）》，新一轮基础教育课程改革正式实施，该纲要规定了中小学课程的性质、所设科目，提出了国家、地方和校本的三级课程开发和管理模式，而乡土教材并未作为单独一项列出，而是被纳入到了三级课程体系当中，地方教材和校本教材成为乡土教材的居所。"省级教育行政部门依据国家课程管理政策和本地实际情况，制订本省（自治区、直辖市）实施国家课程的计划，规划地方课程而编写的省级地方教材，也包括在省级以下的区县教育行政管理部门编写的地方教材。这类教材除了需要体现和反映国家的教育方针、教育思想、教育理念和培养目标外，更侧重于保障和促进课程适应不同地区的需要，根据国家三级课程管理政策和当地的社会发展需要而开发、设置、补充和完善，重在体现地域性和发展性。中小学地方教材应由省一级及其下属的各级地方教育行政部门负责管理，通过审查后可以在全省范围内，或在省属的区县使用"❶。至此，地方与学校成为乡土教材开发与实施的主体。

《基础教育课程改革纲要（试行）》的颁布，使得地方课程与地方教材获得了法定地位，为地方教材（包括乡土教材）提供了较大的发展空间。此时乡土教材被纳入地方课程和校本课程体系当中，作为地方课程和校本课程学习的内容之一（主要是地方课程）被学生学习，但地方课程和校本课程又不仅仅只有乡土教材一种形式。这是本阶段乡土教材最重要的特点。所以，这一阶段可以得出两条结论：广义上看，这

---

❶ 北京市中小学地方教材审定委员会办公室. 努力建设高质量的中小学地方教材 [M]. 北京：首都师范大学出版社，2005：3.

一阶段的所有地方教材和校本教材绝大部分可以称为乡土教材；狭义上看，国家渐渐弱化，甚至不提"乡土教材"，而以地方教材、校本教材取代之，那么进一步看，"乡土教材"作为一个特指的专有名词，其实在本阶段就已经消亡了。不过，从实际情况来看，在各地的地方教材和校本教材中，还是依然有许多直接以"乡土教材"为名的教材被出版，所以我们认为，本阶段的乡土教材是以另一种面貌更加广泛、深入地融入到课程的大家庭中来，在教材领域扮演了另一种角色。

新课程改革以来的乡土教材与以往的乡土教材既有区别又有联系，相同点是，地方教材、校本教材、乡土乡土教材都是希望教材能有地方适应性，适应不同地方的教学，这是许多学者已经看到的一点，但是从不同点来看，笔者并不认同某些学者所说的"对乡土教材，过去只是提倡而已，没有把它正式纳入国家课程管理体制之中，没有赋予它一定的法定地位，对各地执行与否无任何约束"❶的看法。笔者认为，新课改以来的乡土教材与地方教材的不同点在于，法定的地方教材作为新课改创生出来的新事物，包含了以往乡土教材的全部形式，但是在目的方面，却丢掉了清末以来一直到民国时期都存在的、产生乡土教材的起因——直观教学的需要（以至于与以往相比大大地忽视了小学乡土教材的编撰，而将编撰重心向中学上移），也就是说，这一时期的全部乡土教材都能称为地方教材（在实际运作过程中也有很多地方将地方教材或者校本教材命名为某某乡土教材），但是乡土教材却不能全部包含地方教材和校本教材（比如有些地方教材并不只是介绍本地方的知识、风土人情，也涉及其他地方甚至全国的内容）。至于"过去只是提倡而已，没有正式纳入国家课程管理体制之中"的说法是站不住脚的，各个历史时期，各级政府都会公布一些直接关于乡土教材的法规，也会一直不间断地编撰和使用乡土教材，甚至有的时期，未及时执行乡土教材编撰命令的区县县长都被处以警告处分，教育局一把手被处以记过处分。而那些时候，乡土教材都是包括在国家课程以内的，甚至在某些时候，乡土教材（如果乡土教材就是学习身边的有用知识的话）本身就是主流

---

❶ 李素梅. 中国乡土教材的百年嬗变及其文化功能考察 [M]. 北京：民族出版社，2010：175.

(比如"文革"时期)。

乡土教材虽然融入到地方教材或者校本教材之中,但是在全国性的课程标准中,也有一些学科单独列出了对乡土内容学习的要求,如2001年颁布的《全日制义务教育地理课程标准(实验稿)》,将乡土地理规定为必学内容,并规定:"(1)乡土范围指县一级行政区。(2)根据各地的实际情况,乡土地理的教学可以讲授本省地理,或者本地区(地级市)地理。(3)乡土地理教材的编写应纳入地方课程开发的计划中,并切实加以落实。(4)要求乡土地理的学习,至少安排一次野外考察或社会调查。"❶ 有学者提出建议,"九年义务教育阶段的地方课程应占10%~20%;高中阶段应占20%左右"❷。实际上,2001年教育部关于印发《义务教育课程设置实验方案》(教基〔2001〕28号)的通知已经规定,"地方与学校课程的课时和综合实践活动的课时共占总课时的16%~20%"❸,而在高中阶段,地方课程和学校选修课相加的课时占高中阶段总课时数的20%左右。❹ 在新一轮课程改革中,国家层面出台的各种政策主要针对的是地方课程和校本课程,未对乡土教材的发展做出单独的规定,乡土教材实际上已经被纳入到地方课程和校本课程中,百年乡土教材的发展虽然脉络未断,但是新课改之后实际上已经实现了转型。

(二)地方出台政策配合乡土教材转型

根据国家对地方课程和校本课程的规定,各地纷纷出台了关于各省、市地方课程实施的细则以及地方教材编撰审定的办法,如贵州省出台了《贵州省2005~2010年基础教育地方课程建设规划》和《贵州省中小学地方教材编写审定管理办法(暂行)》,规定了贵州省地方课程

---

❶ 中华人民共和国教育部.(全日制义务教育)地理课程标准(实验稿)[M].北京:北京师范大学出版社,2001.
❷ 晴君,徐岩.关于地方课程建设的几点思考[J].中国教育学刊,2002(4).
❸ 教育部关于印发《义务教育课程设置实验方案》的通知.教育部文件,载http://www.moe.edu.cn/publicfiles/business/htmlfiles/moe/moe_711/201006/xxgk_88602.html.
❹ 北京教育科学研究院基础教育课程教材发展研究中心.努力建设高质量的中小学地方教材·北京市中小学地方教材建设指导手册[M].北京:首都师范大学出版社,2005:6.

建设的指导思想、基本原则、主要内容和实施与管理等；❶ 四川省出台了《四川省教育厅关于印发四川省义务教育地方课程指导纲要的通知》（川教〔2009〕82号）等；北京市昌平区出台了《北京昌平区中小学地方课程建设指导意见》等，此后，全国各地开始了编撰地方教材的热潮，这其中就有若干乡土教材，乡土教材品种与数量越来越多，如地理、历史、政治、自然、劳动技术、思想品德、生物、音乐、美术等学科都出现相应的乡土教材，另外还有许多综合性的乡土教材。2009年，西藏出现了首本藏文乡土教材《热贡小学生读物》，2011年西藏林芝县又出版了第一本乡土教材《尼洋河畔的绿色明珠——工布林芝》，中小学校也开始自编校本教材，而这些也被冠以"乡土教材"之名，如2009年甘肃省南裕固族自治县第二中学校本教材《多元文化乡土教材》，云南省景洪市勐罕镇中学校本教材《多元文化乡土教材》等。

北京昌平区中小学地方课程建设指导意见
（地方课程的实施部分）❷

1. 学校从学生需要和本校实际出发，在公布的地方课程目录中自主选择课程与教学用书。

2. 根据北京市教委印发的课程计划，地方课程与校本课程自主安排部分为655课时~865课时，目前原则上课时分配比例为地方课程占三分之二，校本课程占三分之一，各年级每学年的地方课程总量不超过64课时。

3. 小学低年级（一、二年级），根据其年龄特点，所选地方课程要适当、适量。小学中高年级以上每学年可选择1~2种地方课程（根据课时总量）。学校为学生选择的每种地方课程学习用书每学年不超过一本。

4. 地方课程一般应以选修课为主。教育行政部门和教科研部门要加强对学校选择地方课程的指导。

---

❶ 贵州省教育厅.贵州省基础教育课程改革成果集（2001~2008）[M].贵阳：贵州人民出版社，2009：51-54.

❷ 北京教育科学研究院基础教育课程教材发展研究中心.努力构建适合学生发展的地方课程与校本课程·北京市中小学地方课程与校本课程开发指导手册[M].北京：首都师范大学出版社，2005：18.

第四章　发展与转型——新中国成立后的乡土教材（1949至今）　　// 167

5. 地方课程的实施要以实践体验、动手操作、研究探索和方法指导为主，培养学生的创新精神和实践能力，逐步实现教学内容的呈现方式、教师教学方式和学生学习方式的转变。

6. 地方课程的评价可以采用考核的方式，要注重对学生进行过程性评价，引导学校把教师评价、学生自我评价和集体评价结合起来，建立以操作、实验、报告、竞赛、作品展示、集体交流等为主要形式的评价体系。

各地出台的地方课程实施和校本课程实施方案，实际上也是当地乡土教材发展的指引，对规范乡土教材的编撰和出版起到了一定作用，保证了各地乡土教材的顺利转型。

（三）转型后的乡土教材在夹缝中继续前行

转型后的乡土教材在夹缝中继续前行，且表现出一系列新的特点。这一时期与以往的巨大不同在于：出现了不少有关专门研究乡土教育与乡土教材的民间团体。他们纷纷组建研究机构，把目光投入到地方课程开发领域。如，中央民族大学结合自身特点，在民族地区乡土教材的研究与开发方面继续作着努力，建成了专门的"中国少数民族地区乡土教材陈列室"，而由香港乐施基金会资助的"中国乡土教材搜集与研究"项目，搜集和保护乡土教材的工作取得了阶段性成果。除此之外，关于乡土教材的各种研讨会也比较密集，如2004年2月在昆明举行的"CBIK论坛暨乡土知识论坛"，2005年10月在北京天下溪教育咨询中心举办的"乡土教材编写与使用研讨会"，2008年10月在湖南湘西凤凰举办的"第三届全国乡土教材研讨会"等，一批关心乡土教材发展的人士走到一起，扛起了我国乡土教材继续发展的大旗，虽然道路艰难，但是依然向前。总体来看，转型后的乡土教材呈现如下特征：

（1）乡土教材在地方教材和校本教材的范围下获得普及。新课改之后，地方课程与校本课程获得法定地位，而乡土教材在此二者范围下获得进一步发展的空间，转型后的乡土教材在空间范围上获得广泛的普及，每个省市的地方教材和校本教材都或多或少的有一些乡土教材。

（2）乡土教材的内容范围和编撰形式有所突破。内容范围上，适合编写地方教材和校本教材的领域都有乡土教材的身影，除传统的乡土地理、乡土历史、乡土生物、乡土音乐、乡土美术外，还涌现出了各种形式的综合性乡土教材。新课程改革以来，乡土教材的编写形式及结构也有所创新，如乡土历史的编写就突破了原有的大多按照时间编排的形式，开始出现专题形式的编撰，另外在语言的选择上也有所变化，不再局限于中文，少数民族文字编撰的乡土教材也开始涌现。

（3）特别注重乡土教材自身优化。首先是将乡土教材的学习与实际生活紧密相连。新课改以来的乡土教材重新将视野聚焦在学生的实际生活领域，强调借助乡土教材开展社会实践（其实在民国时期的乡土教材编撰已经做到了这一点），力求改变过去乡土教材过于注重知识传授的弊端，如《广州地理》每课中都有"学习活动"，这些学习活动多数是实践性的活动，例如学完"广州的海陆变迁"这部分内容后的"学习活动"是"查阅以前的乡土地图和资料，你能找到广州（家乡）海陆变迁的证据吗？如果你能到实地考察，请亲自怕两张照片回来"❶。

（4）乡土教材内容的综合性更加明显。此时的乡土教材比以往任何时期都更具综合性，如《话说温州》❷乡土教材包括"自然资源""文物古迹""文化名人""地方戏""品牌兴业""腾飞的温州"六部分内容，这些内容极具综合性，跨学科的特征非常明显，这种综合性学习专题的编排方式是本时期乡土教材的重要表现形式，更有利于学生全面地了解自己的家乡，在这种综合性的乡土内容学习中获得对家乡全面的、深刻的体验。

（5）乡土教材的教学性进一步加强。新中国成立后乡土教材最大的不足在于大篇大篇文字的累积，不顾教学性的需要，学生不爱学，教师不爱教，阅读乡土教材不是一种享受，而是像看一本本资料集，使得学生没有阅读的欲望，教师也不便操作。而新课改以来的乡土教材，编写时较好地考虑了学生的文化基础、生理及心理发展特点，生动活泼、图文并茂，可读性、趣味性大大增强，学生易学，教师易教，乡土教材的教学性把握较好，乡土教材本身的质量也不断提升。

---

❶ 广州市教育局教学研究室. 广州地理［M］. 广州：广东省地图出版社，2003：6.
❷ 温州市教育教学研究院. 话说温州（六年级）［M］. 杭州：浙江科学技术出版社，2005.

小　　结

　　新中国成立至今，乡土教材主要作为国家课程教材的补充角色而存在。新中国成立后的一段时间，乡土教材的发展也经历了一个缓慢的过渡，1958年1月23日，教育部发出了《关于编写中小学、师范学校乡土教材的通知》，这是新中国成立后第一个专门针对乡土教材编撰的国家层面文件。同年8月，中共中央和国务院发布了《关于教育事业管理权下放问题的规定》，教材编写权力开始下放，整体上看新中国成立十七年乡土教材的编写经历了一个由过渡到规范的过程。"文革"时期乡土教材以毛泽东同志提出的"教材要有地方性"作为最高指示，乡土教材遍地开花，"文革"时期的乡土教材采取开门编书的策略，集中体现政治挂帅、注重实用等特点。改革开放以来，乡土教材经历了一个逐步多样化的过程，从20世纪七八十年代逐渐恢复与提高，此后，在教育改革政策推动下乡土教材得到了迅猛发展，新课程改革以来的乡土教材借助地方教材和校本教材实现了转型。

第五章　百年乡土教材发展的反思

第一节　百年乡土教材的变化特征

一、目标定位从突出"由乡及国"到强调适应地区差异

（一）变化的历程

乡土教材的目标定位即乡土教材的目标所指。通观百年乡土教材的发展与演进历程，我们发现，乡土教材最初的产生是受德、日等国乡土教育的影响，于清末传入我国的。在清末救亡图存的大背景下，清政府赋予了它更多的意义。从乡土教材的主要目标来看，"乡土"本身并不是它的追求，而是通过培养对家乡的小爱，进而发展为对国家的大爱，也就是所谓的"由乡及国"才是它的目标所指。"乡"所起的作用只是中介而已，这从清末到民国时期历次乡土教材目标定位的表述中可以很清晰地看出。

1905 年清政府《乡土志例目》制订后，各省随后颁发办法督办此事，清廷学务处下达了《学务处咨各省督抚编辑乡土志文》（光绪三十一年四月）：

> 为咨行事准编书局监督咨开查初等小学堂历史舆地格致三科均就乡土编课讲授，用意至为精善，学堂宗旨以教人爱国为第一要义，欲人人爱国必自爱乡，欲使人人爱乡必自知其山川人物始。各国中学以上课目互有异同，唯小学乡土志则东西一律，盖历经教育家研究培养爱国之心，法无善于此，故也中国地大物博，撰辑乡土志欲使详实无遗断非本局所能独任。兹谨遵照定章编成例目，拟凭贵大臣具奏请。

> 旨饬下各省督抚发交各府厅州县择士绅中博学能文者按目考察，依例采录，地近则易详事，分则易举。自奉文日始限一年成书，由各地地方官经将清本邮寄京师，一面录副详报各省督抚以免转折迟延，并令各地方官于奉文之日先将本省通志及府厅州县志邮寄编书局，以备参考，各处乡土志辑稿送到后，由局员随时删润。书一呈请贵大臣审定发交各省小学堂授课所教皆浅近易明，学者自亲切有味爱国之心即基于此，以

第五章 百年乡土教材发展的反思

后学问逐渐扩充。凡一切知识技能皆足资报效。国家之用拟于学务裨益匪浅，又各省前次绘送会与馆地图需各备一份邮寄编书局，以备编撰之用。如无印本可照底稿摹绘寄京等，应当于四月初六附片具奏本日奉旨。❶

从上面的表述可以看出，最初清政府官方发展乡土教材的逻辑，是以发展乡土教材来实现学生爱国的目的，也就是上文所述的："学堂宗旨以教人爱国为第一要义，欲人人爱国必自爱乡，欲使人人爱乡必自知其山川人物始。"所以，乡土教材的目标是由爱乡发展为爱国，借助乡土教材实现学生爱国的目标，这是最初我国乡土教材的主要追求。官方编撰通知下达之后，各郡县都开始按照要求编撰乡土教材，弘扬爱乡爱国的思想，如光绪三十一年（1905年）《邵阳县乡土志》云："皇上以人才关国家元气，劝学兴贤，首在端其趋向扩其识见，务使人人由爱乡以知爱国。特允学务大臣转奏令天下府厅州县咸撰乡土志一书。"❷

以上是清末官方发展乡土教材的宗旨。同样，以刘师培为代表的民间乡土教材势力所抱有的目标也是爱乡保国的思想，这一点从当时反清排满的刘师培于1906年发表的民间乡土教材编撰纲要《编辑乡土志序例》中亦可看出：

今也教民之法，略于近而详于远，侈陈瀛海之大，博通重译之文，而钓游之地，桑梓之乡，则思古之情未发，怀旧之念未抒，殆古人所谓数典忘祖者矣。若一郡一邑，均编乡土志，则总角之童，垂髫之彦，均从事根砥之学，以激发其爱土之心。❸

清末国学保存会成员编撰的乡土教材，如光绪三十三年（1907年）《广东乡土地理教科书》也表达了这种从小乡土到大乡土、大国家的愿望："朝廷所策者莫急于教育，而教育所从事于地理者莫先于乡土。若吾十五州之土地自吾邦人视之吾乡吾土也，然而神州万里际海东南之门户盖在此而不在彼，第曰一乡土而已乎。"❹ 在清末最后的日子里，清

---

❶ 学务处咨各省督抚编辑乡土志文［J］. 教育杂志, 1905, (7).
❷ 姚炳奎. 邵阳县乡土志［M］. 光绪三十一年（1905年），序.
❸ 刘光汉. 编辑乡土志序例［J］. 国粹学报, 1907, 2 (12).
❹ 黄晦闻. 广东乡土地理教科书［M］. 国学保存会, 光绪三十三年正月初版，序.

末最后的乡土教材，也就是于宣统三年（1911年）年再次修订出版的《广东乡土地理教科书》（五版）也表达了由乡及国的思想：

> 晚近以来热心志士爱祖国，爱祖国之声充人耳鼓，诚以今日之中国内政外交危险已极，欲兴中国者，当必先爱中国也。然自葡据澳门，入中国之西人有澳以为东道主，尔后之行其野心于中国而有所经营者，又多以广东为试金石。鸦片之役先攻广东，后及沿海各省，法越之战，广东有备，后乃犯及上游，近数十年之己事。广东关系于中国之全局有如此。然则爱中国者当先爱广东也……
>
> 广东地势实有莫大之价值者矣。是故其内容研究，其利弊识别，其险要诚为生于斯长于斯者有密切之关系，所万不可缓之事。此乡土地理之所由编辑也。呜呼，广东者广东人之广东也，今日之广东其现状果何如乎？澳门也，香港也，九龙也，广州湾也，往事难堪回首矣，而来日方长，补牢未晚，是编者将生爱乡土之心以保广东以保中国，岂非吾人之所深幸哉。❶

当然，爱乡保国是当时乡土教材的最核心的目标，此外，增强对乡土的认同，习得乡土知识，避免好高骛远等也是其目标之一。例如，当时清末乡土教材编撰的一个原因就是希望学者和学生们能够不止放眼世界，还应关注眼下，关注身边之事，以此增强自信心，增加认同感。"足迹遍全球，眼福收五洲，口述列强形式及其规制人物滔滔不绝，至扣以桑梓闻事则噤如木偶，此所谓远见泰山近不见眉睫甚矣，为学界缺点"❷，这是编者对当时学风的批判，同时也表达了乡土教材的价值取向。

民国时期的乡土教材继承了清末由乡及国的传统和愿望，同时提出，乡土教材的实施可以满足不同地方的差异需求。1928年第一次全国教育会议上关于乡土教育的提案《乡土教材补充读物编撰条例》就提出："可准各地方教育行政机关自编关于本地方特有的乡土教材的补充读物。"❸

---

❶ 郑铨荣. 广东乡土地理教科书[M]. 广州：文兴学社，1911：序.
❷ 谢葆瀠. 余姚乡土地理历史合编[M]. 广州：诚意学堂印，光绪丙午年三月：序.
❸ 中华民国大学院. 全国教育会议报告[M]. 上海：商务印书馆，1928：592-593.

第五章 百年乡土教材发展的反思

1937年抗日战争爆发后,乡土教材作为教育救国的先锋,由爱乡土到保家卫国的思想发展到了顶峰,这在当时所有政府文件和乡土教材的编者中可见一斑。如1937年出版的《修订·昆明县小学乡土教材》呼吁:

> 当此时抗战时期之教育,固以发扬民族精神,增进国民知能,发展国民生计,促进地方文化,充实抗战力量为宗旨。则小学乡土教材之编制,岂徒供小学补充读物而已哉?抑亦推爱乡之心以爱国,使其自幼明了自治单位之组织,故乡风物文化之情况,非保卫国家则无义保全乡土,充类至义,复兴民族,扬我国光,于是乎。其意义顾不重乎哉!❶

1938年《战时各级教育实施方案纲要》明确提出:"应抗战与建国之需要,尤宜尽先编辑中国公民、国文、史地等教科书及各地乡土教材,以坚定爱国爱乡之观念。"❷

1940年的《四川历史》也表达了通过学习四川乡土历史而增强自信心,激发四川人民的民族精神,扬中华民族之国威的思想:"四川一省,幅员广阔,物产富饶,古称天府。自抗战以来,更成为民族复兴之根据地。四川省所负之时代之使命,如此重大,由本省之地利,已可为抗战建国供给无尽藏之资源;而在历史上,四川省之人文,尤足令人奋勉砥砺,以发扬我中华民族之国魂。"❸

1941年的《福建乡土史地》也指出:"爱护乡土本是人类的天性,但对乡土的史地,若是有了更深的认识,则其爱护的热情与兴趣,也将更加提高。而且正能够爱护国家与民族。"❹

1942年的国民教育工作检讨会议单独提出了《关于各省市收集或编辑地方教材办法》,其也强调乡土教材对抗战中激发爱国热情的重要性,爱乡保国的危机意识在抗战时期得到了极大的体现。

这种由爱乡进而实现保家卫国、民族振兴愿望的教材编撰重心,在

---

❶ 昆明实验县教育局. 修订·昆明县小学乡土教材[M]. 昆明:昆明实验县教育局,1937.
❷ 中国第二历史档案馆. 中华民国史档案资料汇编(第五辑·第二编:教育)[M]. 南京:江苏古籍出版社,1997:14.
❸ 柳定生. 四川历史[M]. 国立浙江大学,1940:序.
❹ 刘诚. 福建乡土史地[M]. 福建省政府教育厅,1941:序.

新中国成立之后有所转移，编者更多地是希望通过乡土教材的编撰，来满足不同地区教材发展的需要，以此适应地区的差异性。当然，这并不是说不谈爱乡、爱国，只是强调关注的重心有所变化。这种变化趋势在历次关于乡土教材的政策文件，以及乡土教材编撰者们的自述中随处可见。1958年1月23日，教育部发出的《关于编写中小学、师范学校乡土教材的通知》首先明确表达了这层意思：

　　根据党中央和毛主席的指示，中小学和师范学校地理、历史、文学等科教学都要讲授乡土教材。教学乡土教材，可以补充全国统一教材的不足，使教学内容更加丰富充实、生动具体，能更密切地结合地方实际情况，能更好地适应我国地区辽阔、情况复杂的特点。❶

　　为迎合这一要求，各地编写乡土教材的主要思路也是作为通用教材的补充，以满足地方的差异，如1958年邯郸市教育局编写的《小学乡土教材》也提到："为补充全国统一教材的不足，使教学内容更加丰富生动、具体，密切结合实际情况，以加强学生思想政治教育和提高知识质量，编写了供我市高小五、六年级教学用的乡土教材。"❷

　　这一思想一直持续到"文革"时期，整个"文革"时期，乡土教材改革是整个教材改革的内容之一，而乡土教材的主要作用就是适应地方性差异的需要，也就是与《毛主席论教育革命》中指出的"教材要有地方性，应当增加一些地方乡土教材"的最高指示相一致。而与清末和民国时期乡土教材用以实现爱乡到爱国，以致保家卫国、救亡图存的目标相比，这一时期的目标明显有所不同。

　　"文革"结束后，乡土教材的指向依然是为了满足适应地区差异、联系当地实际的需要，如在1987年全国乡土教材工作会议上，国家教委副主任王明达作的《采取积极措施大力推动乡土教材的建设》时就提出了乡土教材的编撰目的："编写乡土教材是为了使基础教育更密切联系当地实际，使教学内容具有乡土特色，更好地为当地的社会主义建

---

❶ 中华人民共和国法规汇编编辑委员会. 中华人民共和国法规汇编［M］. 中华人民共和国法规汇编编辑委员会，1958：443-445.
❷ 邯郸市教育局. 小学乡土教材［M］. 邯郸市教育局，1958.

设服务。"❶ 这代表了当时官方对乡土教材的目标定位。

到1990年,在国家教委组织的"全国乡土教材建设经验交流会"上,国家教委副主任柳斌在《重视和加强乡土教材建设》报告里提到了乡土教材四个方面的作用,其中第一个作用(应该也是最重要的)就是"乡土教材能够适应我国各地发展不平衡的实际需要,弥补统编教材的不足",其次才是"促进理论与实际的紧密结合,提高学生的能力;有利于加强国情教育,特别是爱国主义教育;有利于发展个性"。这也是20世纪90年代官方对乡土教材的目标定位,即乡土教材的最重要的目标和作用就是适应地区差异,弥补统编教材不足。

从2001年开始,新一轮基础教育课程改革在全国范围铺开,《基础教育课程改革纲要(试行)》指出:"为保障和促进课程对不同地区、学校、学生的要求,施行国家、地方和学校三级课程管理",由此将课程设置分为了国家课程、地方课程和校本课程三级,而根据地方课程和校本课程的需要,所开发的地方教材和校本教材中就包括了乡土教材,地方教材和校本教材的目标定位也可以代表乡土教材的定位,而此时,地方课程、校本课程和地方教材、校本教材最重要的作用也就是突出课程的适应性以及教材的适应性,即满足不同地区、不同学校的实际需要。这一编撰指导思想和出发点成为当前乡土教材编撰的目标所指,这与百年前乡土教材所承载的"爱乡救国""救亡图存""扬中华之国威"形成了鲜明的对比。

(二)变化的原因探析

从突出"由乡及国""爱乡救国""救亡图存"到逐渐重点强调乡土教材满足与适应地区差异的需要,乡土教材目标的这一变化并不是没有原因的。具体来看,主要有以下三方面的原因促成了这种转变:

首先是社会需要的影响。百年乡土教材的发展经历了三个不同时代,每个时代又有不同的历史阶段和不同的社会需要,这对乡土教材的目标产生了重大的影响。清末危机四伏,外有列强侵略不能抵挡,内有革命造反势如破竹,在这种内忧外患、政权不保的社会形势下,清政府

---

❶ 王明达. 采取积极措施大力推动乡土教材的建设 [J]. 课程·教材·教法. 1987, (11).

被迫改良，寄希望于通过改良力挽狂澜，而乡土教材也在此时引入国内。人们发现德、日等后起国家如此重视乡土教学，并且取得了很多成绩，起到了巨大效果之后，他们也希望能够通过让学生学习乡土教材以此树立爱乡爱国、保皇卫国的观念。到了民国时期，外部的侵略依然在持续，一直延续到抗日战争的全面爆发，这种灭种亡国的危机时刻在当局统治者和教育实践者的头脑中萦绕，乡土教材所能起到的民族凝聚力、激发学生保家卫国的号召力一再被提及，直到抗战胜利，外患解除，内战爆发，才有所缓解。新中国成立后的一段时间里，国际形势急转，中国同日、美、英、苏等国的关系恶化，开始了关起门来搞建设、搞教育的日子，在这种社会现实下，乡土教材被赋予的意义主要不再是激发民族热情，而是在统一的课程与教材颁布和实施后，如何弥补它的不足。因此，从 1958 年教材编写权力下放之后就开始考虑这一问题，乡土教材成为这一问题的答案之一，直到"文革"结束之后，这种社会需要一直存在，而且似乎被有意无意更加凸显地提出来。因此，我们可以说，百年社会发展的需要影响甚至决定了百年乡土教材的目标定位。

其次是国家意志的介入。在有了相应的社会需要之后，需要国家意志的介入将这种需要变为现实。清末的《乡土志例目》，民国时期的《乡土教材补充读物编撰条例》以及《战时各级教育实施方案纲要》，新中国成立之后《关于编写中小学、师范学校乡土教材的通知》、毛主席关于乡土教材的指示，以及改革开放之后关于乡土教材的各项政策措施都是国家意志的介入。而在新中国成立之后的很长一段时间，领导人的意志介入还直接影响了乡土教材的发展，为乡土教材的发展定了"调"，从而直接影响了乡土教材的目标定位。

最后是教育思潮的推波助澜。各个时期教育思潮对乡土教材的发展也起到了推波助澜的作用。清末乡土教材的发展受德、日乡土教育思潮的影响，民国时期美国的教育思潮，尤其是杜威教育思想，在胡适、陶行知等人的宣传之下，渗入到中国大地，直观教学、儿童中心等都是乡土教材绝佳的实践理由，结合乡土教材社会发展的需要，促成了民国乡土教材的大发展，帮助实现了民国乡土教材的目标定位。新中国成立之后，苏联教育思想的影响，以及毛泽东同志个人对教育的思考，加上教育本土化的实践探索,都深刻地影响着乡土教材的目标定位。

综合以上几方面的原因,百年乡土教材的目标定位有了变化,从定位为救国救难的利器到将乡土教材作为统编教材的补充以适应地区差异需要,这一大致过程说明了乡土教材的目标定位发生了变化,也说明了不同时期对乡土教材的期许是不同的。

二、内容范围从史地格致向各科延伸

清末乡土教材最初是从历史、地理和格致开始的。《奏定初等小学堂章程》将最初两年的历史学习规定为"讲乡土之大端故事及本地古先名人之事实",地理内容学习规定为"将乡土之道里建置,附近之山水以及本地先贤之祠庙遗迹等类",格致内容规定为"讲乡土之动物、植物、矿物,凡关于日用所必须者,使知其作用及名称"。到《乡土志例目》出台,则列出了包括:历史、政绩录、兵事录、耆旧录,人类、户口、氏族、宗教,实业、地理、山、水、道路、物产、商务 15 部分内容,这些内容也大多可以包括在历史、地理和格致的范围之内。

到民国时期,乡土教材的内容范围除了延续清末乡土志的内容之外,新增加了社会科和常识科,而常识与社会科在民国很长一段时间里是乡土教材最主要的用武之地。乡土教材在这一时期作为常识和社会科的课本使用。1936 年《小学常识科课程标准》就明确提到了乡土研究的内容:乡土自然环境的研究、乡土经济的研究、乡土政治的研究和乡土文化的研究。❶ 到民国乡土教材发展的顶峰时期,乡土教材的内容进一步增加,其范围扩大到小学阶段各类课程,包括如乡土史地教材、社会科乡土教材、自然科乡土教材、卫生乡土教材、常识乡土教材、国语乡土教材、游戏乡土教材、乡土工艺教材、乡土劳作教材等,形式多种多样。此外,民国中后期的乡土教材,其内容范围还扩展到初中地理、历史等领域。但是,总体来看,民国时期乡土教材主要还是集中在小学社会、常识科领域,虽然其他领域也编撰了一定的乡土教材,但是分量

---

❶ 吴履平主编,课程教材研究所编. 20 世纪中国中小学课程标准·教学大纲汇编:自然、社会、常识、卫生卷[M]. 北京:人民教育出版社,2001:189-190.

并不太多。这与新中国成立之后的情形截然不同。

新中国成立之后，乡土教材的内容范围再一次扩大，在"文革"时期还一度出现了将农业基础知识作为乡土课本使用的做法，还有如乡土文学、乡土文艺、乡土语文等乡土教材，"文革"结束之后，为了增加教材的适应性，中小学阶段普遍增加了乡土内容的学习，出现了诸如乡土音乐、乡土美术、乡土生物、乡土化学等各种内容的乡土教材，并且规定了将总课时的10%～20%用作乡土学习。此时乡土教材的内容范围扩大到前所未有的程度。新课程改革以来，形成国家、地方和校本的三级课程体系，地方和校本教材的内容和时间都作出了相应的规定，此时乡土教材最主要的用武之地是在地方和校本教材领域。

至于内容范围变化的原因，笔者认为有以下几方面：首先，清末乡土教材的内容范围之所以主要是历史、地理和格致，首先，历史、地理和格致最容易就乡土内容编写教材，同时历史、地理科目也最具有激发民族意志，发扬爱国情怀的作用。其次，原有地方志的内容范围对乡土教材的内容范围产生了直接的影响。因为原有的地方志主要记录的是历史、建制、人口、地理等内容，它与乡土历史、地理和格致科目更宜融合。然而到了民国时期，支配乡土教材发展的理论基础有所变化，乡土教材在杜威主义的影响下具有了更加普遍的意义，乡土教育的思潮甚至扩散到整个社会，加上抗战的需要，乡土教材的内容范围进一步扩大。而到了新中国成立之后，乡土教材作为统编教材的补充，进一步辐射到中小学各科科目中，以满足其适应地方需要的目的。新课程改革以来，三级课程的设置和三级教材的编制导致乡土教材的内容范围逐渐定位到了地方和校本教材上来。

三、形式体例从多种体例并存逐渐向教科书体集中

清末乡土教材由于处于初创时期，编写体例各种各样，有例目体、章节体，也有课目体和游记体，其中以例目体和课目体较为常见。民国时期教科书的体例依然多样，目前发现的有例目体、课目体、章节体、游记体等，和清末类似。而到新中国成立之后，乡土教材的编写体例开始向教科书体集中，虽然"文革"时期乡土教材的编排体例一度多样

化，而从"文革"结束后直到现在，乡土教材一直主要采取课目体，而游记体、例目体已不再出现。

乡土教材的编写体例从多种体例并存到逐渐向教科书体集中，究其原因是乡土教材作为教科书的定位越来越明确，在清末和民国时期乡土教材包括乡土志和乡土教科书，因此编写体例融合了二者的特点，而新中国成立之后，乡土志退出了作为乡土教材的历史舞台，乡土教材的教科书定位已经非常明确和成熟，加之乡土教材的主要作用变为与教学大纲或课程标准配套的补充教材，因此为了体现出补充教材的作用和形式，这些补充教材的编排基本都与相应科目的教科书的编排类似。所以，直到如今，教科书体就基本成为了乡土教材的唯一选择。但是，如果要对这唯一的选择进行评价，我们认为，以往不局限于教科书体，并而能自由发挥的多种乡土教材编写体例，尤其是像游记体类的乡土教材，似乎更能够激发学生的学习兴趣。

四、编撰群体从多方面参与到以地方教育行政部门为主

清末乡土教材的编撰主体有地方官员、社会团体、文人绅士和留学生等多方面、多层次人员。一方面，清末乡土教材的编撰得到了基层官员的支持，各县"县事"及其僚属成为乡土教材编撰的主体。另外，还有一些乡土教材由厅县的地方长官组织人员进行编写，并规定了相应的程序。社会团体编撰方面，"国学保存会"与"南社"成员是当时清末乡土教材编撰的主力军。刘师培、陈去病、黄晦闻、傅熊湘、侯鸿鉴、马锡纯、范烟桥、成希蕃等都是当时清末乡土教材编撰的代表。而且在当时乡土教材的编撰过程中都有明确的分工，如谁调查、谁整理资料、谁行文、谁誊写等，这在一定程度上保证了资料来源的可靠性和乡土教材的质量。

到了民国时期，乡土教材的编写由教育行政部门、县政府、学校和个人参与，一般以"乡土教材编撰委员会"的集体名义进行集体编撰，参编人员主要是教育行政部门的人员以及小学教员和熟悉本地情况的知识分子，这些乡土教材通过审查之后方可使用，否则只能小范围的"试用"。但是总体来看，民国乡土教材编撰群体变化有一个趋势，渐渐将

编写权力规定到了地方教育行政部门。

新中国成立之后,除了"文革"时期和新课程改革时期以外,乡土教材的编写权力基本归于地方教育行政部门。"文革"时期因为是将编写权力下放到了基层,因此公社、大队等贫下中农都能自编乡土教材,而新课程改革以来,个人、学校都参与到了地方教材和校本教材的编撰上来。"文革"结束后,乡土教材的编撰者进一步得到明确,规定"中学、师范的乡土教材由省、市教育厅、局负责编选;小学的由县、市教育科、局或专署教育科负责编选,或由县、市提供材料由省、市审订"[1]。从这以后,乡土教材的编撰群体就开始统一到地方教育行政部门,地方教育行政部门也就成为乡土教材编撰的最重要的力量。

从各种乡土教材的序言中也可以看出,当时清末和民国时期的地方官员一把手直接指导地方乡土教材的编撰,甚至为其作序,这证明了乡土教材的重要性。民国时期甚至还出现了由于对乡土教材的编撰落实不及时而对地方政府的一把手提出警告批评的先例。而反观如今的乡土教材,很少能有这种情况,这也从一个侧面反映出我们对乡土教材这一"非主流"事物的重视程度似乎有所下降。

乡土教材的编撰群体逐渐归于教育行政部门,其原因在于,人们认为地方教育行政部门对当地的情况更为了解,更易组织人手编撰当地的乡土教材。但是这种一刀切的办法也导致了许多问题,其中最大的问题就是乡土教材的质量缺乏保障。有些地方的教育行政部门没有力量组织编撰乡土教材,而行政部门又命令让其强行为之,这也是某些乡土教材编写质量低下的重要原因。

五、适用对象从初级小学向整个基础教育扩展

乡土教材适用对象的变化相对清晰。百年中,乡土教材适用对象的变化整体上呈现出从低年级向高年级扩展的趋势,即呈现出从最初的初级小学一、二年级向整个基础教育扩展的趋势。清末乡土教材初创时

---

[1] 国务院法制局. 中华人民共和国法规汇编(1958)[M]. 中华人民共和国法规汇编编辑委员会,1959:443-445.

期,《奏定学堂章程》就规定了初等小学五年的课程内容,一、二年级分别学习乡土历史和乡土格致,而一、二年级和三年级上学期学习乡土地理的内容。这一规定是关于乡土教材适用对象的最早规定。

到民国时期,乡土教材的适用对象有所扩大,1922年"新学制"颁布之后,小学采取四二分段,即初级小学四年、高级小学两年,而初小四年的社会科可以编写乡土教材,并扩大到高级小学一年级应用乡土教材,如民国十三年(1924年)三月出版的《崇明乡土志》,其编辑大意开头就指出:"本书备高等小学一年级生或国民学校第四学年生教科之用。"❶ 到民国中后期,乡土教材的使用范围进一步延伸到初级中学和师范类、军事类学校,如民国十九年(1930年)部颁《初级中学地理课程标准》就规定初级中学第一年第一学期教学本县本省乡土地理;❷ 民国三十三年(1944年),山东省政府还曾专门下达了训令,要求山东省在中学校授乡土志。这些证据都表明民国时期乡土教材的适用对象范围已经扩展到了初级中学。

新中国成立后,1958年《教育部关于编写中小学、师范学校乡土教材的通知》就明确规定"中小学和师范学校地理、历史、文学等科教学都要讲授乡土教材"❸,这是新中国成立后首次对乡土教材的适用对象进行了明确规定,此后,乡土教材的适用对象一直延续了这一传统,尤其是新课改以来,从小学到高中都规定了相应的地方课程和校本课程的课时,而乡土教材的适用对象也实现了从小学向整个基础教育领域的扩展。

究其原因,清末乡土教材的适用对象定位为初级小学的低年段,主要是受当时西方乡土教材的影响。1905年《学务处咨各省督抚编辑乡土志文》里就指出:"各国中学以上课目互有异同,唯小学乡土志则东西一律。"❹ 由此可见,仿照西方在小学阶段设置乡土教材是清末将乡土教材适用对象定位为小学的主要原因。另外,由于当时受直观教学思

---

❶ 昝元恺. 崇明乡土志 [M]. 崇明第一商校公平商店,1924年石印本.
❷ 刘诚. 福建乡土史地 [M]. 福建省政府教育厅,1941:编者的话.
❸ 国务院法制局,中华人民共和国法规汇编(1958) [M]. 中华人民共和国法规绘编编辑委员会,1959:443-445.
❹ 学务处咨各省督抚编辑乡土志文 [J]. 教育杂志,1905,(7).

想的影响，小学阶段是直观教学的最重要的领域，因此，在小学低年段运用直观教学讲授乡土教材就成为理所当然之事。到了民国时期，乡土教材救亡图存的重要性进一步凸显，因此在课程体系中的地位也有所提高，加之当时儿童中心的教育思潮，以及抗战救国的需要，乡土教材的应用范围就进一步扩大，延伸到中学领域。新中国成立之后，乡土教材主要定位为统编教材的补充，因此基础教育各个年级的统编教材都需要相应地编写适合当地的乡土教材，所以此时乡土教材的应用范围就扩展到了整个基础教育领域，以满足乡土教材作为各个学段补充教材的需要。

第二节　百年乡土教材发展的主要成就

乡土教材从清末产生到民国逐渐发展定型，然后历经"文革"的洗礼、新中国教育改革的变迁和新课程后的转型，历经百余年的时间，而最终保留了下来。从最初稚嫩的雏形，到如今作为地方课程和校本课程的教材使用，乡土教材百年发展有许多可圈可点之处，综合起来，百年乡土教材发挥的作用和价值主要表现在以下一些方面。

一、保存并传播了乡土文化

所谓乡土教材，是在国家相关教育制度与政策范围内，结合当地所在的实际和特点而编写的反映本乡本土实际的用于教学的材料。乡土教材与其他教材的最典型的区别，在于它所反映的是本乡本土的文化。而这些乡土文化借助乡土教材而一代一代地保存下来，并在此基础上，通过乡土教材加速乡土文化的传播，促进了新旧文化的交融，这一作用是其他类型的教材所无法实现的。

首先，百年乡土教材成为乡土文化保存的重要载体。乡土教材，尤其是清末和民国时期的乡土教材对保存当时的乡土社会信息起到了巨大作用。乡土教材中记载着当时的物质文化形态，对原有的乡村山水风貌、乡村聚落、乡村建筑、民间民俗工艺品等进行了详细收录；清末乡土教材中对当时乡村生产生活组织方式、社会规范、乡约村规等亦有详尽描述；除此之外，乡土精神文化中的孝文化、宗族家族文化、宗教文化等，都通过乡土教材完好地保存起来，成为研究当时社会风貌、生活习俗的重要史实资料，具有极大的历史文化价值。因此，乡土教材的兴起和发展，为我们提供并保留了大量宝贵的乡土数据，这些内容反映了当时乡土文化的方方面面，百年乡土教材成为中国乡土文化发展、变迁和乡土社会变革的忠实记录者和见证者。

其次，百年乡土教材加速了乡土文化的传播。中国传统的地方志往往是少数人用以研究的典籍，大多被束之高阁，未见广泛的传播，一般民众对其更是知之甚少。而清末以来的乡土教材，其诞生之初的定位就是小学教科书，用以引导儿童了解和热爱自己的家乡，进而由乡及国，由爱乡到爱国。正是因为乡土教材正式被纳入了学校课程体系，成为千千万万儿童必学的内容之一，才使其影响远比之前的地方志要广泛而深远得多。而乡土教材中承载的文化要素又随着这些课本传播给平民百姓，传播到千家万户，由此，我们认为百年乡土教材在一定程度上加速了乡土文化的传播，起到了推动乡土文化传播的效用价值。

最后，百年乡土教材促进了新旧文化的交融。从 1905 年左右，清末乡土教材在我国历史上第一次出现在小学课本里，通过官定《乡土志例目》，使得乡土志书在内容、体例方面得到规范，其新的内容、新的体例、新的形式、新的目的也与原有地方志相区别。清末乡土教材中中西、古今文化发生着各种碰撞，例如商业、技术等内容在以前大多被认为是雕虫小技、奇技淫巧而不被重视，而这一时期乡土教材里开始出现传播商业知识、重视技术的内容。清末乡土教材的编撰是"前现代向现代转变的时代产物，它与清末新式教材需求的增加、救亡图存思潮的激荡及国民性改造思潮的激发有着很大的关联"[1]。正是因为处于各种特定的时间节点上，百年乡土教材中无不透露出新旧文化的碰撞，这种碰撞也促进了新旧文化之间的交流与融合，这是百年乡土教材的价值之一。

---

[1] 石鸥，吴小鸥. 浸润在湖湘文化中的第一乡土教科书[J]. 湖南师范大学社会科学学报，2009，(4).

二、提供了乡土知识

乡土知识，也可称为传统知识、民间知识、民族知识等，有学者将其分为了两大类，一种是"原生性乡土知识"，另一种是"次生性乡土知识"。"原生性乡土知识"是乡土社区基于生产生活和智力活动总结和创造的关于自然与社会的实践经验和认知体系。主要包括传统农业知识、技术知识、生态学知识、医学（包括药学与治疗）知识、生物多样性知识、民间文学艺术表达（包括音乐、舞蹈、歌曲、手工艺品、设计、传说和艺术品等形式）、地理名称与标记（以语言元素为中心）以及诸如信仰、亲属与社会组织、人际关系等神圣与世俗生活知识。而"次生性乡土知识"是乡土社区的"他者"对"原生性乡土知识"进行再次加工和总结形成的，而不是实践本身。❶乡土教材中选择的乡土知识应该是既包含"原生性乡土知识"，也包含了"次生性乡土知识"，乡土教材是对这些乡土知识的系统化选择与组织。

虽然乡土知识并非全部由乡土教材传递和表达，但是乡土教材却是乡土知识传递和表达的直接载体，传递和表达乡土知识是乡土教材最重要的作用。大体上看，百年乡土教材的编撰过程其实也就是百年乡土知识的选择过程。在百年的发展过程中，它实际回答了什么是乡土知识的边界，如何选择并组织乡土知识，如何将乡土知识融入课程和教材等问题。清末的乡土教材提供以乡土历史、乡土地理和乡土格致为主的乡土知识，民国的乡土教材提供了以乡土常识和社会为主，以乡土自然、乡土卫生、乡土国语、乡土游戏、乡土工艺、乡土劳作为辅的乡土知识。新中国成立之后，乡土教材又提供了各科与学生所在地相关的乡土知识，新课程改革以来，国家通过三级课程体系又为乡土知识的开发提供了制度保障。

乡土知识有其独有的特点和作用，而这些特点和作用，是其他教学内容所无法比拟的。2000 年，Ellen 和 Harris 对乡土知识的特点进行了

---

❶ 柏贵喜. 乡土知识及其利用与保护［J］. 中南民族大学学报（人文社会科学版），2006，(1).

归纳，他们认为：（1）某些特定的乡土知识与一个特定的地方或地理环境密切相关；（2）乡土知识主要以口头形式传播；（3）乡土知识与日常（生产、生活、宗教等）实践紧密相关；（4）乡土知识以实证性和实用性知识为主（而不是纯理论知识）；（5）乡土知识是动态的，能够不断变化与发展；（6）乡土知识往往在某群人当中是共享的或共同的；（7）乡土知识的分布在不同人群之间是不同的（如根据年龄、性别、民族等特征组成的群体）；（8）乡土知识与更广泛的文化传统往往难分舍。❶ 因此，正是因为乡土知识具有这些特点，当乡土知识被纳入到乡土教材时，乡土教材也就具有了这些特点，从而使得乡土教材贴近生活，也起到了诸多其他类型教材所不能起到的作用，赋予了其特有的价值。尤其是在清末民国那样一个知识贫乏的年代，并不是每家每户都有机会接触到统编的教科书，而乡土教材在新疆、西藏等边远地区都曾编撰成书，因此这些难得的乡土教材就成为当时孩子们极其重要的知识来源，加之乡土知识的实用性和直接性，这些乡土知识对孩子们的实际生活又起到了积极的促进作用。

此外，乡土教材提供的乡土知识也具有一定的史料价值。以清末至民国时期用于课堂教学的乡土志为例，这些乡土志对当时历史、地理等方面的记录，可以弥补通志与正史的不足，具有极强的地方特色。虽然当时乡土志的主要内容来源于地方志，但是也有一些乡土志直接来源于编者的实际调查，这些数据对于今天人们的研究仍然具有史料价值。另一方面，乡土教材所提供的边贸史、人口史、经济史方面的知识，对于研究当时的社会状况也有重要的参考价值。最后，各地独特风俗的记载以及一些独特性的地方史料性知识，都有相当的研究价值。

三、促进了乡土认同

所谓乡土认同是对乡土文化、地域、身份的认同，包括地域、精神归属等方面。我们常说的"老乡见老乡，两眼泪汪汪"就是一种对乡土认同的表现。乡土认同具有群体性的特点，要实现乡土认同并非一朝

---

❶ 于海燕. 世界社会林业发展概论［M］. 北京：中国科学技术出版社，2007：19.

一夕的事情，它必须有足够的条件、深厚的背景积淀，或某些持续发生的影响。

乡土教材对实现乡土认同有两方面的优势，其一，乡土教材内容的选择皆为儿童身边的或与之相关的事物，通过学习这些身边的乡土知识，儿童对家乡会更加热爱。其二，乡土教材的学习发生在学生们最易受影响的阶段。清末乡土教材从初级小学一、二年级开始，到民国时期逐渐扩展到中学阶段，而新中国成立之后，乡土教材的学习时段扩展到整个基础教育阶段，因此，通过这一持续施加的影响，和使学生们在最易接受外界影响的时间里受到了乡土教材的熏陶，这对升华他们对家乡的理解，获得对家乡的认同产生了积极的作用。

另外，这种乡土认同在国家危难之际，尤其发挥着巨大的作用，对于激发人们爱乡爱国，保家卫国之情有巨大的鼓舞力，这种"植根乡土"的思想同时也迎合了历来中国人民安土重迁的传统，乡土教材对这种传统也起到了强化作用。不过，"在启蒙现代性话语体系中，乡土认同往往被认为是保守的、怀旧的，甚至是反现代性的，然而，随着人们对现代性认识的深入，以及文化全球化冲击下本土意识的觉醒，情形发生了戏剧性的逆转，乡土文化认同的重要意义被重新提及"[1]。在此，我们不去讨论乡土认同的利弊，但是它所起到的作用和影响是不可否认的。

四、推动了学生发展

乡土教材作为教材体系中的一员，它跟国语、算术、英语等教材一样，影响了几代人。通过乡土知识的学习，在学生幼时播下了乡土知识的种子，深深地影响了他们的发展。一些后来成为"大家"的学者们在回忆起自己儿时的学习经历时，还会指向我们现在似乎不怎么看重的乡土教材。

提到乡土教材，我不能不联想起我在小学里沈校长给我们讲的"乡土志"。

---

[1] 季中扬. 乡土文化认同危机与现代性焦虑［J］. 求索，2012，(4).

……

大概在小学四年级的时候，有一门课叫"乡土志"。当时我不大明白这三个字的意义，衍声附会，讹成了"香兔子"。这个荒唐的误会，留下的印象却很深，至今我还喜欢把它作为笑话来讲。我幼年在动物中最喜欢的是兔子，在小学课程里最喜欢的是"乡土志"。

……

对我影响更大的也许是父亲每次出差回家总要带回的几部新的地方志。地方志就是记载各地方地理、历史、名胜、人物和风俗的书，其实也就是沈校长所讲的乡土志，和现在正在编写的乡土教材。

以上这几段话出自我国著名学者费孝通先生于1991年9月16日所写的《忆小学乡土教育》[1] 一文，通过费先生的文字，我们似乎可以推断这样一个结论，如果没有当年乡土教材的影响，没有当时费先生的先生以及费先生的父亲对乡土教材的默默耕耘，就不会有后来他的成名之作《江村经济》，也不会有后来的《乡土中国》和《乡土重建》等重磅级的著作，当然也就不会有如今被我们尊为"大家"的费孝通了。小小的乡土教材，不仅仅是对当时的学生产生了积极的影响，它对清末直至新中国成立后的几代人都产生了较为深远的影响，起到了积极的作用。

五、为乡土教材的编撰提供了范例

乡土教材的编撰已经有百余年的历史，从最初按照《乡土志例目》逐项填报的乡土教材到如今的乡土教材，这之间走过了一条曲折的发展道路。我们的先辈们在探索乡土教材的编撰之路上留下了许多宝贵的财富，他们对乡土教材编撰内容、体例、组织形式，甚至是装帧设计都给我们如今的乡土教材编写以重要的启示，提供了诸多范例，在这些范例中有些是可取的，有些是值得我们深思的。例如，清末的乡土教材采用例目体逐项填报的编写形式，让我们觉得枯燥乏味，很难激起学生的兴趣，有如资料堆积；国学保存会采取教科书体编撰乡土教材，印刷精

---

[1] 费孝通. 忆小学乡土教育·往事重重 [M]. 沈阳：辽宁教育出版社，1998：8-11.

美、工整，但是在内容陈述方面却有诸多偏见；还有一些采取了四言或五言韵律的形式来叙说内容，朗朗上口。大约到了20世纪30年代，民国时期的乡土教材在问题设置、内容的选择、分量的控制以及课后资料的补充上，都完成了乡土教材编撰领域的创举。新中国成立之后，尤其是"文革"时期，编撰者们大规模的"草根化"，贫下中农是乡土教材编写的主力，他们自编自撰内容，以此组织乡土教材的文本，以政治挂帅，强调乡土教材的实用性，但是却不太注重内容的组织形式，"文革"结束后，乡土教材的编撰又基本依照教学大纲对照相应的科目进行补充，形式体例方面缺乏突破，进入了瓶颈期。而新课程改革以来，乡土教材的编撰形式开始多样化，精美的图片、丰富的图表、优美的文字、丰富的参考资料等，这些不同的尝试都是百年乡土教材的编撰过程留给我们的宝贵财富，我们以乡土教材编撰史为鉴，方知当今乡土教材编写之得失，并会想方设法努力改进。这是百年中国乡土教材留给我们最宝贵的遗产。

第三节　百年乡土教材发展的不足之处

一、乡土教材理想与现实间的反差

（一）重视乡土教材的呼声与落实乡土教材的实际并不匹配

纵观百年乡土教材的发展，从清末乡土教材的发端，到民国乡土教材的演进，再到新中国成立以来乡土教材的变迁，通过阅读当时关于乡土教材的文献以及当时的乡土教科书，都可以深切地体会到那个时代的人们对乡土教材的热切呼唤。同时，教育当局也把乡土教材作为一项较为重要的工作来抓，各个时代都出台了相关乡土教材编撰的政策并提出了指导意见，组织编撰了一批又一批从省级到市区县级的乡土教材。"乡土教材"四个字不论在战争年代还是和平年代都未退出教科书舞台，是众多类型的教科书中的一员，由此我们也可以深切地感受到，乡土教材百年的呼声不可谓不高。而乡土教材发展的实际情况又怎么样呢？从目前留下来的乡土教材和关于乡土教材的相关研究来看，乡土教

第五章　百年乡土教材发展的反思　　// 191

材的发展并不十分乐观,即使是在清末乡土教材短暂的辉煌时期和民国乡土教材鼎盛繁荣时期,乡土教材都是作为配角而存在,关于它的研究成果也并不多见,虽然民国时期还有一段教育家们发起的轰轰烈烈的乡村教育运动,但是这也只是一股教育大潮中的小小支流。1935年祁伯文发表《各省编辑乡土教材之近况》一文,对江苏、浙江、江西、广西、河北、河南、云南、陕西8省乡土教材的编撰情况进行了介绍,文中作者写道:"各省教育当局,多主张编辑乡土教材,为提倡民族教育的基本……"这几省当时的实际状况是"均能积极推行,或已完成,或正在工作,或尚在计划之中。不过此时各省推行者,均系编辑教材之初步工作,以树民族教育之基础……"❶。由此可见,当时并不是所有省份乡土教材的工作都进行得十分顺利,但是各地都能意识到乡土教材的重要性。到1940年,施伯华在《乡土教育与教材问题》一文中同样表述了当时乡土教材的现状,"今日教界人士皆渐留意乡土教育,亦认乡土史地之值得研究。然事实上,各校对于乡土历史或地理非但未能普遍添设。即一二学校欲搜集本地或学校所在地之史地教材,每苦无适当资料参考书籍。结果乡土教育的提倡,仍不免流于理想"❷。这也同样体现了乡土教材的理想与现实之间存在巨大的差异,虽然大家积极提倡,明白其重要性,但在落实时却大打折扣。新中国成立之后直至如今,这方面的问题就更加凸显了,解放后能检索到的乡土教材方面的研究,无不透露了要重视乡土教材的思想,阐述乡土教材之重要性,以及乡土教材在思想政治教育、民族团结教育,乃至中华民族伟大复兴方面的作用和地位,但是作为补充性质的乡土教材,在落实到教育实践时、在与教材领域其他统编教材相比时,其配角地位却从来未变。与中央、地方和教育家们呼吁发展乡土教材的呼声相比,乡土教材的实践实在不如人意。

乡土教材这种命运有其历史必然性。清末乡土教材产生之初正值新旧教育交替之际,在新学校、新教育、新教科书刚刚出现的清末,在其他国语、算术等基础科目尚未完全成型,还未普及全国之时,能留下一

---

❶ 祁伯文. 各省编辑乡土教材之近况 [J]. 陕西教育月刊, 1935, (2).
❷ 施伯华. 乡土教育与教材问题 [J]. 温中校刊, 1940, (7).

部分精力同时来发展代表"地方"的乡土教材，已经实属不易；民国时期，战乱不断，乡土教材被赋予救亡图存之目的被加以强调，但是民国短短的38年，乡土教材之宏图大略还未来得及实施，就已经黯然退场，加之当时的民国连义务教育普及都还存在诸多问题，在这样一个普通民众知识如此贫乏的年代，抓大放小也就可以理解了。新中国成立之后直到改革开放之前，新中国一直处于大大小小的跌宕之中，扫盲教育、普及义务教育、高等教育大众化，在那样一个极度强调统一化、集权化的时代，乡土教育和乡土教材实在是一件不那么突出的事情，加之高考指挥棒的作用，使得乡土教材编撰和使用的雷声再大，最后落下来的雨点都小得可怜。但是，笔者较为乐观的是，一百多年过去了，这种教育领域的一统化趋势正在打破，国家课程、地方课程和校本课程的作用也开始体现出来，今后的发展趋势必定将是进一步凸显地方特色，调动地方积极性，而作为体现地方和校本特色的乡土教材，也许能借助这股春风，在一个和平的、多元的社会里真正开出绚烂的花朵。

（二）作为补充资料性质的乡土教材所不能承受之重

笔者分析了百年以来乡土教材的目标定位、内容范围、形式体例、编撰群体和适用对象的变化发展过程，这一动态变化过程或多或少反映了不同时代对乡土教材的不同诉求。然而百年来，乡土教材作为补充资料的命运似乎很少有所改变。在清末几年的时间里，乡土教材被规定作为初小低年级正式使用的教材外，除此之外别无选择，也不能做其他选择，这时乡土教材的重要性就明确地凸显出来。但是仅仅几年之后，整个民国时期和新中国成立至今，乡土教材的的性质都是作为补充资料而存在在课程计划、教材体系里。1928年第一次全国教育会议上《规定各地方小学用乡土教材补充读物编撰条例并准各地方自编补充读物案》就为乡土教材的性质作了规定，即"除本地方所特有的教材，在教学时和全国公共的教材对比研究等外，可准各地方教育行政机关自编关于本地方特有的乡土教材的补充读物"[1]，1936年公布的《小学常识科课程标准》虽然也强调乡土内容，但是编撰的乡土教材是作为常识教材的补充，常识科和常识教材仍然是当时的主流，到新中国成立之后，1958

---

[1] 中华民国大学院. 全国教育会议报告［M］. 上海：商务印书馆，1928：592-593.

年教育部的《关于编写中小学、师范学校乡土教材的通知》也规定了乡土教材作为统编教材的补充,之后教育部门的政要讲话以及相关文件都明确了乡土教材作为补充资料的性质。一直到新课程改革,乡土教材又成为地方教材与校本教材中的一种,不过此时,国家层面对地方教材和校本教材的比例和课时等都作了强制规定,但是此时,已经不完全是针对乡土教材而言了。作为补充性质的学习材料,总体来看,各个时期乡土教材的课时都很少,清末"奏定学堂章程"规定,初等小学每星期授地理一点钟,除年假暑假外,每一学期应授地理十八点钟,民国时期乡土教材所占课时也非常之少,新中国成立之后 1958 年规定:"高小的历史、地理每学年 4~9 课时,初中和师范每学年 4~6 课时;音乐每学期 4 课时;文学和语文 8 课时。"❶

乡土教材作为补充资料的性质与其课时较少是直接相关的。因为是补充性质,所以所占的学时很少。其实在民国初期,江苏等地曾尝试过将乡土单独设科教学,以此凸显其重要性,然而没有施行几年就不了了之。但是,与乡土教材的补充性质不相匹配的是,教育行政部门和教育家们对乡土教材的期望。从以乡土教材来实现爱乡爱国、救亡图存到以乡土教材来满足地区差异,弥补统编教材的不足,不论要实现是哪项目标,都需要给乡土教材以足够的地位,这种地位的给予不仅仅是理论上的,更应该在实际操作中体现出来,否则再怎么高谈阔论重视乡土教材,加强乡土教材的编撰,所起的效果都会是微乎其微的。由此我们认为,作为补充性质的乡土教材,是无法承受教育当局或教育家们赋予它的种种重任的,这就是所谓的作为补充资料性质的乡土教材所不能承受之重。

二、乡土教材的编撰质量有待提高

(一)编撰质量参差不齐

对乡土教材编撰质量的评价其实是不容易的,因为直到目前为止,

---

❶ 国务院法制局. 中华人民共和国法规汇编(1958)[M]. 中华人民共和国法规绘编编辑委员会,1959:443-445.

我们也没有一套比较公认的关于教科书质量评价的指标体系。我们所认为的百年乡土教材编撰质量参差不齐的结论主要依据有以下三点：其一是将当时的乡土教材和同时期其他类型的教材进行比较；其二是同一时期不同地区乡土教材的比较；其三就是将教育学以及教育心理学方面的依据作为评判标准。通过将当时的乡土教材和同时期其他类型的教材进行比较，我们发现，乡土教材的印刷质量，装帧、内容组织等方面明显不如同一时期其他类型的教科书。清末大部分地方的乡土志、乡土教科书是抄本、稿本，根本没有专门的出版社为之出版，而同时期的算术、国文等教科书，有专门的出版社编写、设计、装帧，不论从形式还是质量上，都比同时期的乡土教材要好。通过同一时期不同地区乡土教材的比较我们发现，经济发达地区，如广东、上海、浙江、福建等地的乡土教材明显比其他地区的乡土教材质量要高。这些地区因为政治、经济、文化水平相对较高，有更多可资编撰的"乡土内容"。最明显的例子就是，《乡土志例目》颁布之后，要求各地按照例目编撰乡土教材，有一些地区在按照例目上报时，很多内容直接填写"无"，另外，在编撰形式方面，没有什么内容可供编撰的地区，往往像应付任务似的只管填报上交，根本不问质量，而相对较发达地区，在内容和编撰形式上就丰富许多。

（二）内容选择有所偏差

我们认为百年乡土教材在内容选择上也存在一定的偏差。乡土教材内容的选择是乡土教材编撰过程中最重要的环节。虽然各个时期都有乡土教材内容选择的指引，即有相应的内容选择范围，但是总的来看，乡土教材的内容选择还是存在一定的偏差。首先是内容选择的范围问题，国家层面在每个时期都公布了相应的内容选择范围，但是由于各个地方对国家政策的解读不同，因此，内容选择重点也就有所不同。以清末时期的乡土教材为例，虽然《乡土志例目》公布了15个方面的内容，但是在一些乡土资料较少的地区，内容选择并不完全，而另一些地区，由于资料较少，因此就在其他部分有意地增加内容，比如，有些乡土教材"乡贤"部分的内容几乎占了整本教材的一半，而其他政绩、兵事、实业、宗教则无内容可书。民国时期，由于没有《乡土志例目》等规范，而只是提出了内容选择的标准和大致的范围，因此灵活性更大，各地在内容选择方面的差异也就更加明显。另一方面，百年乡土教材的内容选择方面有明显的倾向性，几乎所有乡贤英烈，都只是针对那个时代的先贤英烈，编者们根据时代的要求和个人的意见而留下了他们，其他的人物则被乡土教材所抛弃。最后是内容选择的容量问题。乡土教材，尤其是清末和民国的乡土教材对字数的控制是比较严格的，尤其是从低年级向高年级呈现逐渐递增的趋势，这在当时编者们的自述当中即可看出，但是越往后面，乡土教材整册容量的控制越做得不好，有些乡土教材是厚厚的一大本，如1949年陈宗棠编撰、新中国书局出版的《四川乡土常识》课本就是厚厚的一大本，这册课本供中学阶段使用，同样是中学乡土教材，1958年山西省教育厅编的《初级中学历史·乡土教材》（上册）则明显要薄得多，仅20余页，1.5万字。而2009年中国和平出版社出版的《多元文化乡土教材——甘肃省南裕固族自治县第二中学校本教材》则是极厚的一大本，共计234页，15万字。由此可见，乡土教材的容量有明显的主观性，到底乡土教材的容量多少才是合适，到目前为止也一直没有一个较为统一的回答。

（三）编撰体例的创新不足

乡土教材的编撰体例创新不足也是百年乡土教材发展中凸显出的一个问题。清末至民国乡土教材的编撰主要分为乡土志和乡土教科书两大部分。而这两种乡土教材在编撰体例上有例目体、章节体、课目体等多种体例形式，有些乡土教材甚至采取了韵律或游记体的形式，然而新中国成立之后，乡土教材的体例逐渐归于单一形式，且一直持续了近半个世纪，我们如今翻开那些乡土教材，尤其是新中国成立之后的乡土教材，大多是整版整版的资料汇编，很少能让人眼前一亮，缺少了乡土教材应有的生动活泼。乡土教材反映各地的不同乡土风貌，但是呈现在人们眼前的乡土教材却像是一个模子里倒出的、按规定填空的资料集，这种资料集能否激起学生多大的学习兴趣实在是值得提出疑问的。另外，将百年前的乡土教材，尤其是20世纪30年代的乡土教材，与如今的乡土教材在形式体例进行比较，我们发现形式体例上变化并不大，正如笔者在前文中已经提到的，乡土教材在20世纪30年代就已经定型，此后的乡土教材创新点并不多，依然延续了以往乡土教材的"问题－内容－习题"模式，新中国成立后乡土教材的编撰体例和形式还不如民国时期乡土教材丰富，尤其是新中国成立初期到改革开放前这段时间的乡土教材，几乎无所谓编撰形式在体例而言，与清末按表呈报的乡土志水平无异。所以我们认为，百年乡土教材的编撰形式在体例上传承有余而创新不足，这是一个值得深思的问题。

（四）教材难度考虑不周

教材的难度是影响学生学习兴趣的重要因素，难度过高，学生畏难而不愿意学，难度过低，学生感觉无挑战而不屑于学，因此在教材设计时需要考虑教材难度这一指标。但是，乡土教材如何体现其难度呢？百年乡土教材的难度大概只有一个较为模糊的规定，那就是小学乡土教材以县为主，中学乡土教材以市或省为主，这大概是编者们考虑难度的一个范围指标。除此之外，也有一些如"由近及远""由浅入深"的要求，但是我们发现，有些地方在编撰乡土教材时，小学、中学所学习的内容广度基本一致，即所涉及的内容大多相同，虽然在内容深度上有所区别，但是深度的区别也仅限于教材内容的详实程度以及提供资料的多少，除此之外，几乎很难有其他定量化的考虑。因此，如何考虑乡土教材的难度，这方面一直存在诸多问题。

低年级乡土教材
黄道婆❶

黄道婆，元朝人；
家住在，上海县，乌泥泾；
从广东，得棉种。
教乡人，种棉花，纺棉纱；
变成布，利更多。
黄道婆，功劳大。
后来人，纪念她，
造祠堂，称先棉。

---

❶ 低年级乡土教材·黄道婆［J］. 国民教育辅导月刊（上海），1947，2.

中年级乡土教材
黄道婆[1]

我校四周都是棉田，乡民靠种棉为生的不知多少。变成土布销售各处，获利极多。

从前这地方是没有棉花的。元朝时候，离我校不远的乌泥泾地方，有一个女子叫黄道婆，到广东去觅得棉种，揣归故乡，教乡人种植，并且教他们纺纱织布，上海从此始有棉花。

乌泥泾的百姓本来就是很穷苦的，自从学会了种棉，纺织后，家业就殷富起来。

后来黄道婆年老病故，乡人感念他的恩德，替他营葬，城中也建立一个祠堂，在南市省立上海中学初中部旧址，现在已经毁。上海中学还校后，在新校舍中特把大厦一所题名为"先棉堂"以留纪念。

高年级乡土教材
黄道婆[2]

江苏沿江两岸是著名的产棉区域，农民靠种棉为生的不下千万人，从事于棉的加工制造的又不知有几百万人，棉，真是本省一大富源。但是这些利益是谁赐给我们的？恐怕知道的人还不多。

我国不是棉的原产地，我国古代史没有棉花的，唐朝时从印度传入棉种，闽广一带首先种植，名叫"吉贝"，江苏在元朝以前，还没有棉花。

元朝时上海县西南乌泥泾地方有一个女子，名叫黄道婆，起初沦落在广东崖州地方，到元贞年间，乘海船归来，带来棉种，播种在乌泥泾一带，并且乡人弹面、纺纱、织布等方法。乡人竞相学习，把种得的棉花，纺织成纱布，贩卖各处，获利很厚。各处亦相效仿，产棉区域逐渐推广，遍及大江南北，苏省遂成重要的棉产地。

乌泥泾一带，本来土地贫瘠，粮食不足，百姓很穷苦，自从黄道婆传播种棉纺织的方法后，地方就殷富起来。不多时，黄道婆去世，一乡之人莫不感恩涕泣，大家替她营葬，又立祠祭之，称为先棉祠。城中亦

---

[1] 中年级乡土教材·黄道婆 [J]. 国民教育辅导月刊（上海），1947，2.
[2] 高年级乡土教材·黄道婆 [J]. 国民教育辅导月刊（上海），1947，2.

建一祠，祠址在上海南市省里上海中学初中部旧址，今已毁。上海中学还校后，在吴家巷新校舍中，把大厦一所题名为"先棉堂"以留纪念。

这是1947年民国时期上海乡土教材提供的不同学段的、相同的学习内容"黄道婆"，从低年级到高年级的学习内容能够看出，中年级的"黄道婆"仅仅就是低年级的"黄道婆"的扩充版，而高年级的"黄道婆"并不比中年级的"黄道婆"提供更多的内容，通过三个学段的"黄道婆"学习，几乎是对类似的内容学了三次。黄道婆对上海地区的棉花种植做出了一定的贡献，但是黄道婆到底是一个怎么样的人，她的活生生的生活是怎样的却未有任何提及。按理说，不同学段的学生学习的广度和深度应该不一样，否则对了解一个立体的"黄道婆"肯定是不利的。我们教给学生的应该是一个立体的、活生生的黄道婆。乡土教材难度应该如何与学生发展、社会需要以及学科需要相结合，一直以来是一个悬而未决的问题。

（五）对教学的关注度不够

所谓教学，最通俗的理解是指教师的教和学生的学，这是一个双边活动。乡土教材的编撰不仅要考虑内容选择、编撰体例和教材难度等问题，也要同时考虑所呈现出来的内容是否适合教学。在一定程度上，乡土教材的教学性如何，直接决定了乡土教材的质量，即所编出的乡土教材是否适合学生学习，是否适合教师教授。乡土教材的可教性和易学性决定了乡土教材实施的效果。此外，为了便于乡土教材的学习，编者应该提供一定的参考资料、辅助学生学习的材料和帮助教师教学的参考书。然而从百年乡土教材的编撰来看，乡土教材对教学的关注还明显不够。有些乡土教材，尤其是县及以下地方所编撰的乡土教材，更多的是资料汇编，乡土教材本身结构不完整，问题设置较为随意，甚至有些根本就没有设置问题，仅仅提供了一篇课文，需要教师自由发挥，更不要奢望提供相应的参考资料了。因此，乡土教材到底应如何适应教师的教，配合学生的学，这不仅在百年乡土教材的实践中未能充分考虑，在百年乡土教材的研究方面更是理论的盲区。

诚然，从百年乡土教材的发展中，我们会发现一些精品，但是有一些也不敢恭维。百年乡土教材编撰质量确实存在这样或那样的问题，但是，需要注意的是，我们所谓的乡土教材的内容选择、编撰体例、教材难度、教学性的关注度不够等问题，并非指的百年来全部的乡土教材，也就是说，并非每本乡土教材都同时存在上述方面的问题，只是我们通过梳理、对比、分析等发现，百年来的乡土教材，在这些方面还存在一定的问题，需要改进，有些问题表现得很明显，有些问题表现得不是很明显，而还有些问题在某个时段表现得很明显，在某些时段表现得没有那么明显，但是总体上看，在以上几个方面乡土教材还存在巨大的提升空间。

三、乡土教材的师资缺乏

乡土教材的师资问题主要有两个方面，一个是乡土教材编写的师资问题；另一个是乡土教材实施过程中的师资问题。我们就这两方面对乡土教材凸显出的问题进行分析。

（一）乡土教材编写的师资缺乏

前面我们提到，百年乡土教材的编写人员逐步由个人、社会团体、地方教育行政部门共同参与发展到以地方教育行政部门为主，其他为辅，在这一过程中，地方教育行政部门表现出了其在编写乡土教材时的优点和其明显的不足。其优点在于将编写权限下放给地方教育行政部门，是因为他们较为熟悉当地的情况。一般的情况是厅、市、县教育局组织编写乡土教材。但是，另一个明显的不足在于，地方教育行政部门的人员毕竟不是教材编写的专家，让他们组织编写乡土教材时，他们往往拉扯一些当地中小学的教师作为主要编撰队伍，最后编撰出的乡土教材能在多大程度上体现乡土教材的水平，这值得疑问。因此，由于乡土教材编写师资范围狭窄，没能组织起一套成熟的乡土教材编写班子，也就无法编撰出高质量的乡土教材。纵观百余年乡土教材的发展历史，在清末和民国时期的20世纪30年代，地方致力于乡土教材的编写，组织编撰乡土教材的氛围比起如今来并不更差，而"文革"时期由贫下中农自己编写乡土教材的实践告诉我们，这种"开门编书"的实践并不成功。由此，乡土教材编写的师资问题也是一个需要我们正视的问题。

（二）乡土教材实施的师资缺乏

乡土教材实施的师资问题也同样值得关注。清末乡土历史、地理、格致的实施都是由相应各科教师兼任，而乡土志的学习同样是兼任教师授课。整个民国时期乡土教材也都没有专门的教师讲授。新中国成立之后，乡土教材作为统编教材的补充，其内容也是由相应任课教师兼任，到如今乡土教材纳入地方课程和校本课程，同样也没有专任的地方课程和校本课程的师资予以保障。因此，百年以来，乡土教材的实施几乎都是由各科教师兼任，这使得乡土教材的实施大打折扣，因为乡土教材不仅仅是单独的历史、地理或者格致，它更多的时候是一种综合性的地方乡土知识，它涉及本地方的方方面面，没有专门的师资予以补充就无法保障乡土教材实施的质量。建国后我们曾在师范教育的课程中专门设置了乡土课程，但是随着师范教育的改革，师范教育领域的乡土课程也被取消，试想，一名从未受过乡土课程训练的教师如何能教好乡土教材？这样，乡土教材实施不得不凭教师的感觉即兴发挥，甚至被其他科目所挤占。因此，从百年发展的时间段来看，乡土教材实施的师资问题一直是一个未能妥善解决的问题。

四、乡土教材的评价体系缺失

乡土教材的目标拟定、内容选择与组织以及乡土教材实施后的效果评价，这一系列的问题都涉及乡土教材的评价标准问题。什么样的乡土教材才是好的乡土教材，什么样的乡土教材才是适合教学的乡土教材，这些问题在百年乡土教材的发展过程中，一直没有得到明确的回答。虽然自清末以来就有对乡土教材的审定环节，且若审定不合格则被要求修改或者停止发行，如当时清末国学保存会编撰的部分乡土教材就因为"排满兴汉"以及民族歧视等原因审核不通过，勒令修改。之后从民国直到新中国一直也都有对乡土教材审定后方可发行的规定，但是审定的指标体系并不明确，有些审定的结论也较为模糊，例如在文字表述上存在问题，不适合儿童阅读等，但是真正如何评定乡土教材的优劣却没有一套较为系统的指标体系。正是由于评价指标体系的不明确和不系统，导致最后乡土教材的质量参差不齐，且没有责任追究。这是百年乡土教材发展过程中凸显出的又一问题。

总体上来看，我们对百年乡土教材发展的总体评价是传承有余而创新不足。虽然历经百年，乡土教材的发展取得了一定的成绩，但是依然存在许多这样或者那样的问题，乡土教材继承了过去的一些优点，但是它自身存在的缺陷却也一直没有得到很好的解决，而这些问题也延续至今，我们需要有更大的勇气和魄力去面对这些问题并改正之。

第六章　未来乡土教材发展的路径构想

中国乡土教材有百年跌宕的发展历史，站在今日的起点上，乡土教材的未来走向会如何，如何处理乡土教材的一元化与多元化、地方化与国家化、本土化与国际化的关系，以及乡土教材的价值取向、内容选择与组织、编撰队伍和实施群体如何进一步合理优化，这些是本章重点探讨的问题。

第一节　未来乡土教材发展需处理好的几对关系

以往乡土教材的作用没有被充分发挥，我们希望通过乡土教育以及乡土教材的编写来弥补现代教育的短板，使得乡土教材能更加有力地发挥它的作用。在乡土教材的编写与实施之前，我们有必要重点厘清如下几对关系。

一、乡土教材的一元化与多元化关系

（一）乡土教材的一元化与多元化释义

"一元化"或"多元化"主要指对某一事物的价值取向或者发展趋势的选择和判断。乡土教材具有"一元化"的特质和要求。这种"一元化"可以从以下两方面进行理解。一方面，乡土教材的一元化是站在整个中华民族发展的高度来看待乡土教材，乡土教材的编撰和实施最后指向的是推动中华民族的团结与进步，这个价值追求与目标是一元化的；另一方面，乡土教材作为反映一个地方文化的载体，它本身推崇和追求的目标是一元的，即宣传和弘扬本地区的历史、地理与文化。从这两个方面来看，乡土教材的属性是"一元化"的。

乡土教材的"多元化"同样包括两方面的意思，一方面作为整体的中华民族的文化与追求，它在一元化的发展路线上需要有多元的发展途径和方略，即它的发展应该是生动活泼、百花齐放的；另一方面，乡土教材所反映的各个地方的乡土地理、历史等内容是有所差别的，是多元化的，甚至有些地区还有巨大的差异。因此，乡土教材也有"多元化"的属性与要求。

但是乡土教材的一元化与多元化属性和要求在某个历史时期并非并

第六章　未来乡土教材发展的路径构想 // 205

行不悖，在某个历史时期乡土教材的一元化趋势和价值更加明显和被肯定，而在另一个历史时期乡土教材的多元化趋势和价值又被人们更加珍视。

(二) 乡土教材的一元化与多元化困境

乡土教材的一元化与多元化之间存在一定的矛盾。这种矛盾表现在人们对乡土教材编撰和实施上。我们认为，任何时代的任何乡土教材都具有一元化的特性。这种一元化的特性是由每个时代的主流社会意识形态和乡土教材所包含的内容特性所决定的。任何时代的乡土教材所宣传的都是它所在时代的社会意识形态和在此社会意识形态下所鼓励宣传的内容，因此，任何时代的任何乡土教材最终都是走向或指向一元的，这也是社会统治阶层之所以愿意推动乡土教材发展的根本原因。但是另一方面，任何时代的任何乡土教材都需要多元化的视野。乡土教材反映的是本地方的内容，如果局限于本地而忽略、排斥甚至是打击另一地的乡土，那么，乡土教材的发展将是畸形的。忽略、排斥异地会出现视野狭小的弊端，而攻击、抹黑另一地的乡土甚至会爆发民族矛盾。正如清末时期国学保存会的乡土教材所出现的"排满"思想，其宣传出的"上海人的上海""广东人的广东"。就是一种狭隘的、一元化的乡土观念。这在如今的乡土教育和乡土教材领域中是没有市场的，也是不被允许的。

乡土教材的一元化和多元化面临这样的困境，因此，国家层面希望乡土教材宣传大的乡土观念，即中华民族一元化体制下的大乡土思想，但与此同时乡土教材编撰者们体现的是局限于本土地方的一元化编撰策略，因此这与乡土教材本身多元化发展的思路和要求之间存在矛盾，它的多元化发展，要求各地生动活泼、百花齐放地编撰乡土教材，在关注本地乡土内容的同时，能够适当地关照其他地区、民族的乡土内容。这个矛盾是制约乡土教材大踏步发展的重要因素。

(三) 深层一体化主导下的表层多元化：乡土教材一元化与多元化的消解

在谈到乡土教材在整个教材体系中的地位时，有人提出构建"多元一体"的教材体系。这种观点借鉴了费孝通先生的"中华民族多元一体"理论,并将之引入乡土教材建设领域,提出构建具有中国特色的"多元一体"的教材体系。该作者认为"应该建立融主流文化与少数民族文化、乡土文化为一体的中国'多元一体'的教材体系"❶,而这种"多元一体"的乡土教材的核心思想是将国家教材作为中国"多元一体"教材体系中的"一体",这里所指的国家教材是指统编教材、地方教材、校本教材的统一体,而统编教材、地方教材、校本教材都是国家教材之"一体"中的一"元",我们不能只强调"一体",不要"多元";也不能只强调"多元",而不要"一体";更不是多个"一元"的简单相加。这样构建出一种多元一体的教材模式。❷ 这种观点探讨了乡土教材在教材体系中的地位和作用,但是却没有解决乡土教材本身的一元化与多元化矛盾问题,以及也没有很好地解决如何实现乡土教材与其他教材的多元一体的问题,因此,我们换一种思路,我们认为解决乡土教材的一元化与多元化矛盾的关键,是需要构建一种深层一体化主导下的表层多元化乡土教材体系。

一般认为一个社会的价值状况有两层:一为表层状况,一为深层状况。表层价值状况是指一个社会外观上所显现的意识形态发展局面;而深层价值状况是指文化的长期发展在人们心灵深处留下的文化心理结构。❸ 二者可以用多元化还是一元化来区别。历史证明,表层价值的多元化和深层价值的一元化应当是相辅相成的关系。只有表层价值的多元化而无深层价值的一元化,必定导致社会混乱。只有将表层价值多元化和深层价值一元化结合起来,才能保证社会的稳定和繁荣。❹ 就其二者的辩证关系来看,"一方面,深层价值一元化状态为表层价值多元化的发展提供了必要的基础和保障,另一方面,表层价值多元化发展也为深层价值一元化提供了源泉与活力"❺。乡土教材作为一种社会产品,它并不是凭空产生的,它也要受到社会文化价值观的支配,并通过乡土教

---

❶ 张爱琴. 解读"乡土教材"——兼论"多元一体"教材体系的构建[J]. 湖南师范大学教育科学学报,2012,(1).
❷ 张爱琴. 解读"乡土教材"——兼论"多元一体"教材体系的构建[J]. 湖南师范大学教育科学学报,2012,(1).
❸ 刁培萼. 教育文化学[M]. 南京:江苏教育出版社,1992:239.
❹ 刁培萼. 教育文化学[M]. 南京:江苏教育出版社,1992:240.
❺ 刁培萼. 教育文化学[M]. 南京:江苏教育出版社,1992:240.

材把文化价值观灌输到社会成员的思想中去。既然文化价值观的发展要求是表层价值状况多元化与深层价值观一元化的统一，乡土教材作为文化产品同样也应该是深层价值观下的一元化和表层价值观下的多元化统一。

不管何种类型、何一地区的乡土教材，都应坚持其深层价值的一元化，这种深层价值的一元化表现为它是作为维护中华民族共同的行为规范、价值观念、道德意识和法律观念的存在，这一深层次的一元化的价值取向是不容动摇的。这种深层价值的一元化是维护和促进中华民族文化心理结构稳定和趋同的根本保证，否则，若没有这种深层次的一元化的价值取向作为保证，乡土教材越发达，其发挥的作用越明显，那作为整体的中华民族意识的发展就越会被摧毁和破坏得越严重，乡土教材发挥的离心力的作用就会越强。由于我们对深层价值的一元化始终无法很好地把握和保证（当然也不太便于测量），因此，我们认为这是导致乡土教材不能充分发挥其作用和国家长期以来不能放手让乡土教材大发展的根本制约力。即，我们担心乡土教材的多元化充分展现之时，其发挥的离心力将无法控制。

与此相对，不管何种类型、何一地区的乡土教材，都应坚持其表层价值的多元化，这种表层价值的多元化表现为乡土教材作为维护地方所独有的地域特色、历史人文、风俗习惯等，这一表层的多元化的价值取向同样是不容动摇的。这种表层价值的多元化是维护和促进56个不同民族保留自身特色的基础，否则，若没有这种表层多元化的价值取向作为保证，乡土教材将趋于一致，毫无生气，无法体现作为乡土教材的特色之处，而我们所追求的多元化的乡土教材应该是多姿多彩、充满活力、生机勃勃的，它通过多种表层教育价值观的碰撞乃至冲突，重新融合、组织，形成具有地域特色、民族特色和时代特色的新型乡土教材体系。而我们目前乡土教材所缺少的也正是这种表层价值的多元化，各地的乡土教材无法展现其各自的特色，而表现出编撰形式、体例、内容的高度趋同。由此，我们认为，要消解乡土教材一元化与多元化的矛盾，需要重新构建深层一体化主导下的表层多元化的乡土教材价值体系，并围绕这一价值取向展开乡土教材的研究与实践。

二、乡土教材的地方化与国家化关系

（一）乡土教材地方化与国家化的矛盾

中国社会及其文化有其独有的特点，"中国是一个有着国家至上和文化宗一传统的国家，多有中央文化对区域文化、主体文化对支干文化的覆盖，一方面中央文化多有对区域文化的代庖；另一方面又忽视区域文化对中央文化的反哺，这是一种对文化源流关系的颠覆"[1]。然而这种社会与文化价值取向与乡土教材之间存在着天然之矛盾。乡土教材的内容和价值取向直接指向的是地方文化，乡土教材直接反映的是各个地方（小到一村一乡一县，大到一市一省）的民俗风情、历史人物、建筑特色、地域特点，这种地方化的内容与国家至上和文化宗一的国家主义取向之间存在着难以调和的矛盾。地方化宣传的是热爱生于斯长于斯的乡土，宣传的是对乡土的敬仰与怀念，宣传的是感恩乡土，这种思想一旦走向极端，就极易造成狭隘的地方主义，尤其是在我国多民族共存的情况下，过渡宣传地方化有可能造成民族之间的隔阂与排斥。即"你热爱和崇拜你的乡土，我热爱和崇拜我的乡土"，进而发展为"你的乡土不是我的乡土，我的乡土也不是你的乡土"，这种观念一旦建立起来，那么不同乡土之间的误解、排斥就会与日俱增，这种情况如果发生在新疆、西藏、香港或者澳门，那产生的负面影响将会更大。反观百年前直至今日，乡土教材发展最早及最好的是德国和日本，台湾地区的乡土教材亦取得了巨大的成就，这些国家和地区有一个共同的特点，那就是乡土教材将地方的作用无限夸大，最终发展成为一种极端的民族主义，从德国和日本发起、倡导和实施乡土教材开始，他们同时也经历了一个地方主义和民族主义走向极端的过程。因此，正因为有德国、日本等这些国家的前车之鉴，我们似乎有意无意地在弱化和削减乡土教材可能带来的地方主义思潮的涌动，而有意地宣传乡土教材作为统编教材补充的这一基本观念。

---

[1] 邓和平. 从民族位育之道看现代乡土教育重建 [J]. 武汉大学学报（哲学社会科学版），2010，(2).

乡土教材本是一种传承地方文化，学习地方知识的学习材料，而作为组成地方整体的国家，在乡土教材的编写、使用过程中有意无意地牵引着其向国家化的方向发展，由此，在编写和使用乡土教材时，如何处理乡土教材的地方化与国家化之间的矛盾就成为了一项难题。

（二）家国同构：乡土教材地方化与国家化的抉择

从字面上的意思理解，所谓"家国同构"是指家庭与国家、社会的结构是相同的。君、臣、民是我国古代传统的人文社会结构，它被认为是放大了的家庭结构，因此被称为"家国同构"。纵观世界各民族的文化发展史，可以发现人类文明演进的大趋势，是由血缘关系向地缘关系进化，古代西方文明发展的路径是由"家族"到"私产"再到"国家"的过程，国家代替了家族，古代中国的文明发展路径是由"家族"到"国家"，国家融入家族，形成"家族"与"国家"在结构上的相同性，家国同构制度孕育了伦理政治型文化。❶ 我们借助"家国同构"这一概念并不是要重蹈中国封建时代的这种伦理政治型文化，而是借助"家国同构"这一观念的"家"与"国"的结构形似性来消解乡土教材地方化与国家化的矛盾。

我们所指的"家国同构"不是指家庭与国家结构的同一性，而是指在消解乡土教材地方化与国家化矛盾中"家乡"与"国家"利益的一致性，同时观照乡土教材的地方化特点和国家化要求。"家国同构"的出发点和归宿是将乡土教材的乡土性和乡土教材的国家性统一，即不过度强调"乡土"的地位而忽略"国家"，也不打压"乡土"的地位而凸显"国家"之地位。过度强调"乡土"的地位而忽略"国家"会导致狭隘的乡土情，甚至产生不同民族之间的误解和纷争，而打压"乡土"的地位而凸显"国家"之地位，则会导致乡土教材无法履行其职责，导致乡土教材形同虚设，无法生动活泼、百家齐放。我们的乡土教材需要培养学生对家庭、家乡之爱，作为家庭和家乡的一员，他们的童年和青年时代一直处于自己的乡土世界里，但是地方的乡土情和中华民族之情以及国家之情应该融为一体，不论何种地方的乡土之爱，都无法否定我们作为中华民族大家庭一员中的身份，尤其是如今社会流动加

---

❶ 周建标. 中华民族精神演化 [M]. 厦门：厦门大学出版社，2011：27.

速,人口迁移频繁,当我们离开地方的乡土时,我们并不只是某一地方的人,同时也是某国家的公民,从某地方的人,到某国家的公民,我们具有双重的身份,而从乡土到天下,是不断告别传统,走向现代的过程。❶ 因此,乡土教材所需要选择的内容和编排组织的思想,应该将地方化的乡土爱和中华民族的国家爱统一起来,实现地方化的乡土爱和中华民族的国家爱的"家国同构",这样才是乡土教材未来发展的正途,乡土教材才会有更加宽广的发展空间,否则,狭隘的地方化的乡土教材和泛国家化的乡土教材,都无法适应今后发展的需要。

三、乡土教材的本土化与国际化关系

乡土教材作为一种典型的本土化实践的产物,它是本土教育理论与实践的成果,但是追溯历史,乡土教材本身是一种舶来品,它的引入与国外乡土教材的实践有很大的关系,如今,在全球一体化的大背景下,乡土教材同样面临着本土化与国际化的抉择,如何处理乡土教材的本土化与国际化的关系值得我们思考。

(一) 乡土教材具有典型的本土特质

乡土教材所承载的知识是不同于主要是由文化精英所创造的,超越于地方、民族文化的,意在求同的,分学科研究的"普同性知识"的另一种知识体系。❷ 这种知识具有典型的本土特质,具有浓厚的地方特色,而乡土教材所代表的乡土知识与学科化的普同性知识,都是"人类认知客观世界不可或缺的一翼"❸,都各有所需,并无优劣之分,而是相互制约、互相依存,共同服务于人类社会的发展。当然,这种具有本土特质的乡土知识,更多的是强调"存异性",它关注的是本地区的特点、个性、差性,同时它也凸显出一种"整体性思维",因为"它是全面地、综合地来看待人与自然,而不同于现代科学那样趋于把事物分解

---

❶ 顾玉军. 乡土教育:"乡土"与"天下"之链 [J]. 湖南师范大学教育科学学报, 2012, (1).
❷ 钱理群. 乡土知识与文化自觉:关于乡土教材编写的断想 [J]. 天涯, 2009, (5).
❸ 钱理群. 乡土知识与文化自觉:关于乡土教材编写的断想 [J]. 天涯, 2009, (5).

成一个一个单元来解析研究"❶，因此，乡土教材作为这种典型知识的承载者，必须也有必要凸显其本土特质。

我们认为乡土教材的本土特质主要表现在以下四方面。首先，从乡土教材的目标来看，"通过乡土教材的学习所培养出来的人应该是热爱本土社会、理解本土社会和愿意为本土社会的发展贡献自己聪明才智的人"，❷虽然可能也会有人离开乡土，但是就算离开，他们的精神还是归于乡土的，绝大多数愿意为乡土的发展出一份力；其次，从乡土教材的内容选择来看，乡土教材内容所涉及的都是本土知识、地方知识、乡土知识，而这些内容明显具有中国的本土特质，是其他国家和地区所没有的；再次，从乡土教材的编撰者来看，百年来的乡土教材编撰都是以地方教育行政部门为主，同时也有本地文人绅士、教师、教育团体等参与其中，而这些编撰者都有一个共同的特征，即具有本土性、地方性；最后，从乡土教材在使用范围上，也都是局限在本土本地，而几乎没有跨省使用的先例。由此看来，乡土教材从来就具有十分明显的本土特质。

（二）乡土教材需要具有国际视野

然而，乡土教材需要具有国际视野，需要与国际接轨。这种要求来自于以下三方面的动力。

首先是历史传统。乡土教材的产生与发展其实一直都受国际发展传统的影响。清末乡土教材的产生以及编写，内容的选择和组织等都借鉴和参考了日本、德国乡土教材的编撰经验；民国时期的乡土教材编撰更是直接受到美国教育思潮的影响，将经验中心、儿童中心、活动中心的思想融入到乡土教材的编撰之中，并且取得了较好的效果；新中国成立之后，由于我们与西方一些国家关系恶化，使我们乡土教材的编撰有点闭门造车之嫌，直到新课程改革之后，乡土教材的编撰才有重新顾及和参考国外的经验。由此看来，其实我国乡土教材的编撰早就具有一定的国际视野，并且有一定的经验和成果，我们今后乡土教材的编撰有必要也有能力适应国际潮流的发展。

---

❶ 钱理群. 乡土知识与文化自觉：关于乡土教材编写的断想［J］. 天涯，2009，(5).
❷ 石中英. 本土知识与教育改革［J］. 教育研究，2001，(8).

其次是本土化的局限。乡土教材本土化的局限也要求乡土教材的编撰具有国际视野。本土化虽然是乡土教材的典型特质，但是如果这种典型特征没有很好地把握，也会造成负面的影响，没有国际经验的借鉴和参考而埋头自编乡土教材，会使我们的视野变得狭窄，思路不够开阔，内容选择与组织形式不够生动活泼。由此，我们需要克服这一不足，将国际经验融入到本土化的乡土教材编撰上来。

最后是国际趋势与潮流的要求。世界发展的大趋势是融合，世界逐渐变为地球村，而不论是政治、经济，还是文化、教育，这种世界范围内的交互影响表现得越来越突出。我们的基础教育正经历着大的变革，教材编写也经历着前所未有的巨变，要顺应时代和国际发展的大趋势，互相的学习和借鉴已经成为不可避免的趋势，中国乡土教材要体现出地方和中国特色，完全可以也完全应该借鉴世界范围内乡土教材编写的经验，将这种国际经验进行本土化尝试，以破除过去乡土教材枯燥、低效的弊端，这是大势所趋，且是不可抵挡的。目前我国的乡土教材在借鉴和融合国际乡土教材编撰经验方面还有很长的一条路要走。

（三）国际视野下的本土行动：未来乡土教材的选择

乡土教材具有明显的本土特质，同时乡土教材的发展应具有国际视野。那么我国乡土教材未来之路的选择，笔者认为需要坚守国际视野下的本土行动，这样才能保证我国乡土教材发展的质量，真正体现乡土教材的作用。

乡土教材需要保持其本土性。有一句话说的好，"只有民族的才是世界的。"同样，我们也认为"只有本土的才是国际的"，因此，我们需要在吸收乡土教材编撰的国际经验、培养学生的国际意识或全球意识的同时，充分体现乡土教材的本土特质。我们目前的做法主要是通过地方课程和校本课程来学习本土知识，而乡土教材作为地方课程和校本课程的学习内容，可以在本土知识的选择上与其他知识的选择有所区别，"本土知识的选择应该是由本地区的人民提供，这些知识的编排应该由学生、学生家长和本土有关专家共同参与完成"[1]。乡土教材作为地方教材和校本教材重要组成部分的，其编撰需要突出乡土教材的本土性，

---

[1] 石中英. 本土知识与教育改革 [J]. 教育研究, 2001, (8).

而乡土教材本身更需要重视和保存本土文化与特质,这是任何时候都需要坚守的底线,在这个底线之上,各个地方可以充分发挥其作用。

乡土教材要引入国际视野。目前关于乡土教材如何引入和体现国际视野的研究还很少,故对我们来说,这也是一项新的挑战与尝试。具体来说可以从以下两方面来考虑。首先是乡土教材的编撰者方面,是否能够引入国际组织或相关的国际编写团队与地方教育行政人员和当地人民群众一起负责开发本地的乡土教材,这样可以拓宽乡土教材的编写力量,提升乡土教材的国际视野;其次,乡土教材的编撰和组织形式上可以借鉴国际先进经验,通过研究、考察当今世界范围内乡土教材开发较好的国家,借鉴和参考他们的编写经验,以此为我所用,改变如今乡土教材质量参差不齐,相对低下的状况,提升乡土教材的品质。

总之,一元化与多元化、地方化与国家化、本土化与国际化是未来乡土教材发展需要注意处理好的几对关系,在这几对关系的处理上,重点是找到它们的平衡点,我们所提出的解决方案也是试图消解这几对矛盾,而深层一体化主导下的表层多元化、家国同构、国际视野下的本土行动等方案,对解决这几对矛盾应该有所帮助和启迪。

第二节 未来乡土教材的发展之路

在着手处理好乡土教材发展所面对的几对矛盾的同时,通过反思我国百年乡土教材发展历程,同时关照乡土教材的固有属性与价值,力求在此基础上为今后乡土教材的发展提供一些实际的改进之道。我们将通过重新审思乡土教材的地位和作用,对乡土教材的编撰队伍、乡土教材内容的选择与组织、乡土教材的实施与评价等方面提供一些建议。

一、重新为乡土教材发展定位

在探讨未来乡土教材发展的问题时,我们首先需要回答的是如何看待乡土教材的地位和作用以及如何为乡土教材发展定位的问题。在这个问题上,我们有历史的经验和教训,因此我们要从乡土教材百年的发展历程上来考虑我国乡土教材下一步的发展思路,同时,乡土教材有其固有的属性与价值，我们也要从它的本质属性来考虑未来乡土教材的发展定位问题。

目前乡土教材的发展有两种倾向。一种倾向是将乡土教材作为爱国教育的阶梯和手段，作为思想教育的武器。这在清末、民国时期表现尤为明显。清末的"奏定学堂章程"规定初等小学头两年的历史部分，先讲乡土的历史、乡贤名人事迹，藉以培养希贤慕善之心。"他们会在墙上悬挂一幅历代帝王统系表，让学生自然而然地记忆起来，有意无意地，这些规则，把地方和中央（朝廷）联系了起来，让学生在生根乡土的同时，也和那个较远的、抽象的政治共同体联系上了。三、四年级，开始训识某些朝代和帝王的历史。五年级的历史课程，包括了清朝开国大略、仁政列圣的事迹。地理部分课程也是认识地方开始。一、二年级，讲乡土的道里建置，附近的山水，及本地先贤的祠庙遗迹。三年级开始，本县、本府、本省的地理山水、中国地理大概。四年级的时候，讲中国的幅员、大势及名山讲中国幅员与外国接邻的大概、名山大川、都会位置。藉此设计，学生可以了解中国在世界上的位置，所谓的全世界，就是一系列边界的组合。学部假定了现代的爱国主义，可以透过历史和地图的学习，从爱家而爱国"[1]。民国时期，内忧外患，在战火纷飞的年代，乡土教材也是作为由乡及国的工具，借此提升民族凝聚力。直到如今乡土教材的思想教育价值也一再被提及。乡土教材定位为思想教育的工具有其历史必然性，然而，这却未必是最佳的选择。

还有一种倾向是有意无意地忽略了乡土教材的价值，仅仅将其作为国家教材的补充，造成乡土教材在整个课程体系中的价值和地位低下，甚至造成了实质性的架空的现实。这在最近一些年表现得尤为明显。"我们的教育，特别是学校教育、乡村学校教育，将民族、地方性知识、乡土知识的教育完全排斥在外"[2]，这种忽略乡土教材的真正价值，弱化乡土教材地位的做法明存在明显的问题。一味重视国家性的知识，而对乡土知识、乡土教材、文化传承的阉割，"对学校教育的损害是根本

---

[1] 沙培德. 未来主人翁与国家认同：晚清的中国历史教科书"走向世界的中国史学"国际学术研讨会论文集［M］. 扬州，2006.

[2] 钱理群. 乡土知识与文化自觉：关于乡土教材编写的断想［J］. 天涯，2009，(5).

性的……有可能造成真正的民族危机"❶。显然，我们不能坐以待毙，我们需要采取强有力的手段改变这一状况。

在当下的社会背景和时空环境下我们该如何为乡土教材的发展定位呢？我们认为乡土教材的编撰与使用应突出以下三个层次的价值。首先是通过乡土教材的学习获得乡土知识，了解乡土文化。乡土教材的直接目标应该是指向乡土知识和乡土文化的，它是后续一些目标的基础，乡土教材应该将本地区最为精华的乡土知识选入，在保证内容的充分和完整性的同时，需要注意内容呈现的方式，引导学生对乡土知识和乡土文化产生兴趣，这是乡土教材编撰者所面临的的第一责任。我们需要彻底扭转目前民族与地方知识、乡土知识、乡土文化流失和未受应有重视的局面，通过对地方性的乡土知识的重新构建，以一种新颖的、适合学生学习的方式融入整个学校教育的知识体系和课程体系中来，目前实施的国家、地方和校本课程正为这种可能提供了空间，为打破目前高度趋同与集中化的课程提供了可能，乡土教材正是这种可能的试金石，但是前提是我们所提供的内容应该是学生乐于接受的，而不是我们主观臆断的，我们所提供的乡土知识和乡土文化应该是本地方千百年来的精华，是值得传承的乡土知识与文化，如果说其他乡土教材政策方面，我们能够介入的地方不太多的话，那么仅就乡土知识和乡土文化提供的质量方面来讲，我们必须对此予以保证。这是第一步，也是最重要的前提。

其次是通过乡土教材实现乡土认同。乡土知识和文化的提供只是乡土教材目标定位的第一步，而第二步则是通过乡土知识的学习和乡土文化的熏陶实现对生于斯、长于斯的乡土认同。这种乡土认同最重要的表现则在于乡土的文化自信和文化自觉意识的建立。"所谓文化自信是一个国家、一个民族、一个政党对自身文化价值的充分肯定"❷，因此，乡土文化的自信可以浓缩为乡土的人民对自身所处的乡土文化生命力的坚定信念与自豪感。而"文化自觉主要指一个民族、一个政党在文化上的觉悟和觉醒"❸，那么乡土文化的自觉同样可以看作乡土的人民对自身文化深刻的觉悟、觉醒以及认识与担当。我们将乡土文化自信与自觉

---

❶ 钱理群. 乡土知识与文化自觉：关于乡土教材编写的断想 [J]. 天涯, 2009, (5).
❷ 本书编写组. 文化体制改革热点面对面 [M]. 北京：红旗出版社, 2011：24.
❸ 本书编写组. 文化体制改革热点面对面 [M]. 北京：红旗出版社, 2011：22.

作为乡土认同的最重要的表现,这比乡土知识的习得来的更加重要,是更高层次的乡土情感,因此,乡土教材不仅仅是乡土知识的传授与乡土文化的熏陶,它更高层次的应该是获得这种基于文化自信和文化自觉的乡土认同。

最后是通过乡土教材构筑群体和个体乡土的精神家园。通过乡土教材获得了乡土知识,了解了乡土文化,建立了乡土认同,具有了乡土文化的自信和自觉,那么,我们将觅得最后乡土精神的寄托,构筑起群体和个体乡土的精神家园,不论走到哪里,都能寻得自己的根之所在,借乡土的精神家园奏响自我精神上的田园牧歌。我们现在需要的就是这种通过乡土教材构建的精神家园,可悲的是,我们的教育,不但没能构建起这道精神防线,反倒通过各种"忘本的教育"使我们不断背弃乡土、逃离乡土。甘地(Gandhi)在多年前描述的现代教育的面貌正是我们当前教育的真实写照:"现代学校的一切事情,从来不会使一个学生对自己的生活环境感到自豪。他受到的教育程度越高,就越远离自己的故乡……他自己祖祖辈辈所创造的文明在他的眼里被看成是愚蠢的、原始的和毫无用途的。他自己所受的教育就是要使他与他的传统文化决裂。"[1] 我们现在需要找回的就是我们乡土的精神家园,找回的途径就是通过乡土教材的学习,获得乡土认同,重新拾起我们乡土文化的自信和自觉,这是我们对今后乡土教材定位的期望。否则,离开了这乡土的精神家园,我不知道我们还有什么东西可以坚守,哪里还可以成为我们诗意的安居!

综上所述,我们对于今后乡土教材发展的定位首先是基于乡土知识的习得与乡土文化的熏陶,在此基础上获得对乡土的认同,最后的目标是以乡土教材为手段,重建中国人失落的"精神家园"。其实,早在20世纪40年代,沈从文、费孝通和梁漱溟等人就希望通过乡村建设以达到改造中国之目的,梁漱溟更是做了大量试验,建立乡村自治组织,希望通过这样的乡村自治组织,来对抗现代性社会,达到中国文明的复

---

[1] Prakash, M. S. Gandhips Postmodern Education: Ecology, Peace and Multiculturalism Relinked [J]. Journal of Wholistic Education, Sept: p11.

兴。❶ 当代的钱理群等人也把地方知识、乡土知识看成是中国文化的根基，希望通过重建乡村文化，来重建整个中国文化。而钱理群更是直接参与到贵州、湘西乡土教材的编撰工作，以此实现他的乡土梦。民国时期乡土建设的失败在于缺少相应的社会土壤，当代钱理群等人的实践却受到各方的关注，开始发挥了一定的影响，而面对当今中国的诸多问题，人们开始重新将视野投向乡村，希望能通过解决乡村的问题进而解决中国发展的大问题，乡土教材正是实现这一目的的重要手段，我们希望乡土教材能承担起重建国人精神家园的重任，而不是空泛的思想教育的工具或者简单的教材多样化的补充，希望能让乡土之根深深地扎进每个人的心中。

二、注重乡土教材内容的选择

乡土教材内容的选择是整个乡土教材编撰的最重要环节，它直接体现了乡土教材编撰者们的价值取向，同时也是决定乡土教材质量的关键环节。百年乡土教材内容的选择凸显了编撰者们对乡土教材的期望，体现了他们的价值观，正如台湾学者沙培德所言："教科书本身告诉我们的是，当时的精英分子希望传达给年轻一辈的是什么，但并非就代表这些学生真的就学到这些东西，也不代表他们真的就是（像教科书所写的）这么想。"❷ 因此，从根本上看，乡土教材内容选择是对乡土教材内容定位的具体体现，体现的是一种个人价值倾向与上级或国家层面要求的结合。百年乡土教材的发展也印证了这一结论，清末乡土教材内容的规定体现在《奏定初等小学堂章程》和《乡土志例目》中，民国及新中国乡土教材内容的选择范围和要求散见于各科课程标准或教学大纲中，这是国家层面的规定，它们落实到具体乡土教材内容的选择上则体现了编撰者个人的价值倾向。今后乡土教材的内容选择有以下几方面需要尤其注意。

---

❶ 曾一果. 改革开放30年来大众媒介的"城市叙事"[M]. 北京：中国书籍出版社，2011：121.

❷ 沙培德. 未来主人翁与国家认同：晚清的中国历史教科书"走向世界的中国史学"国际学术研讨会论文集[M]. 扬州，2006.

（一）乡土教材内容选择的标准

百年来乡土教材内容选择的标准既有共同性又有特殊性，总的来说，我们所谈的乡土教材选择的标准要有利于实现乡土教材之作用，具体上看，一方面参考各个时期的共同标准，另一方面还要基于我们所处时代的特点和未来发展的要求。我们提出如下四方面的选材标准。

1. 所选材料必须充分保证正确性

乡土教材内容选择首先要考虑的，同时也是基础性的要求就是保证正确性。之所以将这一点单独提出，是由于乡土教材的特殊性。目前的教材领域即使是用于国家课程的教科书都有这样或者那样的知识点的错误，而乡土教材的编写团队水平相对国家课程教科书编写团队则更弱，存在错误的可能性就更大。选材的错误直接会导致学生接受信息的错误。可以选为乡土教材内容的乡土事实必须保证其正确性，疑似的、传闻性的知识，还处于争论阶段未有定论的知识均不能编入教材，这需要编撰者仔细甄别，而不是直接抄袭前人的编撰成果。因此，保证乡土选材的正确性是所有内容编撰的基础性工作，必须予以充分保证。

2. 所选材料需要具有典型代表性

由于乡土内容涉及的范围较广，纵向涉及从古至今，横向涉及各个学科，而乡土教材的总容量是有限的，教学时间是一定的，因此对每一种乡土教材（分科性质的或者综合性质的）只需选出其富有代表性的几项加以研究即可，以有代表性的专题或内容来构成学习的单元，将有代表性的乡土知识、典型的乡土文化选入教材，这样才能在有限的教材容量和有限的学习时间里让学生们能了解本乡本土的精华。因为乡土教材的编撰并非像编辑地方志一般，需要巨细不遗。例如在编撰本地的历史沿革时，并不是每一个朝代都需要从头到尾地梳理，而是应择其重要的史事，同时并不一定是按照朝代顺序进行罗列，这也是以往乡土教材枯燥乏味的原因之一。另外，由于各个地方并非同样有非常充实的内容可供选择，先贤烈士并非各个地方都一样多，如果该地某个方面的乡土内容本身就相对贫乏，那就更不应勉强编制，以为凑数，而更应该就能做文章的典型之处详细阐述，而对其他部分可以适当简略或不涉及。至于什么乡土内容才能代表本地方最精华的乡土知识和乡土文化，那需要在编制者与本地人民共同研究讨论的基础上作出抉择，而不是关门自编，随意决断。

3. 所选材料需考虑学生实际情况

通观百年乡土教材的发展，我们发现民国时期的乡土教材在考虑儿童实际需要方面作了较为深入的研究与实践，但是总体上看，我们的乡土教材在考虑学生实际情况方面还有很远的路要走。乡土教材与其他类型的教材有很重要的区别，尤其表现在内容的特殊性上，其内容主要反映的是本乡本土的实际情况，而资料的来源主要是地方志、风土志、山水记等已有的文献资料，而实际调查所得的资料在整个内容部分所占较少，因此，编者较容易考虑到内容本身的逻辑体系，而内容是否适应儿童的需要则考虑很少，由此导致百年来乡土教材的内容都不太具有吸引力，尤其是历史沿革、地理环境等方面的叙述则表现得尤为干瘪。乡土教材如何切实体现学生的需要还有巨大的研究空间。总体上看，我们认为乡土教材的叙述方式大体应该遵循略古详今、舍远求近、循序渐进的原则，力求符合学生身心发展的实际情况，变换内容的叙述方式，引发学生的学习兴趣，而不能再像以往的乡土教材一样，仅仅是一本本的资料汇编。这种纯粹资料性质的乡土教材，很难激发起学生的学习兴趣。

4. 所选材料需要反映时代的精神

任何教材都逃不出它所处时代的制约，乡土教材同样需要反映它所处时代的声音。清末乡土教材是对西方文明冲击的回应，民国乡土教材反映了对民主的诉求，对救亡图存的呼唤，新中国的乡土教材反映了建国后教材需要多样化的呼声。同样，未来的乡土教材也应该是选择需要选择的、弘扬应该弘扬的、反映当代的和今后社会文化发展的方向。当今我们所面临的实际是人们逃离乡土，奔赴城市的问题，人们的乡土意识日渐薄弱，社会风气日益浮躁，以至于人们纷纷迷失了自己精神的家园，而我们现在以及今后一段时间内的乡土教材，其内容选择应该围绕和反映如何引导人们回归乡土，不论是精神层面还是身体层面，以此实现天地位焉、万物育焉的状态，通过这样实现当代中国的新一轮发展。我们认为，今后新农村建设的目标应该是通过创造各种硬件和软件条件，让人们愿意留在生长的乡土，而乡土教材应该就是为这一目标提供精神支持的武器，这也应该是今后新农村建设的目标之一，试想，没有对乡土的挚爱和适当的硬件条件，谁会愿意一辈子留在乡村呢？当人们蜂拥至城市时,各种各样的城市问题开始涌现,如果我们能各安其位,在生养自己的乡土奋斗各自的事业,这不是更好么?因此,我们认为,乡土教材内容的选择需要反映所处时代的精神,而我们所处时代的精神就是唤起人们对乡土的热爱,让人们愿意留在乡土、守住乡土、建设乡土,这是我们时代的声音。

(二) 乡土教材内容选择的范围

我们探讨乡土教材内容选择的范围不是从具体不同的乡土科目的内容选择上入手,而是从整体上讨论乡土教材的内容范围。乡土教材的内容范围可以从纵向的和横向的两个维度来讨论。纵向的主要是乡土教材的历史跨度,也就是时间范围的选择,横向的主要是乡土教材的广度也就是空间范围的选择,这样从纵向和横向上构成了一个乡土教材内容范围的网络。❶

从纵向的时间范围上看,在上千年的乡土文明中发掘乡土内容不是一件易事,它所涉及的范围极其广阔,但是其中我们大致可以分为两个方面来进行选择,一个是千百年来乡土社会所传承下来的不变的精髓;另一个是随着时代的变迁,乡土社会所不断变化的部分。这两部分可以作为我们内容选择的重点。就乡土社会不变的精髓来看,它主要是一个地方、一个民族、一方乡土文化中的根基性的东西,这种东西具有恒久的生命力,它是千百年发展过程中积累和传承下来的东西,需要我们将之纳入乡土教材继续传承。具体什么才是社会不变的精髓,需要我们仔细甄别。钱理群等人编著的《贵州读本》,曾专门讨论过"如何认识乡土文化中的动植物崇拜、山石崇拜"的问题,以往我们曾认为这是腐朽的、落后的、迷信的内容,但是正如鲁迅所言:"(迷信)'此乃向上之民,欲离有限相对之现世,以趋无限绝对之至上者也',所谓自然崇拜所要追寻的正是人与自然的同源共生关系,所表达的是人对尚未认识的自然的敬畏,看似落后、原始的乡土知识和文化背后,发掘出其内在的、恒常的、可以通向现代与未来的因素。"❷ 由此可见,我们在选择

---

❶ 这一思想主要受钱理群先生的《乡土知识与文化自觉:关于乡土教材编写的断想》(天涯,2009 年第 5 期)一文的启发。

❷ 钱理群. 乡土知识与文化自觉:关于乡土教材编写的断想 [J]. 天涯,2009,(5).

乡土教材的不变的精髓时需要仔细加以甄别、分析。就乡土社会变化的内容来看，我们在选择时需要选择那些与社会和时代同步的、积极的"变"，这积极的变化有利于当地文化生态的长期保护和发展，有利于人与自然的和谐共处，有利于乡土社会的长治久安，有利于个体和群体的生命价值的实现。因此，将这些不变的精髓和积极的变化内容纳入到乡土教材以内，以此培育学生的"文化主体意识"，唤起他们的文化自信与文化自觉，进而达到构筑学生乡土精神家园之目的。

从横向的空间范围上看，乡土教材内容是否仅仅涉及乡土本身，这是一个值得思考的问题。原本来说，乡土教材应该是集中反映本乡本土的历史文化传统，但是我们不得不思考，如果乡土教材仅仅提供本乡本土的内容，而这些内容又没有与外界取得关联的话，我们乡土的价值是否会仅仅囿于一隅？乡土的价值必须放在整个民族、整个世界的大舞台上进行关照，那乡土的意义才能体现，否则将只是一个狭隘的地方主义，尤其是在世界日益缩小为一个地球村的今天，我们的乡土教材更应该教给学生"大乡土""地球村"的观念，更应该将我们的乡土内容与乡土文化和其他的地区、其他民族的乡土世界关联起来，我们乡土内容的选择应该以一种开放的姿态和宽阔的视野来进行，编撰的应该是立足于乡土而面向世界的乡土教材。按照这一思路，对照百年来的乡土教材发现，我们在横向的内容选择上的视野过于狭窄，总是有一种自闭自封的意识萦绕在编撰者心头，似乎乡土教材的内容毫无疑问的是本乡本土的，而与他乡他土无关。未来乡土教材的编撰，需要进一步开阔视野，扩大乡土教材内容空间范围上的关联，以此提升乡土教材的品味。

三、优化乡土教材的组织形式

内容选择是定取舍，而组织形式则主要涉及编排问题。所谓教材的组织，用杜威的话说，"就是用何种方法、改组教材，使其详尽，成为具体的，以促进儿童的自动"[1]。教材的组织形式是一个比较复杂的结

---

[1] 吕达等编，胡适等译. 杜威教育文集（第四卷）[M]. 北京：人民教育出版社，2008：328.

构体系，一般是一个立体的、相互交织的、复杂而有序的网络。通过对这个"网络"的学习，要使学生的理解能力、学习能力、实践能力逐步加深、同步增强。❶ 按照博辛（N. L. Bossing）的见解，教材组织有三种方式。

第一种是"逻辑式组织"（logical organization）。这是传统的组织方式，其要点是顾及学术研究的体制，采取成人的观点，一切由易到难，由浅入深，由古而今；注重逻辑顺序，有条不紊，纲目井然。如地理，先讲授地理通论，次及本国地理，再次及乡土地理。其优点是便于研究，易于了解。对高中以上学生或者逻辑系统严密的学科，可多采用此种组织方式。❷

逻辑式组织具体又可以分为两种方法❸：一种是直进排列法。例如历史科，始至上古，次及中古，再次及近古、近世等，依其自身的系统而排列。以往的教材，西洋史一开篇，总是希腊、罗马；中国史一开篇，便是黄帝、尧、舜、禹、汤。这对于儿童的学习，显然是不合适的。另一种是循环排列法。依据教材的难易，划分为段落或"圆周"。例如算术科，小学低年级，教以简易的四则；以后年龄增高，所教的四则，也就加深；每加深一次，圆周便扩大一次，如此循环往复，将教材组织起来。此方法虽较直进排列法为佳，但是因其循环往复，很容易引起儿童的厌烦。

第二种是"心理式组织"（psychological organization）。这是革新的，也是进步主义教育家倡导的组织方式。其要点是以学生为本位，注重学习者的兴趣与需要。提倡此种组织方式者认为，由易而难未必是铁定不移的原则，只要是学习者感兴趣的，虽难亦愿意学；反之，学习者不感兴趣的，虽易也不想学。仍以地理为例，如采用心理式组织，可先授乡土地理，次及本国地理，再次及地理通论。对高中以下学生或逻辑系统不甚明显的学科，可多采用此种组织。❹

---

❶ 课程教材研究所. 新基础教育课程教材开发的研究与实验 [M]. 北京：人民教育出版社，2010：226.
❷ 钟启泉. 现代课程论 [M]. 上海：上海教育出版社，2004：381 – 382.
❸ 吴俊升，王西征. 教育概论 [M]. 福州：福建教育出版社，2006：205 – 206.
❹ 钟启泉. 现代课程论 [M]. 上海：上海教育出版社，2004：381 – 382.

心理式组织也可以分为两种方法❶：一种是问题排列法。例如，教材的题目是"家"，便从山林的家、河滨的家、城市的家、乡村的家……直叙述到鱼的家、鸟的家、野兽的家等。中心问题是一个，组织上则根据儿童的心理，旁及许多材料。另一种是设计排列法，即以儿童自发的活动作为选择和组织教材的中心。这种自发的活动，梅里安（J. L. Meriam）分为观察、游戏、故事（包括音乐、图画、诗歌）和手工四类；德可乐利则分为观察、联想、发表三类。

心理的顺序虽然为现在所盛行，但论理的顺序也还不可废弃。简括地说："分科的教材是论理的组织，而在发展中的儿童所需要的教材，则宜取心理的组织。"所以比较合理的主张，认为儿童的教材应从心理的组织渐进于论理的组织。学科的界限依照设计的组织法，课程以儿童自发的活动为中心，而混合组织各科的教材，学科的界限便被打破。这种心理的组织办法，对教材的联络会有积极的作用。因为在论理组织中，每学科教材的联络虽甚完整，但各学科的教材联络常不免发生重复或不能照应的困难。依此，在教材选择之后，似乎就不必规定学科的范围，而只去直接规定各种"教学单元"就行了。但实际却有问题，因为人类的活动虽然极其错综复杂，但也仍然是有相当的范围可以分析的，所以学科的范围虽不必规定得太狭隘，但大体的规定却不能没有。❷

第三种是"折衷式组织"（eclectic organization）或"教育式组织"（gical organization）。这是调和前两派的组织方式。它视学科与学习者两方面的需要及情况，兼采前述两种组织的精神，而不趋于极端。不过，在顾及学科与学习者这两方面时，多少容有不同的侧重，因此也可视为弹性组织方式。❸

奥苏伯尔认为，"不断分化"和"综合贯通"是认知组织的基本原则，这两条原则在教材的组织和呈现方面同样是适用的。人们关于某一学科的知识在头脑中是按层次组织的一种网络结构，最具包容性的观念处于这个层次结构的顶端，下面依次是包容范围较小的、越来越分化的

---

❶ 吴俊升，王西征. 教育概论 [M]. 福州：福建教育出版社，2006：205-206.
❷ 吴俊升，王西征. 教育概论 [M]. 福州：福建教育出版社，2006：205-206.
❸ 钟启泉. 现代课程论 [M]. 上海：上海教育出版社，2004：381-382.

观念。因此，教材的呈现也应该遵循由整体到细节的顺序，使学生的知识在组织过程中被纳入到这一层次结构当中。除了从纵的方面遵循由一般到具体不断分化的原则以外，教材呈现还要在横的方面加强概念、原理乃至各章节之间的联系，使知识融会贯通。❶ 由此可知，教材的组织形式需要考虑教材类型、学习者特点、社会需要等多方面因素予以组织。

同样，乡土教材在内容选择确定之后也面临一个内容的组织形式问题，而我们专门针对乡土教材组织形式的研究少之又少。乡土教材的组织形式除了应该符合一般教科书的内容组织特点与要求之外，还应该与其他类型的教材相比具有典型的特殊性，它作为一种综合性质的学习材料，承载着乡土的地方性知识与文化，这一典型特点决定它的组织形式应该与其他类型的教材有所不同，至少应该有更灵活的表现方式。然而，从百年乡土教材的发展来看，乡土教材的内容组织从最初的例目式的填报，到民国时期以设计教学法作为指导，以学习的主题单元组织学习内容，再到新中国成立后过多地考虑的是乡土教材内容的选择，而较少考虑内容的呈现方式，导致乡土教材的内容组织渐趋呆板，新课程改革之后，地方教材和校本教材兴起，乡土教材的面貌又开始丰富起来，如今的乡土教材的组织形式主要集中以课目体的形式呈现，开始组织学习的主题单元，编撰过程中开始考虑知识的逻辑体系和学生的心理结构，逐步开始形成以基本阅读材料辅以活动设计的模式，基本阅读材料的选择注重凸显本土特色，而课后的活动设计有诸如游戏活动、探索性活动和制作活动等多种类型。例如 2008 年由北京天下溪教育咨询中心❷开发，并由其和湖南湘西教育科学研究院组织编写的乡土教材——《美丽的湘西我的家》是一部专门针对湘西州四年级小学生编写的乡土教材，该教材尽量运用现代的视角和认知方式，扼要地展示了湘西州的地域、历史、地方文化艺术、居住及饮食、语言、地方名人等内容。这些内容辅以多种形式的活动课，不仅学习知识，而且教会孩子们用多种方

---

❶ 付建中. 教育心理学 [M]. 北京：清华大学出版社，2010：164.
❷ 原名北京天下溪教育研究所，成立于 2003 年 6 月，是一家民间非营利教育机构，目前主要负责组织乡土教材开发、乡村社区图书馆援助计划、天下讲坛（面向公众的开放性讲座）、发展公民教育推广协作网络、影像活动等。

第六章　未来乡土教材发展的路径构想　// 225

式观察和调研，认识家乡文化的丰富内涵，全书约5万字，共12篇课文和4个活动课，包括"地图上的家乡""湘西童谣""多姿多彩的民族服饰"等内容，涵盖湘西的风土人情、风俗习惯、地理地貌、自然风光，文字生动，通俗易懂，内容组织上将课文和活动混合编排，颇具特色。❶

我们认为，鉴于乡土教材内容综合性的特点，知识的逻辑结构不像语数外、理化生那么明显，因此，我们在教材的组织形式上尽可能以学习的主题单元来进行组织，即使是乡土历史或乡土地理这类分科型的乡土教材也不必完全照搬国标版的历史和地理教材的编写模式，而应突出乡土的特色。针对乡土教材的独特性，以主题单元的学习方式，一方面可以考虑本地区的特点，不用面面俱到，也易于考虑学生的心理结构，由浅入深、由近及远。因此，仅就乡土教材来看，以活动或研究主题为中心，组织乡土教材的学习内容比按知识的逻辑结构来组织乡土教材的内容更具可行性。其实早在20世纪90年代，台湾地区的乡土教材编撰已经是以专题的学习单元为中心进行编排了，1997年7月台湾省政府教育厅、邵族乡土文化教材编辑小组主编的国民小学原住民乡土文化教材《邵族》（学习手册，试用本，第三册），就选取了8个学习单元，分别是"鸟占传说""祭祀歌""先生妈""野外游踪""邵族的服饰""邵族的姓氏""水沙远之歌""文献中的邵族"。"鸟占传说"是通过有趣的神话传说故事让学生了解祖先的经验与智慧；"祭祀歌"的学习让学生认识祖先的歌舞文化；"先生妈"则让学生对祖先职能有所了解；"野外游踪"主要是让学生认识身边的虫鱼鸟兽花草树木；而"邵族的服饰"主要讲其制作穿戴的方法；"邵族的姓氏"介绍了其来源和意义；"水沙远之歌"主要通过邵族祖先的转移让学生了解邵族的文化保存；"文献中的邵族"帮助学生了解邵族的历史。全书内容叙述主要采取儿童化的语言配上极其精美的图片进行，课后一般都有各种类型的练习或者各类活动。❷ 这种专题性的内容组织与以往我们的乡土教材有着明显区别。因此，我们今后的任务应该是如何选择最能代表本地区特

---

❶ 《美丽的湘西我的家》简介，载 http://www.brooks.ngo.cn/xtjc/jcxz/xiangxi.php。
❷ 1997年7月台湾省政府教育厅、邵族乡土文化教材编辑小组主编的国民小学原住民乡土文化教材《邵族》（学习手册，试用本，第三册），原住民乡土文化教材编辑委员会出版。

色的学习主题，并将这些主题按照学生的心理顺序进行编排，这是我们目前乡土教材编撰领域所缺少的，而我们目前的乡土教材大多按照逻辑顺序或者直接照搬国标本的历史、地理的编写模式，无法凸显出乡土教材内容组织的特点，以学习的主题单元来组织内容应该是今后乡土教材内容组织的一个重要发展方向。

四、整合乡土教材的编撰队伍

百年来乡土教材的编撰虽然有个人和社会团体加入，但是总起来看，到目前为止，地方教育行政部门一直是乡土教材编撰的主要力量。地方教育行政部门主导乡土教科书的编撰有其优势的一面，因为乡土教材的内容不仅仅只是某个地方的一隅，而是包括整个乡土的四境以内，以及古往今来的重重知识，所以由地方教育当局组织编排乡土教材可以顾及到全境的情况，同时能够保证乡土教材达到一个基本的标准，避免由个人或者其他学校编撰可能导致的观点各异，水平参差不齐情况，另外因为地方教育当局能够调动更多的资源，聚集更多的人才，收集更多的资料，在一定程度上也能够保证乡土教材的质量。

正是考虑到以上地方教育行政部门的优势所在，所以百年以来，乡土教材的编撰一直掌握在地方教育行政部门手中，且编撰出来的乡土教材需呈送上级教育行政部门审定后方可使用。其实民国学者已经提出过乡土教材的编撰人员结构，他们认为小学乡土教材的编撰队伍一般由省教育厅或市县教育局组织，先成立乡土教材编撰委员会，较成熟的编撰委员会成员一般包括教育局长、督学、图书馆长、熟悉地方掌故的父老、文士、优秀的小学教师、具有丰富学识经验和写作能力的小学校长，编撰人员一般由本地人员组成，偏僻的乡村还能延请其他地方人员参与，帮助计划组织。❶ 在具体落实上，民国时期大多组织成立了乡土教材编撰委员会，但是在人员组织结构上未必都兼顾如此之广，正是由于编撰人员组成的差异在一定程度上导致了各地乡土教材编撰质量的差异。

---

❶ 王伯昂. 乡土教材研究［M］. 上海：商务印书馆，1948：71-72.

如今我们乡土教材编撰的成员组成又是如何呢？目前我国乡土教材编撰的人员大致有三种构成方式，一种是由地方教育局牵头，由当地教科院（教科所）联合当地中小学教师组织落实，这是目前最常见的乡土教材的编撰队伍，但是由于受视野所限，他们所编写的乡土教材大多是在原有乡土教材的基础上略加修改而成，资料味较浓，可读性不强，这种队伍编撰出来的质量相对较差。第二种是以社会团体联合地方教育当局，组织当地中小学教师编制乡土教材，例如目前在国内较为有名的教育团体"北京天下溪教育咨询中心"其在乡土教材编撰方面先后出版了羌族乡土教材中学版《云上的家园》、羌族乡土教材小学版《沃布基的故事》《天津乡土环境教育生物教师手册》《我爱拉市海》《扎龙》《霍林河流过的地方》《自然的孩子》《美丽的湘西我的家》等众多的乡土教材，而这些乡土教材主要采取与地方教育当局联合编撰的形式，例如《美丽的湘西我的家》就通过积极与地方教育部门合作的方式，实现了由湘西州教科院组织本州9所学校的教师作为教材写作主体的工作方式，由项目团队设计提纲，由教科院组织了湘西州龙山、凤凰、古丈、花垣、吉首等县市的9所小学的20多名教师参加了教材的编写，经过三易其稿的写作和三轮的专家点评，最后由项目团队统编成《美丽的湘西我的家》这部教材。❶ 社会团体牵头设计开发乡土教材的优势在于可以调动更广泛的社会资源参与到乡土教材的开发中来，而不足之处在于其中涉及一些经济利益问题，较易出现重效益而忽略质量的问题。最后一种是由专家学者牵头，联合地方教育行政部门，组织当地中小学教师编制乡土教材。目前国内影响较大的是以中央民族大学为首的部分热衷于地方和民族教育的专家学者，组织编撰地方性和民族性的乡土教材，如中央民族大学基础教育研究中心研发的《云南省景洪市勐罕镇中学校本教材》《甘肃省肃南裕固族自治县第二中学校本教材》，这类教材的编撰者由专家学者和中小学教师组成，典型特点在于形式体例较为创新，一般以学习主题构成单元，内容容量较大。不足之处在于教材编撰主要依托课题和项目进行，带有实验性质，学术探究味较浓，人员参与的广度还需要扩大。

---

❶ 《美丽的湘西我的家》，载 http://www.brooks.ngo.cn/xtjc/jcxz/xiangxi.php.

由此可见，如今乡土教材编撰者的参与面与清末和民国相比，还有所缩窄，而未来乡土教材的发展需要兼顾一元化与多元化、地方化与国家化和本土化与国际化的多重关系，如果仅仅只是地方教育当局、中小学教师和个别专家学者、社会团体参与到乡土教材上来的话，这一目标实在难以实现。我们认为，要提高乡土教材的编撰质量，实现乡土教材的多重目标，必须提高乡土教材编撰的水平与质量，扩大编撰者的范围。乡土教材作为特殊形式的教科书，必须将当地人纳入编撰团队，而不仅仅是当地教师，凡是熟悉当地情形的各种类型的人员，都可以被纳入到乡土教材编撰者队伍中来，可以通过报纸、电视等多种媒体广泛征集乡土教材的编撰者。此外，为凸显乡土教材的国际视野，我们可以将外省，甚至是外国的教材专家纳入到乡土教材的编撰队伍中来。因此，打破目前乡土教材编撰人员以地方教育局和当地中小学教师为主的局限，是提升乡土教材质量的必由之路。

五、确保乡土教材的有效实施

（一）要有专门的师资保障

"专门教学乡土的师资难以觅得"的问题是阻挠乡土教材有效实施的瓶颈。因为乡土并未单独设科，加之课时较少，而乡土课程较具综合性，所以一直以来并没有专门教授乡土教材的师资力量，乡土教材的实施大多由其他学科教师兼任，这导致乡土教材的实施效果大打折扣。建国初师范教育的课程体系中还有乡土课程的身影，但如今随着师范教育课程体系的改革，乡土课程基本已经退出了师范教育的课程体系，甚至选修课中也没有专门的乡土课程。因此，一方面目前教学一线中未有专门的师资，另一方面师范教育中也未开设乡土课程，未给乡土课程以足够的地位。要确保乡土教材的有效实施，则需要保证有专门的师资力量，当然我们所说的"专门的"乡土教材的师资并不是说需要"专职的"，这也与当前乡土教材的地位并不匹配，很难在全国推行，所谓"专门的"乡土教材的师资指的是经过"乡土教育"的培训的、在乡土教育和乡土教材方面有一定造诣的教育者，这与当前和今后一段时间乡土教材的发展较为匹配。

要建立专门的乡土教材的师资保障可以从两方面加以考虑。一方面是从师范教育方面入手。要在新形势下提升乡土教材的实施质量，需要对当前师范教育提出新的要求。师范教育的培养目标重视师范技能的训练、学科和教育类知识的掌握，但是请不要忘记，教师们还有一个目标是成为乡土教材专家，以此才能保存、保护和发展本土知识，引导学生了解乡土，进而真正热爱乡土。另外，从师范院校的课程设置来看，必须增加乡土课程的内容，将乡土研究的方法和乡土意识渗入到教师教育的课程体系，首先，通过课程学习让教师自己树立乡土的观念，这是我们目前必须着手实施的项目，民国时期师范教育课程领域的乡土研究课程值得我们认真借鉴。不过可惜的是，2011年公布的教师教育课程标准中对地方课程只字未提，我们亟需改革师范课程体系，加入乡土教学和研究的相关课程内容，以保证乡土教材实施的质量，否则非专业的乡土师资充斥着的乡土教学将无法保证其质量，这是保证未来乡土教材有效实施的一个方向。

还有一方面是扩大乡土教材师资的来源。乡土教材的特殊性决定了其师资途径的广泛性，目前乡土教材主要借助地方课程和校本课程实施，因此，在实施地方和校本课程时完全可以纳入其他类型的成员作为兼职教师，按"专门与业余相结合"的思路发展乡土师资，按照素质优良、规模适当、结构合理、专兼结合的要求构建一支多层次的乡土师资队伍，通过采取"内部挖潜"和"广借外力"的办法，完善"专门教师+专家教授+教育行政人员+其他有专长的人员"的乡土师资体系，组建的专门和业余相结合的乡土教师队伍，这对保障乡土教材的顺利实施将起到有力的推动作用。

（二）要有专门的评价体系

目前我国教材评价体系还不完善，未形成一套较为完整的评价指标和方案。教材的评价主要局限在编撰使用之前的审定，一旦审定通过，就表示教材可供选用，但是很多问题是教材发行使用之后才暴露出来的，预先的审定很难保证其全面性，这一问题百年以来一直未有妥善解决。而专门针对乡土教材的评价指标和体系更是无从谈起。乡土教材的编撰使用一般只需要省级教育主管部门审定即可，而且审定的标准不明确，更为重要的是，乡土教材编辑出版之后，使用情况究竟怎么样，使用效果究竟如何，对学生发展具体产生了何种影响，这种基于使用和效果方面的乡土教材评价指标和体系还完全没有建立起来。我们开展乡土教材的评价具有指导、督促、监督之作用，正是由于评价体系的缺失，导致这种指导、督促和监督的作用无法发挥。似乎存在的情况是，只要编撰完成了，通过省级教育行政部门审核通过了，教材评价这一环的工作也就结束了，忽略了评价的保障导致乡土教材缺乏前进的动力。

因此，我们认为，要保障乡土教材的有效实施，必须构建乡土教材的评价体系，为乡土教材的编写和实施提供一些刺激作用。乡土教材的评价应该全方位的、立体的，而不能仅仅满足于教材的审核通过，评价的主体应该是多元的，除了有上级教育行政部门评定审核以外，还要尤其关注学生、教师和社会对乡土教材的反映，而评价的过程应该从乡土教材本身扩展到乡土教材的使用过程以及应用效果上，以此构建纵向和横向结合的乡土教材评价指标，对于评价效果良好的乡土教材给予奖励并积极推广，对于评价效果不好的乡土教材采取适当的训诫措施，通过乡土教材的评价达到优胜劣汰的目的，以此确保乡土教材的有效实施，不断推动乡土教材向前发展。

结语：夹缝中求生
——中国乡土教材跌宕的百年

百年中国乡土教材经历了一个曲折的发展历程，在整个基础教育教材体系中艰难求生且延续至今。我国最初正式的乡土教材是在清末救亡图存的乡土教育思潮影响下，基于原有地方志的基础，吸收德、日等国乡土教材的编撰经验，以1904年《奏定学堂章程》和1905年清廷颁布的《乡土志例目》为依据编写的近代新型的教学用书，这种乡土教材最主要的目的是培养对家乡的热爱，进而实现爱国家之目的。清末乡土教材包括乡土志和乡土教科书，它们共同作为当时初等小学的乡土教材。清末乡土教材的编撰具有较为深远的历史影响，它提供了乡土教材编写的模式、留下了许多详实的乡土史料，并且当时所编的部分乡土教材后来成为典范。

民国乡土教材的发展同样经历了一个跌宕起伏的过程。1911~1927年，民国乡土教材处于一个沿袭与过渡的阶段，在民初的一段时间内，一方面沿袭了清末乡土教材编撰的一些做法，甚至编撰的依据还是清末的《乡土志例目》，之后开始根据1922年的"新学制"要求，编出了诸如《冀县新乡土教科书》的新乡土教材，以适应当时教育发展的需要。1927年之后，南京国民政府希望在教育领域有所革新，开始重新重视乡土教材的编撰。1928~1936年，民国乡土教材经历了一个高唱入云的时期。从根据1928年第一次全国教育会议上关于乡土教育的提案出台了《乡土教材补充读物编撰条例》到1929年《小学课程暂行标准》中关于乡土内容的规定，再到1930年第二次全国教育会议对乡土内容的提倡，最后到国家和地方对乡土教材政策的积极回应，各地都开始积极出台乡土教材的编撰政策，通过各种途径收集乡土教材资料，编撰乡土教材，加之这一时期社会较为安定，外患还未大规模爆发，一时间，乡土教材进入了一个前所未有的繁荣时期，乡土教材在这段时间里实现了编写文体由文言文向语体文的转变，有了诸如 1930 年的《最新语体福建全省乡土教科书》的出现。乡土教材也在这一时期开始逐渐定型，教材结构开始趋向完整，1936 年的《无锡乡土新教材》就是这方面的典型代表。1937 年抗日战争爆发，全社会的视线都投到抗战上来，乡土教材的编撰受到了较大影响。而就国家层面来说，因为对乡土教材抱有着唤起民族精神，实现救亡图存的希望，因此南京政府急切地呼唤乡土教材，如 1938 年《战时各级教育实施方案纲要》特别强调乡土教材的使用，1941 年的小学国语和常识课程标准中单独列出乡土教学内容，1942 年的国民教育工作检讨会议中单独提出了《关于各省市收集或编辑地方教材办法》，由此可见国家对乡土教材之重视，无奈抗战为急，加之运输困难，设备缺乏，因此即使主观上强调重视，而客观上却很难落实，最终导致这一时期虽然出版了一些乡土教材，但是大多是修订重版，且较前期并未有所突破。1945 年抗战结束之后，内战纷争再起，没有了亡国的危机，加之内战不停，乡土教材的重要性骤减，因此，在既无急切的需要性，又无可能性的情况下，乡土教材的编撰与出版走向了低谷。

新中国成立至今乡土教材主要作为国家课程教材的补充角色而存在。新中国成立后的一段时期，乡土教材的发展也经历了一个短暂的过渡，到 1958 年 1 月 23 日，教育部发出了《关于编写中小学、师范学校乡土教材的通知》，这是新中国成立后第一个专门针对乡土教材编撰的国家层面的文件。同年 8 月，中共中央和国务院发布了《关于教育事业管理权下放问题的规定》，教材编写权利开始下放。整体上看，从新中国成立到"文革"开始的十七年间，乡土教材的编写经历了一个由集中到下放的过程。"文革"时期，乡土教材以毛泽东同志提出的"教材要有地方性"作为最高指示，乡土教材遍地开花，并采取开门编书的策略，集中体现了政治挂帅、注重实用等特点。改革开放以来，乡土教材经历了一个逐步多样化的过程，从 20 世纪 70～80 年代逐渐恢复与提高，此后在教育改革政策推动下乡土教材得到了迅猛发展，新课程改革以来乡土教材借助地方课程和校本课程实现了转型。

我们认为，百年中国乡土教材一直处于一种被广泛认可但是实际未得到充分落实的状态，我们给予乡土教材的种种期望和乡土教材本身所发挥的作用之间存在巨大的差距。就乡土教材本身而论，百年以来它发生了一系列的变化，体现在目标定位从突出"由乡及国"到强调适应地区差异、内容范围扩大、形式体例向教科书体集中、编撰群体集中到地方教育行政部门、学习对象从小学向整个基础教育阶段扩展。我们同时需要肯定百年乡土教材的价值所在，因为它保存并传播了乡土文化、提供了乡土知识、促进了乡土认同、对学生发展产生了积极影响、为乡土教材的编撰提供了范例；当然它也存在一些问题，诸如乡土教材理想与现实间的差异、编撰质量参差不齐、内容选择有所偏差、编撰体例的创新不足、教材难度考虑不周、对教学的关注度不够、乡土教材的师资存在问题、乡土教材的评价体系缺失等问题。面对未来中国乡土教材的发展，我们需要以史为鉴，深刻反思，应该处理好我国乡土教材一元化与多元化关系、地方化与国家化关系、本土化与国际化关系，同时我们需要以国际化的视野重新为乡土教材发展定位、注重乡土教材内容的选择、优化乡土教材的组织形式、整合乡土教材的编撰队伍、确保乡土教材的有效实施，以保障未来乡土教材的良性发展。

当然，乡土教材领域需要研究的内容还有很多，诸如我国各个时期典型乡土教材及其编撰者的研究、世界范围内不同国家乡土教材编撰之间的比较研究、乡土教材实施效果的实证研究等都是乡土教材研究的重要议题，我们所作的乡土教材发展的历史研究及其理论分析与反思只是乡土教材研究中的一个环节，笔者将沿着百年乡土教材的足迹继续走下去，但愿有一天，通过对乡土教材的研究与反思，能让乡土教材真正如我们对它的期望一样实现它的价值。处于课程体系和教材政策夹缝中的乡土教材有着百年跌宕的发展历史，虽然道路艰辛，但是我们依然相信，随着课程改革的深入推行以及国家对城乡教育的统筹规划，乡土教材势必迎来一个新的春天！

参考文献

一、教材类

石鸥教授个人收藏的清末以来数百本乡土教材。

二、著作类

[1] 石鸥. 中国百年教科书图说 [M]. 长沙：湖南教育出版社，2009.

[2] 曹风南. 小学乡土教育的理论与实践 [M]. 上海：中华书局，1935.

[3] 王镶. 乡土教育研究 [M]. 上海：新亚出版社，1935.

[4] 王伯昂. 乡土教材研究 [M]. 上海：商务印书馆，1948.

[5] 吴志尧. 小学乡土教学 [M]. 上海：商务印书馆，1948.

[6] 黄政杰，李隆盛. 乡土教育 [M]. 台北：汉文书店，1995.

[7] 林瑞荣. 国民小学乡土教育的理论与实践 [M]. 台北：师大书苑有限公司，1998.

[8] 朱典馨. 小学乡土教育 [M]. 保定：河北人民出版社，1959.

[9] 江苏省立无锡师范学校主编. 国民教育辅导业书之———国民教育之研究 [M]. 北京：新中国出版社，1947.

[10] 祁伯文. 乡土教育概论 [M]. 西安：陕西省教育厅出版，1934.

[11] 梁上燕. 乡土教材编辑法 [M]. 民团周刊社，1939.

[12] 水心. 怎样编辑地方教材 [M]. 南京：正中书局，1947.

[13] 教育半月刊社. 在小学中进行乡土教育 [M]. 郑州：河南人民出版社，1958.

[14] 白砥民. 历史课中乡土教材的教学 [M]. 上海：上海教育出版社，1958.

[15] 胡善美. 学校的乡土地理研究 [M]. 上海：上海教育出版社，1963.

[16] 景春泉，等. 中学乡土地理教学与乡土地理研究 [M]. 北京：光明日报出版社，1991.

[17] 杨慎德. 中学乡土地理教学与研究 [M]. 北京：测绘出版社，1992.

[18] 陈胜庆. 乡土地理教育新论 [M]. 北京：测绘出版社，1992.

[19] 王静爱，等. 乡土地理教程 [M]. 北京：北京师范大学出版社，2009.

参考文献

[20] 滕星. 中国乡土教材应用调查研究 [M]. 北京：民族出版社，2011.
[21] 方汉文. 比较文化学 [M]. 桂林：广西师范大学出版社，2002.
[22] 泰勒. 原始文化 [M]. 上海：上海文艺出版社，1992.
[23] 庄锡昌. 多维视野中的文化理论 [M]. 杭州：浙江人民出版社，1987.
[24] 傅铿. 文化：人类的镜子——西方文化理论导引 [M]. 上海：上海人民出版社，1990.
[25] [美] S. 南达. 文化人类学 [M]. 西安：陕西人民教育出版社，1987.
[26] 梁漱溟. 梁漱溟全集（第一卷）[M]. 济南：山东人民出版社，1989.
[27] 陈序经. 文化学概观（第一册）[M]. 上海：商务印书馆，1947.
[28] 刘铁芳. 乡土的逃离与回归：乡村教育的人文重建 [M]. 福州：福建教育出版社，2011.
[29] 胡世庆. 中国文化通史 [M]. 杭州：浙江大学出版社，1996.
[30] 梁峻等主编. 中华医药文明史集论 [M]. 中医古籍出版社，2003.
[31] 任遂虎. 中国文化导论 [M]. 兰州：甘肃教育出版社，1994.
[32] 胡世庆. 中国文化通史 [M]. 杭州：浙江大学出版社，1996.
[33] 宝成关. 西方文化与中国社会——西学东渐史论 [M]. 长春：吉林教育出版社，1994.
[34] 曾天山. 教材论 [M]，南昌：江西教育出版社，1997.
[35] 欧用生. 教科书之旅 [M]. 台北：教材研究发展学会，2003.
[36] 欧用生. 课程典范再建构 [M]. 高雄：丽文文化事业股份有限公司，2003.
[37] 欧用生. 迈向师资培训的新纪元 [M]. 台北：康和出版股份有限公司，1996.
[38] 黄显华，霍秉坤. 寻找课程论和教科书设计的理论基础 [M]. 北京：人民教育出版社. 2002.
[39] 蓝顺德. 教科书政策与制度 [M]. 台北：五南图书出版股份有限公司，2006.
[40] 李嘉瑶. 教材学概要 [M]. 西安：西北工业大学出版社，1989.
[41] 李坤. 教材建设与管理一书 [M]. 北京：国防工业出版社，1993.
[42] 陈月茹. 中小学教科书改革研究 [M]. 北京：教育科学出版社，2009.
[43] 高凌飚. 基础教育教材评价：理论与工具 [M]. 北京：人民教育出版社，2002.
[44] 黄政杰. 课程评鉴 [M]. 台湾：师大书苑有限公司，1987.
[45] 王策三. 教学论稿 [M]. 北京：人民教育出版社，1995.
[46] 靳玉乐. 探究教学论 [M]. 重庆：西南师范大学出版社，2001.

[47] 李秉德. 教学论 [M]. 北京：人民教育出版社，1991.

[48] 范印哲. 教材设计导论 [M]. 北京：高等教育出版社，2003.

[49] 李定仁，徐继存. 教学论研究二十年 [M]. 北京：人民教育出版社，2001.

[50] 李定仁，徐继存. 课程论研究二十年 [M]. 北京：人民教育出版社，2004.

[51] 陈琦，刘儒德. 当代教育心理学 [M]. 北京：北京师范大学出版社，1997.

[52] 陈英和. 认知发展心理学 [M]. 杭州：浙江人民出版社，1996.

[53] 林崇德. 学习与发展 [M]. 北京：北京师范大学出版社，1999.

[54] 林崇德. 发展心理学 [M]. 北京：人民教育出版社，1995.

[55] 卢家楣. 情感教学心理学 [M]. 上海：上海教育出版社，2000.

[56] 皮连生. 智育心理学 [M]. 北京：人民教育出版社，1998.

[57] 皮连生. 学与教的心理学 [M]. 上海：华东师范大学出版社，1997.

[58] 沈德立. 非智力因素的理论与实践 [M]. 北京：教育科学出版社，1997.

[59] 石中英. 知识转型与教育改革 [M]. 北京：教育科学出版社，2001.

[60] 田慧生，等. 活动教育引论 [M]. 北京：教育科学出版社，2000.

[61] 田本娜. 外国教学思想史 [M]. 北京：人民教育出版社，1994.

[62] 扈中平. 教育目的论 [M]. 武汉：湖北教育出版社，1997.

[63] 郭思乐. 教育走向生本 [M]. 北京：人民教育出版社，2001.

[64] 金生鈜. 理解与教育：走向哲学解释学的教育哲学导论 [M]. 北京：教育科学出版社，1997.

[65] 鲁洁. 教育社会学 [M]. 北京：人民教育出版社，1990.

[66] 陆有铨. 躁动的百年 [M]. 济南：山东教育出版社，1997.

[67] 戚万学. 活动道德教育论 [M]. 天津：南开大学出版社，1994.

[68] 辞海·教育心理分册 [M]. 上海：上海辞书出版社出版，1985.

[69] 钟启泉. 现代课程论 [M]. 上海：上海教育出版社，1989.

[70] 李方. 现代教育研究方法 [M]. 广州：广东高等教育出版社，2007.

[71] [美] 杜威，王承绪译. 民主主义与教育 [M]. 北京：人民教育出版社，1990.

[72] 靳玉乐. 编新教材将会给教师带来些什么 [M]. 北京：北京大学出版社. 2001.

[73] 裴娣娜. 教育研究方法导论 [M]. 合肥. 安徽教育出版社，1995.

[74] 华国栋. 教育研究方法 [M]. 南京：南京大学出版社，2005.

[75] 陈向明. 教师如何做质的研究 [M]. 北京：教育科学出版社，2001.

[76] 施良方. 课程理论——课程的基础、原理与问题 [M]. 北京：教育科学出版社，1996.

[77] 吴康宁. 课堂教学社会学 [M]. 南京：南京师范大学出版社，1999.

[78] 丁朝蓬. 新课程评价的理念与方法 [M]. 北京：人民教育出版社，2003.
[79] 丛立新. 课程论问题 [M]. 北京：教育科学出版社，2000.
[80] 李臣之. 活动课程研究 [M]. 北京：教育科学出版社，1998.
[81] 廖哲勋. 课程学 [M]. 武汉：华中师范大学出版社，1991.
[82] 刘德华. 科学教育的人文价值 [M]. 成都：四川教育出版社，2003.
[83] 任长松. 走向新课程 [M]. 广州：广东教育出版社，2002.
[84] 郭晓明. 课程结构论：一种原理性探寻 [M]. 长沙：湖南师范大学出版社，2002
[85] 郭晓明. 课程知识与个体精神自由 [M]. 北京：教育科学出版社，2005.
[86] 郝德永. 课程研制方法论 [M]. 北京：教育科学出版社，2000.
[87] 黄光雄，蔡清田. 课程设计：理论与实践 [M]. 台湾：五南图书出版有限公司，1991.
[88] 胡森，江山野等编译. 简明国际教育百科全书·课程 [M]. 北京，教育科学出版社，1991.
[89] 瞿葆奎. 教育学文集·课程教材（下）[M]. 北京：人民教育出版社，1993.
[90] [日] 筑波大学教育学研究会. 钟启泉译. 现代教育学基础 [M]. 上海：上海教育出版社，1986.

三、期刊类

[1] 石鸥，石玉. 论教科书的基本特征 [J]. 教育研究，2012，(04).
[2] 石鸥，赵长林. 科学教科书的意识形态 [J]. 教育研究，2004，(06).
[3] 石鸥，吴小鸥. 清末民初教科书的现代伦理精神启蒙 [J]. 伦理学研究，2010，(05).
[4] 石鸥，李祖祥. 教科书的空无内容与教师的应对 [J]. 教师教育研究，2009，(02).
[5] 石鸥，吴小鸥. 从有限渗入到广泛传播——清末民初中小学教科书的民主政治启蒙意义 [J]. 教育学报，2010，(01).
[6] 石鸥，吴驰. 中国革命根据地教科书的政治宣传效应 [J]. 教育学报，2011，(03).
[7] 石鸥，吴驰. 教科书设计意图及其实现之研究——以X版小学英语教科书为例 [J]. 中国教育学刊，2010，(11).
[8] 石鸥. 最不该忽视的研究——关于教科书研究的几点思考 [J]. 湖南师范大学教育科学学报，2007，(05).

［9］石鸥. 新中国60年中小学教材建设之探析［J］. 湖南师范大学教育科学学报，2009，（05）.

［10］石鸥，雷熙. 新中国美术教科书60年之演进［J］. 湖南师范大学教育科学学报，2011，（03）.

［11］石鸥，葛越. 新中国政治教科书60年之演进［J］. 湖南师范大学教育科学学报，2011，（03）.

［12］石鸥，曾艳华. 小课本大宣传——根据地教科书研究之一［J］. 湖南师范大学教育科学学报，2010，（05）.

［13］石鸥，吴小鸥. 浸润在湖湘文化中的第一乡土教科书［J］. 湖南师范大学社会科学学报，2009，（04）.

［14］石鸥，张斯妮. 蔡元培与中国现代教科书的发展［J］. 湖南师范大学教育科学学报，2009，（02）.

［15］蔡衡溪. 复兴民族精神必先提倡乡土教育［J］. 河南教育月刊，1934，（2）.

［16］祁伯文. 乡土教材研究［J］. 陕西教育月刊，1935，（11）.

［17］袁哲. 乡土教育的理论与实施［J］. 教与学，1937，（4）.

［18］吴自强. 德国乡土教育思潮之一瞥［J］. 中华教育界，1933，（1）.

［19］学实. 日本的乡土教育［J］. 外国教育资料，1990，（4）.

［20］张凤莲. 寓道德教育于各科学习中——日本道德教育乡土教材述评［J］. 世界教育文摘，1988，（4）.

［21］单文经. 美国中小学实施乡土教育的作法［J］. 人文社会科学教学通讯，1997，（2）.

［22］雷震清. 乡土教材与教科书［J］. 中华教育界，1931，（4）.

［23］姚虚谷. 怎样选编小学乡土教材［J］. 教育周刊，1933，（168）.

［24］祁伯文. 各省编辑乡土教材之近况［J］. 陕西教育月刊，1935，（1）.

［25］朱炳钊. 小学常识科的乡土教材怎样搜集与编选［J］. 儿童与教师，1937，（30）.

［26］徐允昭. 乡土教材和乡土读物的编辑［J］. 国民教育，1940，（10）.

［27］蒋遒. 编辑本省国语常识乡土教材的刍议［J］. 国民教育指导月刊（福建），1941，（5）.

［28］千里. 本省乡土教材编选之商榷［J］. 国民教育指导月刊（湖北），1943，2（8-9）.

［29］吴志尧. 我与国民学校教师谈乡土教材［J］. 国民教育指导月刊 贵州（新卷），1946，（4）.

［30］江苏省教育厅. 小学教师半月刊（乡土教材号，第一卷，第十八期）［Z］.

南京：江苏省教育厅，1934.
[31] 浙江省教育厅. 浙江教育行政周刊（乡土教育专号，第五卷，第四十九、五十号合刊）[Z]. 杭州：浙江省教育厅印行，1934.
[32] 彭以异. 国难期间吾人对于乡土教育应有的认识 [J]. 江西教育行政旬刊，1932，(2).
[33] 蔡衡溪. 复兴民族精神必先提倡乡土教育 [J]. 河南教育月刊，1934，(2).
[34] 祁伯文. 乡土教育与农村小学教学 [J]. 陕西教育月刊，1935，(2).
[35] 王骧. 小学乡土教育概要 [J]. 教育杂志，1936，(9).
[36] 袁哲. 乡土教育的理论与实施 [J]. 教与学，1937，(4).
[37] 王子和. 乡土教育的新途径 [J]. 教育建设，1942，(5).
[38] 潘光旦. 说乡土教育 [J]. 再生，1946，(117).
[39] 张习孔. 如何通过乡土教材向学生进行政治思想 [J]. 教育史学月刊，1958，(11).
[40] 季荫农. 我们在编写乡土教材时注意的几个问题 [J]. 历史教学，1959，(1).
[41] 张竞仲. 我在历史教学中如何运用 [J]. 乡土教材历史教学，1960，(2).
[42] 金诚运. 用乡土教材加强历史课基础知识教学的一些做法 [J]. 历史教学，1963，(1).
[43] 韩子佩. 运用乡土教材进行阶级教育 [J]. 历史教学，1965，(11).
[44] 刘富煜. 不可忽视乡土教材 [J]. 人民音乐，1983，(11).
[45] 王明达. 大力推动乡土教材建设 [J]. 人民教育，1987，(11).
[46] 姚源绪. 试论乡土教材在民族学校中的地位和作用 [J]. 教材通讯，1987，(6).
[47] 刘惠民，涂文安. 乡土教材在民族教育中的特殊作用 [J]. 中央民族学院学报，1998，(5).
[48] 刁乃萍，张景仪. 略论乡土教育与乡土教材的编写与教学 [J]. 教育探索，1988，(5).
[49] 张庆勉. 利用乡土教材加强环境意识教育 [J]. 生物学通报，1990，(1).
[50] 陈庚午. 乡土教材的地位和作用 [J]. 成人教育，1990，(4).
[51] 裘兴国，赵凌云. 乡土教材的继承与改革 [J]. 生物学通报，1990，(4).
[52] 陈胜庆. 加强乡土教材建设深化基础教育改革 [J]. 中国教育学刊，1990，(4).
[53] 余逸群. 乡土教材与青少年思想教育 [J]. 青年研究，1994，(5).
[54] 费维. 重搞好乡土教材选编和教学切实为当地经济建设服务 [J]. 生物学通

报，1995，（8）.

[55] 程美宝. 由爱乡而爱国：清末广东乡土教材的国家话语［J］. 历史研究，2003，（4）.

[56] 张玉安，陈吉梅. 新课程：莫忽视乡土教材［J］. 当代教育科学，2004，（9）.

[57] 李素梅、滕星. 中国百年乡土教材演变述评［J］. 广西民族大学学报（哲学社会科版），2009，（6）.

[58] 马戎. 民族地区乡土教材建设要把握几种关系［J］. 中国教育学刊，2010，（1）.

[59] 钟启泉. 试述教师的教材研究——兼议乡土教材的价值及其开发［J］. 教育发展究，2010，（12）.

[60] 徐云啸. 在古典文学教学中进行乡土教育［J］. 人民教育，1957，（8）.

[61] 陈炎成. 热爱乡土 振兴中华——结合统编历史教材进行热爱乡土教育的体会［J］. 历史教学，1986，（7）.

[62] 陈多维. 浅谈乡土教育的层次性与目标的统一性［J］. 教育科学，1990，（4）.

[63] 刘善龄. 近代教育家对乡土教育的认识［J］. 上海教育科研，1993，（3）.

[64] 王兴亮. 清末民初乡土志书的编纂和乡土教育［J］. 中国地方志，2004，（2）.

[65] 乐黛云. 乡土教育与人文素质［J］. 读书，2004，（7）.

[66] 裴娣娜. 教育创新视野下少数民族地区乡土教育的思考［J］. 中国教育学刊，2010，（1）.

[67] 邓和平. 从民族位育之道看现代乡土教育重建［J］. 武汉大学学报（哲学社会科学版），2010，（2）.

[68] 吴杰. 台湾乡土教育发展的历程及其特点［J］. 当代教育与文化，2010，（4）.

[69] 杨兰. 乡土教育的式微与失范［J］. 教育文化论坛，2011，（2）.

[70] 谢治菊. 乡土教育：概念辨析、学理基础与价值取向［J］. 贵州师范大学学报（社会科学版），2011，（4）.

[71] 顾玉军，吴明海. 乡土教育："乡土"与"天下"之链［J］. 湖南师范大学教育科学学报，2012，（1）.

[72] 陈泽泓. 爱国未有不爱乡——试析黄节编著广东乡土教科书［J］. 广东史志，1999，（2）.

[73] 夏黎明. 乡土的定义与分析［J］. 台东师院学报，1988，（1）.

参考文献 // 241

[74] 巴兆祥. 论乡土志的几个问题 [J]. 安徽史学, 2006, (6).
[75] 曾天山. 我国基础教育教材改革问题探讨 [J]. 教育研究与实验, 1995, (3).
[76] 曾天山. 论教材的教学论基础 [J]. 西北师大学报 (社会科学版), 1996, (2).
[77] 曾天山. 国外关于教科书功能论争的述评 [J]. 西南师范大学学报 (哲学社会科学版), 1998, (2).
[78] 曾天山. 国外关于教科书插图研究的述评 [J]. 外国教育研究, 1999, (3).
[79] 张廷凯. 从设计和编写视角看教科书品质的提升 [J]. 西南大学学报 (社会科学版), 2010, (4).
[80] 高凌飚. 教材分析评估的模型和层次 [J]. 课程. 教材. 教法, 2001, (3).
[81] 高凌飚. 关于教材评价体系的建议 [J]. 全球教育展望, 2002, (4).
[82] 高凌飚. 关于新课程教科书的几点思考 [J]. 课程. 教材. 教法, 2002, (9).
[83] 高凌飚. 教材评价维度与标准 [J]. 教育发展研究, 2007, (12).
[84] 吴小鸥, 石鸥. 新中国第一套统编教科书——1955 年人民教育出版社编撰出版的教科书研究 [J]. 课程·教材·教法, 2010, (10).
[85] 吴小鸥, 石鸥. 晚清留日学生与中国现代教科书发展 [J]. 高等教育研究, 2011, (05).
[86] 吴小鸥. 《格致须知》与中国近代新式教科书 [J]. 教育学报, 2011, (03).
[87] 吴小鸥. 试析教科书依赖及其改变 [J]. 教育科学研究, 2007, (01).
[88] 吴小鸥. 教科书文化标准的确立 [N]. 中国教育报, 2011 - 10 - 20, (5).
[89] 吴小鸥. 不能忽视鲁迅作品的语文教育价值 [N]. 中国教育报, 2010 - 09 - 02.
[90] 吴小鸥. 穿越百年的琅琅书声 [N]. 中国教育报, 2010 - 06 - 03.
[91] 吴小鸥. 现代性. 清末民初教科书的启蒙诉求 [J]. 华东师范大学学报 (教育科学版), 2010, (4).
[92] 丁朝蓬. 教材评价的本质、标准及过程 [J]. 课程. 教材. 教法, 2000, (9).
[93] 丁朝蓬. 教科书结构分析与内容质量评价 [J]. 教育理论与实践, 2001, (8).
[94] 霍秉坤, 叶慧虹, 黄显华. 香港教科书的编辑: 提升质量的建议 [J]. 西南大学学报 (社会科学版), 2010, (4).
[95] 周士林. 世界教科书概况 [J]. 教材通讯, 1985, (6).

[96] 蓝顺德. 20年来博硕士论文教科书研究之分析 [J]. （台湾）"国立"编译馆馆刊, 2004, (4).

[97] 谢华均, 宋乃庆. 新教材编写的教育理念探析 [J]. 课程·教材·教法, 2003, (5).

[98] 叶澜. 重建课堂教学价值观 [J]. 教育研究, 2002, (5).

[99] 叶澜. 让课堂焕发出生命活力——论中小学教学改革的深化 [J]. 教育研究, 1997, (9).

[100] 钟启泉. 试论素质教育课程设计的教育学模型 [J]. 教育研究, 1995, (2).

[101] 钟启泉. 探究学习与理科教学 [J]. 教育研究, 1986, (7).

[102] 钟启泉. 知识论研究与课程开发 [J]. 外国教育资料, 1996, (2).

[103] 钟启泉. 国外"科学素养"说与理科课程改革 [J]. 比较教育研究, 1997, (1).

[104] 钟启泉. 对话与文本：教学规范的转型 [J]. 教育研究, 2001, (3).

[105] 鲁洁. 人对人的理解：道德教育的基础 [J]. 教育研究, 2000, (7).

[106] 鲁洁, 高德胜. 中国小学德育课程的创新 [J]. 中国教师, 2004, (1).

[107] 廖哲勋. 我的教学本质观. 课程·教材·教法 [J]. 2005, (7).

[108] 郭元祥. 教师的课程意识及其生成 [J]. 教育研究, 2003, (6).

[109] 郭元祥. 课程观的转向 [J]. 课程·教材·教法, 2001, (6).

[110] 郭元祥. 课程设计与学生生活的重建 [J]. 教育科学研究, 2000, (5).

[111] 丛立新. 课程改革与课程微观结构的研究 [J]. 教育研究, 2000, (7).

[112] 汪霞. 国外几种课程编制的方法、程序及模式 [J]. 外国教育研究, 1994, (1).

[113] 汪霞. 课程开发：含义、性质和层次 [J]. 教育探索, 2003, (5).

[114] 徐继存. 学生：作为课程资源和影响课程的因素 [J]. 当代教育科学, 2006, (2).

[115] 徐继存. 知识：作为课程资源和影响课程的因素 [J]. 当代教育科学, 2005, (10).

[116] 郭晓明, 蒋红斌. 论知识在教材中的存在方式 [J]. 课程·教材·教法, 2004, (4).

[117] 任丹凤. 新教材设计——突出三重对话功能 [J]. 课程·教材·教法, 2004, (7).

[118] 任丹凤. 论教材的知识结构 [J]. 课程·教材·教法, 2003, (2).

[119] 徐学福. 探究性学习认识偏差分析 [J]. 教育理论与实践, 2001, (2).

[120] 徐学福, 宋乃庆. 探究教学的模拟问题研究 [J]. 中国教育学刊, 2001, (4).

[121] 杨启亮. 教材的功能——一种超越知识观的解释 [J]. 课程·教材·教法, 2002, (12).

[122] 张廷凯. 走向新的教材观 [J]. 人民教育, 2002, (5).

[123] 郭思乐. 正确认识学生 深化教育改革 [J]. 教育研究, 2000, (8).

[124] 郭思乐. 课程本体——从符号研究回归符号实践 [J]. 教育研究, 2003, (7).

[125] 陆有铨. 素质教育值得注意的几个问题 [J]. 北京大学教育评论, 2003, (7).

[126] 程克拉, 胡庆芳. 美国高中课程百年发展轨迹的原因分析及启示 [J]. 比较教育研究, 2005, (2).

[127] 陈琦, 张建伟. 建构主义与教学改革 [J]. 教育研究与实验, 1998, (3).

[128] 陈佑清. 略论学生学习过程的发现性质 [J]. 教育研究, 2000, (5).

[129] 姜勇, 蒋凯. 后现代主义视点下的课程编制问题 [J]. 比较教育研究, 2001, (8).

[130] 孔企平. 论学习方式的转变 [J]. 全球教育展望, 2001, (8).

[131] 任长松. 课程要面向学生, 面向生活, 面向社会 [J]. 上海教育科研, 2000, (6).

[132] 邵晓枫, 廖其发. "以学生为本"教育理念内涵的解读 [J]. 中国教育学刊, 2006, (3).

[133] 沈晓敏. 关于新媒体时代教科书的性质与功能之研究 [J]. 全球教育展望, 2001, (3).

[134] 王小明. 教科书编写中的若干心理学问题 [J]. 全球教育展望, 2005, (11).

[135] 许良荣. 科学课文的特性与学习 [J]. (台湾) 科学教育月刊, 1994, (5).

[136] 范祖国, 周庆元. 教育整体观念与语文课程教材的改革 [J]. 湖南教育学院学报, 2001, (6).

[137] 周庆元. 建构语文教材新模式 [J]. 中学语文, 1996, (9).

[138] 辛继湘. 让教科书诉说自己的历史 [J]. 书屋, 2010, (3).

[139] 李森. 20世纪中国教学论的重要进展和未来走向 [J]. 教育研究, 2009, (10).

[140] 李森, 杜尚荣. 清末民初时期基础教育改革的基本经验与现代启示 [J]. 西南大学学报 (社会科学版), 2013, (2).

四、学位论文类

[1] 王兴亮. 爱国之道, 始自一乡——清末民初乡土志书的编撰与乡土教育 [D].

复旦大学博士学位论文，2007.

[2] 禹建湘. 现代性症候的乡土想象[D]. 武汉：华中师范大学博士学位论文，2007.

[4] 李素梅. 中国乡土教材的百年嬗变及其文化功能考察[D]. 北京：中央民族大学博士学位论文，2008.

[5] 班红娟. 国家意识与地域文化——文化变迁中的河南乡土教材研究[D]. 北京：中央民族大学博士学位论文，2010.

[7] 张爱琴. 民族地区乡土教材的开发模式与功能[D]. 中央民族大学博士学位论文，2010.

[8] 温润芳. 社会变迁中山西乡土教材的编纂与应用研究[D]. 中央民族大学博士学位论文，2011.

[9] 曾天山. 基础教育教材若干理论问题研究[D]，西北师范大学博士学位论文，1995.

[10] 赵长林. 科学课程及其变革的社会学审视[D]. 湖南师范大学博士学位论文，2004.

[11] 刘丽群. 论知识准入课程中的国家介入[D]. 湖南师范大学博士学位论文，2007.

[12] 李祖祥. 控制与教化——小学思品教科书研究[D]. 湖南师范大学博士学位论文，2007.

[13] 吴小鸥. 清末民初教科书的启蒙诉求[D]. 湖南师范大学博士学位论文，2009.

[14] 方成智. 艰难的规整——新中国十七年中小学教科书研究[D]. 湖南师范大学博士学位论文，2010.

[15] 刘斌. 从体操到体育——清末民初中小学体育教科书研究[D]. 湖南师范大学博士学位论文，2011.

[16] 傅建明. 我国小学语文教科书价值取向研究[D]. 华东师范大学博士学位论文，2003.

[17] 韩艳梅. 语文教科书编制研究[D]. 华东师范大学博士学位论文，2005.

[18] 刘继和. 日本初中理科教科书设计研究[D]. 华东师范大学博士学位论文，2005.

[19] 孔云. 文化视野中的地理教科书研究[D]. 华东师范大学博士学位论文，2008.

[20] 乔晖. 语文教科书中学习活动的设计[D]. 华东师范大学博士学位论文，2010.

[21] 皇友衍. 中越两国初中语文教科书比较 [D]. 华东师范大学博士学位论文, 2010.
[22] 陈婷. 20世纪我国初中几何教科书编写的沿革与发展 [D]. 西南大学博士学位论文, 2008.
[23] 魏佳. 20世纪中国小学数学教科书内容的改革与发展研究 [D]. 西南大学博士学位论文, 2009.
[24] 沈林. 小学数学教师教科书解读的影响因素及调控策略研究 [D]. 西南大学博士学位论文, 2011.
[25] 李佳. 高中物理教科书评价指标体系构建研究 [D]. 西南大学博士学位论文, 2011.

五、外文文献类

[1] Grant J. Rich. Teaching tools for positive psychology: A comparison of available textbooks. The Journal of Positive Psychology Vol. 6, 2011 (6): 492-498.
[2] Lisa Petrides. Open textbook adoption and use: implications for teachers and learners. Open Learning, Vol. 26, 2011 (1): 39-49.
[3] Paul Thomas Madsen. How do Five American Political ScienceTextbooks Deal with the Economic Dimension. Journal of Political Science Education, 2011 (7): 79-94.
[4] Esther Yogev. A crossroads: history textbooks andcurricula in Israel. Journal of Peace Education Vol. 7, No. 1, 2010 (3): 1-14.
[5] Charalambos Y. Charalambous. Comparative Analysis of the Addition and Subtraction of Fractions in Textbooks from Three Countries. Mathematical Thinking and Learning, 2010 (12): 117-151.
[6] Deneen Ann Gilmour, Aaron Quanbeck. Hegemony: Quiet Control Over Convergence Textbook Content. The Review of Communication Vol. 10, No. 4, 2010 (10): 324-341.
[7] Katalin Morgan. Reflexive Grappling with Theory and Methods ofText Analysis: Race and Racism Represented in History Textbooks. South African Historical Journal, 2010 (4).
[8] Fred Lubben, Bob Campbell. Teachers' Use of Textbooks: Practice in Namibian science classrooms. Educational Studies, 2003.
[9] Gloria Dall'Alba, Eleanor Walsh, John Bowden, Elaine Martin, Geofferey Masters, Paul Ramsden, Andrew Stephanou. Textbook Treatments and Students' Understanding of Acceleration. Journal of Research in Science Teaching, 1993.
[10] Chris Stray. Paradigms regained: towards a historical sociology of the textbook.

J. Curriculum Studies, 1994.

[11] Elizabeth M. Eltinge, Carl W. Roberts. Linguistic Content Analysis: A Method toMeasure Science as Inquiry in Textbooks. Journal of Research in Science Teaching, 1993.

[12] Eugene L. Chiappetta, Godrej H. Sethna, David A. Fillman. Do Middle School Life-Science Textbooks Provide a Balance of Scientific Literacy Themes. Journal of Research in Science Teaching, 1993.

[13] Ellen F. Potter, Sue V. Rosser. Factors in Life Science Textbooks that May Deter Girls' Interest in Science. Journal of Research in Science Teaching, 1992.

[14] Eugene L. Chiappetta. A Quantitative Analysis of High School Chemistry Textbooks for Scientific Literacy Themes and Expository Learning Aids. Journal of Research in Science Teaching, 1991.

后　　记

　　每次给学生们讲授教育学方面的课程时，只要涉及"教材"这部分内容，我总会有意无意地提到"乡土教材"，然后抛出一连串关于"乡土教材"的问题，这时往往能回应的人很少，这时，我就会开始给大家解释什么是乡土教材，介绍它的发展历史，然后举出《湖南地理》《邵阳历史》《美丽的湘西我的家》等这些代表性乡土教材，学生们的话匣子就打开了，或多或少还能回忆起一点当初他们学习乡土教材的情景。不过从反馈的情况来看，乡土教材实施的总体情况并不容乐观，可能在广大中小学生、教师还有家长看来，乡土教材学习的重要性远远不及所谓的"主科"。而我，恰恰选择了这样一个在课程与教材研究领域看似比较"冷门"的乡土教材作为研究对象。但是，我想说，"冷门"并不代表不值得研究，反倒正是因为"冷门"，更应该呼吁更多的研究者好好去深入研究。在查找相关资料的过程中，发现如今国内关于乡土教材影响较大、较成系列的研究成果，除了中央民族大学的研究之外，似乎再难找到第二家，这显然不是一个好现象。正因为此，我在恩师石鸥教授的指引下，开始了关于乡土教材的研究，并且由此获得了教育学博士学位，本书也是在此基础上的进一步修改和完善。其实，本书最初的想法是想从文化传承和创新的角度切入，探寻乡土教材在文化传承与创新过程中的价值和作用问题，但是由于各方面主客观原因，一直未达到导师的要求，加之研究过程中，发现对乡土教材本身的发展脉络也需要认真梳理，对百年乡土教材发展过程中的种种疑问也需要仔细澄清，由此，转换了另外一种写作思路，也就是呈现在读者面前的这本书。

　　作为中小学课堂教学使用的乡土教材其实也是一个舶来品，它的发展仅有百余年的历史，对百年乡土教材进行系统的研究具有重要的理论与实际意义。我们通过探讨乡土教材的内涵及基本属性，在此基础上对百年中国乡土教材的发展进行系统梳理和全方位审思，力求通过乡土教材百年发展的历史研究与对各个历史时期典型乡土教材的剖析相结合，以百年乡土教材的发展为"经"，以各时代典型教材分析为"纬"，以此探讨百年乡土教材发展的得失问题，并对未来乡土教材发展的路径提出建议。随着我们研究的逐步深入，越发觉得乡土教材应该受到足够的重视，应该发挥更大的价值。如何利用乡土教材来振兴乡土文化，并实现由乡及国的转变，这是我们今后需要进一步深入研究的问题。乡土教材确是一片值得深耕细作的研究领域！

  本书能作为"中国教科书发展史丛书"系列中的一本出版，我感到万分的荣幸。本书的出版，首先要感谢恩师石鸥教授。本书所有乡土教材实物资料均来自恩师石鸥教授的个人收藏，同时，本书提纲的确定、各稿的修改，都凝聚着恩师的心血，没有恩师的实物支持和悉心指导，不可能有本书的面世。恩师石鸥教授是我们"石门弟子"为人、为学的楷模，也是我人生前行中的灯塔，对他的感激之情，难以言表，我会一直记在心里。在本书的写作过程中，"石门弟子"们，尤其是各位博士师兄师姐们，都提出过宝贵的修改意见，谢谢他们！也正因为此，可以毫不夸张地说，本书实是以石鸥教授领衔的教科书研究团队的集体智慧结晶。

  此外，我还要特别感谢湖南第一师范学院彭小奇书记、肖湘愚校长，诚挚的感谢他们在工作、学习上对我的关心；感谢教育科学学院蒋蓉院长、王建平副院长、城南书院张尚晏院长，他们在生活和工作上都给了我许多帮助；感谢知识产权出版社的汤腊冬和申立超女士，她们为本书的编辑付出了诸多心血，我对她们的敬业和效率十分敬佩；最后，我要郑重地感谢我的家人。深深的感谢父母对我的教养之恩，感谢我的所有家人一直以来对我的默默付出，感恩！

  本书的写作，参考和借鉴了同行专家、学者的相关成果，在此表示诚挚的谢意。鉴于本人学识尚浅，本书中还有很多值得进一步推敲、完善之处，恳请各位读者批评指正。

2015 年 5 月 8 日晚于涉外桃园